本书出版获得以下资助：
国家自然科学基金青年项目“基于试验设计的产品可靠性数据分析方法研究”（项目编号：71902139）
教育部人文社会科学研究青年项目“基于试验设计的产品可靠性改进方法研究”（项目编号：18YJC630029）

基于试验设计的产品质量与可靠性改进

方俊涛 著

U0952607

JIYU SHIYAN SHEJI DE
CHANPIN ZHILIANG YU KEKAOXING GAIJIN

知识产权出版社
全国百佳图书出版单位
—北京—

图书在版编目（CIP）数据

基于试验设计的产品质量与可靠性改进／方俊涛著．—北京：知识产权出版社，2023. 12
ISBN 978-7-5130-9056-8

Ⅰ．①基…　Ⅱ．①方…　Ⅲ．①产品质量-试验设计-研究　Ⅳ．①F273. 2

中国国家版本馆 CIP 数据核字（2023）第 253330 号

内容提要

本书针对可靠性试验数据分析过程，探讨非完全随机试验设计下多误差项可靠性数据建模，揭示可靠性试验数据统计规律，建立可靠性预测模型，分析对试验因子波动稳健的高可靠性产品工艺参数组合。

本书的研究成果可为产品研制过程中可靠性预测与分析、产品运行过程中售后服务定价提供指导，也可为产品研制过程中工程师或研究员选择具有稳健预测性能的试验设计方案提供借鉴。

责任编辑：徐　凡　　　　**责任印制：**孙婷婷

基于试验设计的产品质量与可靠性改进

JIYU SHIYAN SHEJI DE CHANPIN ZHILIANG YU KEKAOXING GAIJIN

方俊涛　著

出版发行：	知识产权出版社有限责任公司	**网　　址：**	http://www. ipph. cn
电　　话：	010－82004826		http://www. laichushu. com
社　　址：	北京市海淀区气象路 50 号院	**邮　　编：**	100081
责编电话：	010－82000860 转 8763	**责编邮箱：**	laichushu@ cnipr. com
发行电话：	010－82000860 转 8101	**发行传真：**	010－82000893
印　　刷：	北京中献拓方科技发展有限公司	**经　　销：**	新华书店、各大网上书店及相关专业书店
开　　本：	720mm×1000mm　1/16	**印　　张：**	16
版　　次：	2023 年 12 月第 1 版	**印　　次：**	2023 年 12 月第 1 次印刷
字　　数：	260 千字	**定　　价：**	82. 00 元

ISBN 978-7-5130-9056-8

出版权专有　侵权必究

如有印装质量问题，本社负责调换。

前言

制造业作为国民经济的支柱产业，是国家创造力、竞争力和综合国力的重要体现。中共中央、国务院印发的《质量强国建设纲要》中提出，要深入实施质量强国战略，加快传统制造业技术迭代和质量升级，推动工业品质量迈向中高端。在新发展阶段，推进制造业高质量发展是巩固制造业竞争优势、推动制造业向全球价值链中高端迈进的必然要求，对建设制造强国、质量强国，推动经济高质量发展具有重要意义。

本书介绍了用于产品质量提升与可靠性改进的试验设计建模、响应曲面设计、稳健设计等统计方法。试验设计以概率论和数理统计为理论基础，研究如何科学、有效、经济地设计试验，如何进行数据收集。合理的试验设计对科学试验起着非常重要的作用，它不仅可以节省大量人力、财力、物力和时间成本，还可以降低试验误差，提高数据分析精度，改善试验数据的可靠性，为统计分析得到正确的结论提供保障。

首先，本书介绍了产品质量与可靠性的基本概念以及质量改进与可靠性提升的试验设计方法和数据分布类型。在可靠性试验数据分析与建模方面，介绍了最小二乘回归、极大似然估计、稳健估计、广义线性混合模型和不同分布类型可靠性数据建模及其模型参数估计方法。对于试验设计预测稳健性，给出了响应曲面建模、优化与预测方法，响应曲面设计的评价准则与稳健性，产品质量改进的序贯性方法等。随后，本书介绍了试验设计存在输入测量误差和异常值时，试验设计的预测性能变化情况。围绕制造业中产品研制生产过程质量和可靠性改进的试验设计方法，本书介绍了试验数据收集存在随机误差时，响应曲面设计的稳健性。由于产品研制生产过程中经常会出现异常点，本书对用于质量提升与改进的曲面模型稳健性也作出详细介绍。然后，针对可靠性（寿命）数据截尾、非正态以及试验成本高、时间长等特性，本书介绍了可靠性试验设计框架，分析了组内随机效应对可靠性试验设计建模的影响。考虑试验因子通过威布尔分布参数进入可靠性（寿命）回归模型，本书介绍了基于随机效应的威布尔非线性混合模型，阐述了应用数值插值离散随机效应积分函数的方法，建立了具有闭合表达式的近似似然函数。利用拟插值优化法估计可靠性回归模型参数，本书建立了寿命分位值（如1%分位值）与试验设计参数的回归模型，给出了不同试验组合的可靠性分位寿命值与预测方差的计算方法。最后，本书讨论了基于试验设计的陀螺产品和液压阀套产品质量、可靠性改进案例。

本书共9章，第1、2章介绍了产品的质量与可靠性的基本概念、质量改进与可靠性提升的试验设计方法和数据分布类型。第3、4章介绍了质量与可靠性数据分析模型、回归分析方法和典型的响应曲面建模评价工具。第5、6章介绍了试验设计输入存在测量随机误差和异常值时，响应曲面设计的稳健性。第7章介绍了基于随机误差的可靠性（寿命）试验设计数据建模与参数估计方法。第8、9章讨论了基于试验设计的产品可靠性改进方法，同时以陀螺产品和液压阀套产品为例进行质量改进案例分析。

本书的内容新颖并且具有前沿性，既涵盖了近年来产品质量改进的重要方法——响应曲面设计与稳健参数设计，也包括了可靠性改进试验设计的建模估计方法，同时给出了不同方法的实际应用案例。

本书对于从事质量研究的学者和从事企业质量改进与管理的工程师都非常有帮助。

由于本书作者水平有限并且编写时间仓促，书中难免存在疏漏之处，敬请广大读者予以批评指正。在此，特向关心和支持本书出版的专家和同仁致以诚挚的感谢。

目录

第1章

产品质量与可靠性

1.1 质量概述

1.1.1 质量的概念

质量（Quality）与人们的日常生活、经济运行和国防安全息息相关。产品质量不佳通常会给人们的财产和人身安全造成严重损失。例如，1986年美国“挑战者”号航天飞机发射升空约73秒后，突然发生爆炸，座舱内7名航天员全部遇难，事故造成直接经济损失14亿美元。调查结果表明，航天飞机发射升空后，挂在外燃料箱上的助推火箭密封装置破裂，喷出火焰，引起燃料箱爆炸，造成航天飞机爆炸。由此看出，产品质量至关重要。那什么是质量？在生产力发展的不同历史时期，人们对质量的要求和理解有所不同，对质量的定义也不一样。

国际标准化组织在其质量管理体系中给质量作出如下定义：一组固有特性满足要求的程度。固有指存在于某事物中的永久性能，如机器的功能、机器的参数等。特性指固有的或者被赋予的物理（如机械、生物学）的、感官（如触觉、视觉）的、时间（如可靠性、可用性）的、功能（如飞机飞行速度）的属性。要求指一个产品必须满足的需求或期望。要求通常隐含着质量相关方的习惯或者惯例的意思。例如，一辆自行车使用一段时间后，这辆自行车功能、外观、舒适度等能很好地满足要求，则这辆自行车质量很好。

任何产品在使用过程中都会给社会造成一定的损失，造成损失越小的产品，其质量水平就越高。例如，汽车在使用过程中会消耗大量的能源，同时还会排放废气污染环境，从这方面来讲，省油和污染小的汽车产品质量更高。但是，流量大造成的交通堵塞、交通事故以及汽车喇叭带来的噪声不属于汽车的质量问题。

从田口玄一的质量观可以看出，由于社会损失可以计算，因此质量成为可量化、可度量的量，这也是田口玄一在质量发展特别是量化质量方面的主要贡献。

美国著名质量管理学家朱兰给质量下了如下定义：质量是适用性（Fitness for Use）。朱兰站在消费者的角度，给出质量的定义，即质量是顾客对一个产品（包括相关的服务）的满意程度。产品的质量水平由顾客（包括社会）给出，顾客满意的产品就是高质量的产品。由这个定义可以得出结论：质量的要求是“动态”的。随着科技的发展和人们生活水平的提高，人们对产品、过程或体系会提出更高的要求，产生更新的需求或期望。例如，20 世纪初，人们对汽车的要求主要是能够载人，当下人们要求汽车造型美观、省油减排、少出故障等。质量的需求具有“区域性”。不同国家、不同地区的顾客因自然条件、技术发达程度、消费水平和风俗习惯不同，对产品的要求也不同。例如，销往欧洲的电视机要符合欧洲的电视制式、电压及电压的波动范围等质量要求，而内销的电视机与之不同。

质量在发展过程中，质量观念也在不断“演变”。20 世纪初，产品质量主要指符合性质量，即产品满足规格要求的能力；到 20 世纪中叶，产品质量演变成适用性质量，即产品应满足顾客的使用要求；到 20 世纪末，人们逐渐接受满意性的质量观，即产品应为顾客提供最大限度的满意度；到 21 世纪，逐渐产生了卓越性质量，即制造企业要提供使顾客惊喜的产品，为顾客创造价值。随着质量观的演变，质量逐渐体现出其“经济性”，即对质量的要求集中了价值的表现，物有所值，这表明质量有其经济性的特征。价廉物美成为了人们对价值追求的取向，高质量意味着最少的投入获得最大的产出。

1.1.2 与质量相关的概念

1. 产品质量

一般所讲的产品有以下 4 种类别：服务（如宾馆、饭店等）、软件（如计算机程序、百科全书等）、硬件（如汽车、金属切削机床、机械零件等）、流程性材料（如润滑油）。根据国际标准化组织给出的质量的定义，产品质量是指产品的固有特性满足顾客要求的程度。就工业制造中的硬件产品而言，质量特性一般归纳为以下 6 个方面。

（1）性能。产品为满足其使用目的而具备的技术特性，例如，刀削机床的转速、通电功率、加工精度等，显示器的分辨率、用电量、使用便捷性等。

（2）可信性。可信性反映了产品可用的程度及其影响因素，包括可靠性、维修性和维修保障性。产品的可靠性是指产品在规定的时间内和规定的条件下完成规定任务的能力，如电视机的平均无故障工作时间、机床精度的稳定期限、材料与零件的持久性和耐用性等。维修性是指产品在规定的条件下和规定的时间内，按规定的程序和方法进行维修时，保持或恢复到规定状态的能力。可靠性和维修性决定了产品的可用性。维修保障性是指维修保障资源满足产品维修过程需求的能力。

（3）安全性。安全性反映了产品在储存、流通和使用过程中不会产生由于质量不佳而导致人员伤亡、财产损失和环境污染的能力，如机器的噪声大小、冲压机的防护能力、电器的漏电保护性等。

（4）适应性。适应性反映了产品适应外界环境变化的能力。这里所说的环境包括自然环境和社会环境，前者包括振动与噪声、灰尘与油污、高温与高湿、电磁干扰等自然条件；后者包括产品适应不同国家、不同地区顾客需求的能力。

（5）经济性。经济性反映了产品合理的寿命周期费用，具体表现在设计费用、制造费用、使用费用、报废后的回收处理费用上。

（6）时间性。时间性反映了产品供货商满足产品交货期和交货数量的能力，以及满足顾客需求随时间变化的能力。产品的寿命和可靠性也属于时间性的范畴。

除硬件产品外，软件产品的质量一般包含功能性、安全性、可靠性、保密性、专用性、经济性、可维护性和可移植性共 8 个方面的特性。

2. 服务质量

服务也是一种经济活动。服务旨在满足被服务方（消费者个人或组织）某种特定的需求。服务通常是无形的，是在与顾客接触时完成的一项活动。服务的特性包括服务可感知性、生产与消费的同时性、服务质量的差异性、服务活动的不可储存性等。服务质量（Service Quality）指的是服务活动的特性满足顾客要求的程度。服务质量既是服务本身的特性与特征的总和，也是消费者感知的反应，因而服务质量既由服务的技术质量、职能质量、形象质量和真实瞬间构成，也由感知质量与预期质量的差距所体现。服务的质量一般包括以下特性：有形性、服务可靠性、响应性、保证性和移情性。

有形性（Tangibles）包括服务设施、设备、人员和沟通材料的外表。例如：

一家旅馆房间用品泛黄，必将得到比较低的质量评分。发廊为了迎合高端顾客，需要投资营造环境，如灯光，并要求发型设计师穿着良好。虽然发型设计师良好的穿着并不一定能提供好的发型设计，但是顾客会对穿着良好的设计师有更好的印象。

服务可靠性（Service Reliability）不同于产品可靠性，它涉及服务提供者可靠、准确地履行服务承诺的能力。如果能提供顾客所需要的服务，顾客将会很满意。相反，如果提供的服务不是顾客所期望的，顾客将会不满意。

响应性（Responsiveness）是指服务提供者帮助顾客并迅速提供服务的意愿。例如，当客户打电话给银行寻求服务时，银行工作人员响应速度快会令人满意。

保证性（Assurance）是指员工所具有的知识、礼节，以及表达出自信与值得信任的能力。如果要做心脏手术，病人必定想要一位有能力且有条理的医生来主刀。

移情性（Empathy）指企业要真诚地关心顾客，像对待亲人一样关心顾客，自然地传递真挚的感情，设身处地为顾客着想，并对顾客给予特殊的关注，了解他们的实际需要。顾客渴望服务提供者的移情性，渴望服务公司给予个性化的关怀。餐饮业的一个格言是："如果仅仅为了钱，你将无法生存。"如果一家餐厅的员工始终只注重效率，那么他们将无法让顾客感觉其需求的重要性，进而影响服务质量及顾客再度光临的意愿。

3. 过程质量

过程指事情进行或事物发展所经过的程序。在质量管理学中，过程的定义为：利用输入实现预期结果的相互关联或相互影响的一组活动。组织具有能够被规定、测量和改进的过程，具有相互关联的活动和输入，用以提供输出。这些过程相互作用从而产生与组织的目标相一致的结果，并跨越职能界限。这些过程中，有的是关键的，有的是非关键的。

过程质量（Process Quality）是指过程中的活动满足过程标准的程度。产品和服务质量最终要由过程或活动来保证，企业为提高质量，就必须确定内部各种相关过程和活动，并对其实施管理。从过程管理的概念可以看出，企业中的一切业务都是由过程来完成的。一般情况下，过程质量包括规划过程质量、设计过程质量、制造过程质量、使用过程质量、报废处理过程质量和服务过程质量等。

4. 工作质量

工作质量（Working Qualiy）是指与质量相关的各项工作对产品质量、服务质量的保证程度。工作质量涉及企业的各个部门和各级、各类人员，它决定了产品和服务质量。然而，它又取决于工作人员的素质，包括工作人员的品质意识、责任心、业务水平等。其中，最高管理者的工作质量起主导作用，一般管理层和执行层的工作质量起保证和落实作用。工作质量能反映企业的组织、管理和技术等各项工作的水平。它不像产品质量和服务质量那样直观地表现在人们面前，而是体现在一切生产、技术和经营活动中，并通过工作效率和成果最终体现在产品质量和经济效益上。

5. 寿命周期质量

一个产品的寿命总是有限的，从论证开始到退役为止所经历的全部时间称为产品的寿命周期。在产品寿命周期的各个阶段，都会有大量的质量活动，称为产品的寿命周期质量（Life Cycle Quality）。一个企业的质量活动非常强调在产品寿命周期的各个阶段对质量进行不断的改进。企业为了满足顾客提出的质量要求，使产品具有适用性，就应根据产品特点、企业规模和生产方式，将质量形成的全过程划分为若干阶段，明确每一阶段的质量目标，确定合理的工作程序，开展必要的质量活动，确保产品质量在其形成的全过程中均处于受控状态。

目前与寿命周期质量相关的概念主要有3个，即质量螺旋、质量圈和质量环。它们对组织的质量管理和质量体系的建立具有指导作用。

（1）质量螺旋。美国质量管理大师朱兰博士认为，产品质量的提升是按照螺旋上升的规律逐渐完成的，每完成一个质量循环就应使产品质量有一定程度的提高，这种规律被称为质量螺旋（Quality Spiral），也称朱兰质量螺旋，如图1-1所示。产品质量是在市场调研、产品开发、产品设计、生产技术准备、制订制造计划、采购、资源配置、生产制造、工序控制、检验、测试、销售、服务（反馈）等全过程中形成的，同时又在全过程的不断循环中以螺旋的方式提高。朱兰质量螺旋反映了产品质量形成的客观规律，是质量管理的理论基础，对于现代质量管理的发展具有重大意义。

（2）质量循环圈。质量循环圈（Quality Circle）是由瑞典质量管理专家桑德霍尔姆博士提出的。他把产品质量形成的全过程划分为8个阶段，并放在一个圈内，供应单位位于圈子的输入一端，用户位于圈子的输出一端，如图1-2所示。

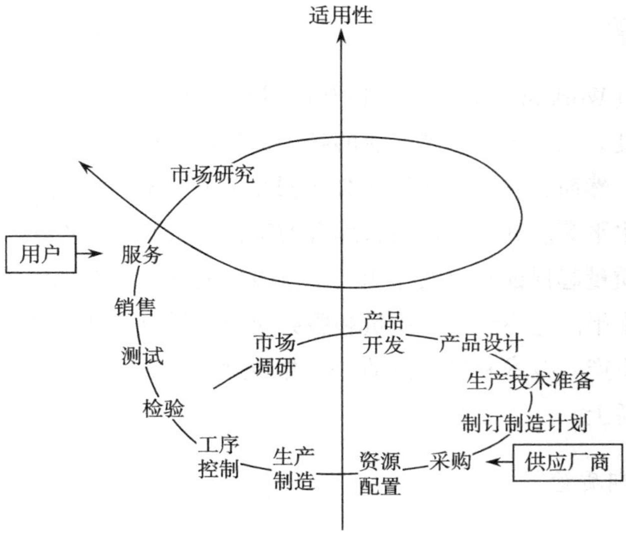

图 1-1　质量螺旋

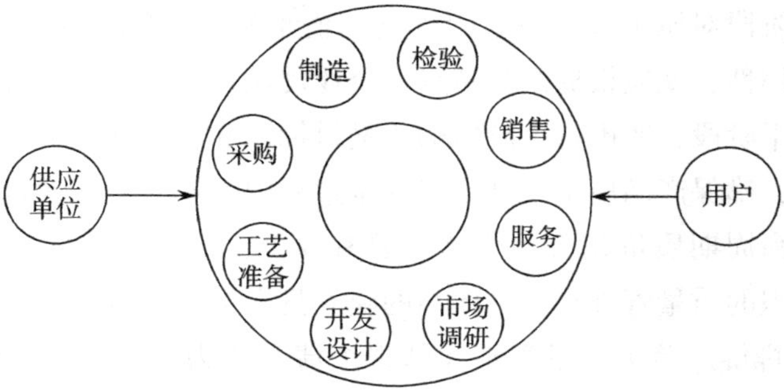

图 1-2　质量循环圈

（3）质量环。质量环（Quality Loop）的概念是由国际标准化组织（International Organization for Standardization，ISO）在 ISO 9000：1987 质量标准中提出的。质量环把产品质量形成的全过程划分为 12 个阶段，并用一个无头无尾、带方向的循环圆圈来表示，如图 1-3 所示。ISO 9000：1987 系列标准的过程架构基本都是根据质量环来划分的。

从上述 3 个概念中可以看出：质量螺旋主要强调质量的不断改进特性；质量循环圈侧重于企业内部的全面质量管理和圈内部与外部的关系；质量环则从寿命周期的角度论述质量活动的不间断性。

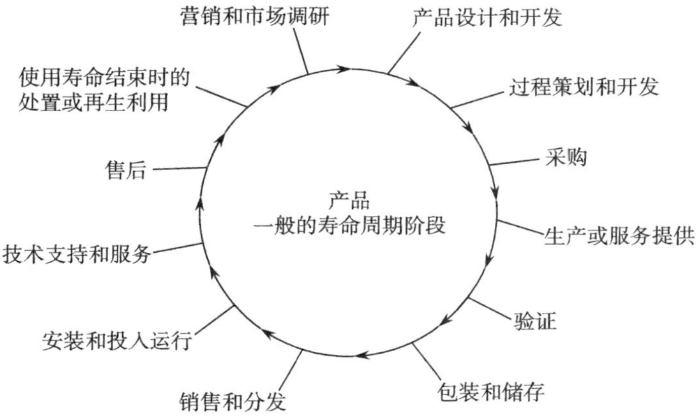

图 1-3 质量环

6. 零缺陷、零废品、零故障、零事故、零污染

在科学技术和生产力不断发展的今天，人们对质量（包括安全）的要求及追求的目标不断提高。制造过程零缺陷（Zero Reject）、上市产品零缺陷（Zero Defect）、运行过程零故障（Zero Fault）、寿命周期零污染（Zero Pollution）和零事故（Zero Accident）已成为人们追求的目标。当然，这个目标可能是人们永远追求却达不到的状态，是理想状态，但应该坚持不懈地追求，是质量改进的永恒动力。

7. 顾客满意

顾客是商店或服务行业服务的人或对象，如消费者、委托人、最终使用者、零售商、服务的接受者、服务的受益者或采购方。顾客可以是组织内部的或外部的。顾客满意是由购买者感知到的产品实际状况和购买者的预期相比较来决定的，是顾客对其要求被满足程度的感受。顾客的预期是由过去的购买经验、朋友的意见及营销人员和竞争者的信息和承诺来决定的。因此，供方须站在顾客的立场上去了解顾客的需求和希望，用科学的手段和正确的方法分析所提供的产品和服务，以满足顾客要求。

顾客满意是企业的推动力。为了提高顾客的满意度，必须对满意度进行测评。目前，顾客满意度作为衡量组织质量的最新指标，被广泛运用于产品质量的评估和组织业绩的评价。

通常情况下，顾客对质量的感受会有以下 3 种情况：①当感知低于预期时，顾客会感到不满意，甚至会产生抱怨并投诉。此时，组织应采取积极的措施，妥善解决问题，虚心听取顾客的意见和建议，通过改进使顾客由不满意转变为满意。②当感知接近期望时，顾客会感到满意，此时，依然要积极与顾客进行沟通，进一步了解他们的想法，争取使感受超过期望。③当感知远远超过期望时，顾客就会对组织产生忠诚感。因此，顾客满意度是一种预期与结果之间的差异函数，它会随着外界因素的影响而变换，并可以具体表现出 4 个特性。

（1）顾客满意的主观性。顾客的满意程度是建立在其对产品和服务的体验上的，感受的对象是客观的，而结论是主观的。顾客满意的程度不仅与顾客的知识水平、经验、收入状况、生活习惯、价值观念等自身条件有关，还与媒体等有关。

（2）顾客满意的层次性。处于不同需求层次的人对产品和服务的评价标准不同，因而不同地区、不同阶层的人或一个人在不同条件下对某个产品或某项服务的评价也不尽相同。

（3）顾客满意的相对性。顾客对产品的技术指标和成本等经济指标通常不熟悉。他们习惯于把购买的产品与同类产品进行比较，因此满意或不满意有相对性。

（4）顾客满意的阶段性。任何产品都具有寿命周期，服务也是一样的。顾客对产品和服务的满意程度来自对过程的使用体验，是在过去多次购买的服务中逐渐形成的，因而呈现出阶段性。为了客观评价满意度，需要进行满意度测评。在进行满意度测评时要注意下面 3 个原则：①测评因素的全面性原则。测评时，应尽可能全面地考查影响顾客满意度所涉及的各个方面，如质量水平、服务方式、服务态度、服务效率、环境、人员素质、组织形象、信誉、顾客关系、服务设施等。②测评内容的符合性原则。测评内容应简明易懂、含义确切，不应使评价者产生多种理解。测评项目的设计要符合产品和组织的实际，因而对不同类型的产品和组织，其测评的内容也应不同。③测评内容的实用性原则。测评的内容不仅要符合本产品和组织类型的特点，还应遵循实用性原则。要能够抓住顾客所关注的重点内容，充分表达顾客的观点和立场，尽量考虑影响顾客满意度的各种因素，不应该提出一些空洞、抽象、无价值的内容进行测评。

1.1.3 提高质量的意义

事实上，自从人类开始制造产品以来，质量就一直是人们关注的焦点，是影响组织生存和发展的核心要素之一。提升以质量为核心的产品竞争力已成为全球各国企业提高产品竞争力的重要手段。促进产品质量发展，也是我国应对新的国际贸易环境和实现对外贸易可持续发展的必由之路。产品质量是人们生活的保障，与人们的工作和生活息息相关。一旦产品质量出现问题，轻则造成经济损失，重则导致人员伤亡。如果企业的质量意识不强，管理不严，工艺及检测手段落后，产品质量将会大大低于规定的标准。这不仅给人们带来经济损失，造成社会资源的浪费，还会增加伤亡，给社会带来不稳定隐患。电器漏电、电视机爆炸、高层建筑电梯失灵等，都会给消费者带来灾难。人们要想安居乐业，健康幸福地生活，就必须在全社会形成关注质量的风气，使产品质量不断提高。

质量是企业生存和发展的需要。市场经济的主要特点之一是具有市场竞争机制。市场竞争带来的一种必然结果就是优胜劣汰，即淘汰产品或服务质量差的企业，提高产品质量好的企业的市场占有率。改革开放以来，我国企业有的被淘汰，有的通过提升产品的质量打开了国内、国际市场。与此同时，我国大部分产品的质量都有了大幅度的提高，部分产品质量已达到世界先进水平。例如，华为、海尔、长虹、格力、三一重工等一大批知名企业依靠高质量取得了走向国际市场的通行证。其中，三一重工狠抓产品质量不松懈，经过多年的努力，企业的技术水平和产品质量不断上台阶，极大地促进了企业的发展，使得企业迅速成为全球工程机械领域的排头兵。

质量是效益的基础。在市场经济条件下，企业是一种营利性的经济实体。企业要取得经济效益，就必须出售自己的产品或服务。产品能否卖出去，关键条件之一是产品的质量应符合顾客的要求。产品质量提高了，企业就可以扩大市场占有份额，这反过来又可以促进产品产量，企业就可以按较低的成本销售更多的产品，为自己带来更多的利润。世界著名的企业管理咨询公司麦肯锡做了一项名为“卓越的质量管理”的国际性研究，得出的结论是：质量直接关系到利润和销售额的增长，质量上乘是企业获得成功的最佳途径。追求优秀质量有助于形成一个良好的企业内部环境，提高员工的士气，发挥员工的主动性和创造性，有利于提高企业的效益。

质量是国民素质和经济水平的综合反映。高质量的产品要靠严格、科学的管理，严肃认真的工作态度，高水平的工艺和装备来实现，但最根本的是要靠劳动者的素质来实现。因为高质量的产品是在设计、制造等过程中逐渐形成的，如果设计和制造水平不高，是不可能生产出优质产品的。

改革开放以前，我国总结出了许多宝贵的质量管理经验，诸如大庆的“三个不放过”“五个不施工”，我国“两弹一星”研制、生产、试验过程中的质量管理和质量保证经验等。随着改革开放的深入和市场化进程的加快，面对国际市场的激烈竞争，我国在经济发展中更加注重提高产品质量和效益，在加速产业结构调整和产品结构调整的同时，也提升了质量档次，从而有效提高了市场竞争力。近些年，我国出口产品的质量快速提升。我国已从以廉价的最终产品生产国转向资本和技术密集型的中间产品生产地。例如，我国的家电产品在龙头企业的带动下，产品质量稳步提升，已基本达到与国际产品同等的质量水平，不仅使得进口家电在国内市场节节败退，而且中国制造的家电产品在国际市场上也捷报频传。我国改革开放以来出口的强劲增长和出口产品在市场竞争中的良好表现，也正是在市场竞争环境下，各级政府和企业界适应市场需求，不断加强管理，有效提高质量水平的重要反映。从我国的区域经济发展来看，严格的质量管理，可以生产出优质的产品，一个品牌可以带动一个企业的发展，一个名优企业可以促进一座城市、一个地区的进步，提高城市和地区的竞争力。

1.2 产品质量的稳健性与可靠性

1.2.1 产品质量的稳健性

1. 产品质量稳健性概念

质量是“客体”的一组固有特性满足要求的程度，即某种事物的“特性”满足某个群体“要求”的程度越高，质量越高。随着市场竞争的加剧和消费者需求的提高，企业需要不断提高产品质量以满足市场需求。此外，随着物联网技术的飞速发展，用于产品研制过程中质量提升的数据日益丰富。复杂精密产品对研制过程加工参数、工艺参数等影响因素十分敏感，即产品质量受参数变化或者无法精确控制的参数（如噪声变量）变化影响较大，这就需要合适的方法提高其稳健性。

稳健性是指产品质量对影响质量的不可控因子（也称噪声因子）不敏感，质量响应的波动方差小。许多学者在各自的领域给出了不同的解释，主要有以下几种。

（1）乔治·博克斯（GeorgeE. P. Box）从统计意义上给出了稳健的定义：即使过程的假设条件有所偏离，仍然能得到比较好的结果，将稳健性作为对异常点估计的敏感性度量，稳健性在统计中提高了对异常点估计的抵抗能力。

（2）从分析过程的角度定义：对实验条件微小改变的抵抗能力，仅在实验室、操作者或设备之间转换时可能发生。

（3）国际协调会议给出的定义：一个分析过程的稳健性是对参数中的变异保持不受影响的能力的一种测量，以及在正常应用条件下的可靠性，即稳健性评价了一个方法抵抗在正常应用条件下变化的能力。

（4）根据田口在质量控制方面的定义，一个过程的稳健性是指该过程生产出具有一致性的良好产品的能力，在不可控的制造条件下对改变具有最小效应。

（5）一个方法的稳健性是指该方法在实验条件下，当输入给定小的变异时所观察到的输出状况，通常用于实验优化的一个特性。

（6）在多元情况下，稳健性被视为模型的预测对外部因子变化的敏感性，如环境、设备及抽样条件的变异，以及随着时间的变化产品所具有的稳定性。稳健性是在所研究的优化域附近响应曲面上的信息特征，是模型在小的扰动下保持稳定的能力。

对稳健性的研究通常包括产品稳健性、工艺稳健性和参数稳健性 3 方面。产品稳健性是指任何零件、部件、组件、系统或其他装置的功能和性能在不同的使用环境下保持稳定，产品之间的差异很小，产品以低成本易于制造与装配。可以通过以下途径实现低成本、小差异和易于制造装配。

（1）通过参数设计，确定产品参数组合，减少与产品的性能强相关的产品参数的数量，即减少关键产品特性的数量，但最终会确定少量的关键产品参数。

（2）针对非关键产品参数，设定较宽的零部件公差。

（3）针对关键参数，设定较窄的公差。

（4）进行结构上的防错设计，同时减少零部件数量等。

产品是过程的结果，过程的稳健直接影响产品的稳健。决定产品间性能差异的是关键产品特性分布的集中程度，即过程能力。工艺的稳健性是保证关键参数过程能力的前提，这也是产品进行稳健性工艺设计的原因。制造工艺是对产品设计意图的实现，工艺的稳健性保证了关键产品具有高过程能力（最好是六西格玛水平）。针对产品关键参数，因为公差较窄，为达到一定的过程能力（六西格玛水平），需要使用高性能、高精密的设备以保证过程能力和长期稳定性。针对非关键参数，经过稳健性设计把零部件的公差放宽后，可以选择相对性能较差的设备，从而降低制造成本。但是，选择的设备仍然须保证产品参数达到一定过程能力和维持长期稳定的能力。在产品实际生产过程中，很多参数是无法精确控制的，如温度、通电电压、湿度等。这种情况下要实现工艺稳健性，需要对工艺参数进行设计，即进行参数稳健性设计。参数稳健性设计是指通过控制可控因子的组合来减少产品质量对噪声因子变化的敏感度，从而达到减少质量波动的目的。然而，可控因子的组合需要通过构建产品质量与影响因素之间的量化模型并优化模型参数得到，这就是稳健性参数优化。

2. 稳健性改进方法

基于试验设计的响应曲面方法（Response Surface Methodology，RSM）是一种重要的探究、提升、优化产品和过程的工具，对于新产品的设计、开发和制造有重要的作用。通过试验设计、曲面建模与优化可找到产品质量特性与输入变量之间的关系，探索产品内在的关系。与此同时，为了提高产品对生产与使用过程波动的抗干扰性，降低产品或过程对响应中异常点、输入变量中测量误差和噪声变量（不可控变量）的敏感性，稳健性参数优化提供了重要的质量设计工具，它是提高产品和过程稳健性的重要手段。在工业生产实践中，当一些输入变量影响到产品的质量特性或性能时，响应曲面方法与稳健参数优化有着广泛的应用，其作为产品质量持续改进的重要支撑技术，保障了产品质量更加稳定，性能更加可靠。

响应曲面是产品或过程设计、提高、优化和预测的一种重要的方法，也是质量改进的一个重要工具。基于试验设计的响应曲面稳健性分析包括：响应曲面设计选择问题，二阶可旋转设计的选择和稳健设计问题。稳健性首先被引入响应曲面设计中，随后进入响应曲面设计模型的稳健性问题。在这方面的研究主要包括：对数据中离群值的稳健性；对设计水平误差的稳健性；在模型被错误识别时设计外推的稳健性，即当响应数据存在异常点时，响应曲面设计与响应曲面模型的稳健性；当输入变量设计水平存在测量误差时，响应曲面设计的稳健性。对于响应曲面设计的评价，预测方差的稳健性是一个非常重要的方面，很多设计在其设计区域的边界上，方差很不稳定。同时，预测方差的分布也将是设计评价的重要指标之一，它反映了所预测模型在设计区域内的性能。产品质量改进过程中需要的是一个稳健的设计，大量的实践问题表明，采用预测方差性能作为响应曲面设计评价指标是提高产品质量稳健性的重要方式。但对于维数比较低的响应曲面稳健性问题，也可采用响应变量曲面图和响应变量等高线图作为评价标准。下面展示一个产品质量改进过程中稳健性参数设计的例子。

[例 1-1] 铁合金磨削工艺参数的优化设计。

铁合金以其强度高、重量轻、耐热性好、具有良好的抗腐蚀性等优点，被人们誉为“未来的钢铁”，目前已广泛应用于航空、航天、造船和化工等工业部门。但是，铁合金的导热系数小、黏附性强、抗氧化能力低，致使其磨削性能极差。即使采用特制的砂轮磨削铁合金，其表面粗糙度也只能达到 Ra=0.6μm，没有达到设计规格值。为了进一步降低表面粗糙度，需要优化铁合金磨削工艺参数。

试验目的：优化铁合金磨削工艺参数，将表面粗糙度降至 0.2μm 以下。

质量特性：表面粗糙度 y（即 Ra）。

1.2.2 产品的可靠性

随着高精密度产品的开发，日益增长的客户需求给制造商带来了生产高质量产品的新压力。客户希望购买的产品可靠且安全，即系统、车辆、机器、设备等能够在常规操作条件下，在特定的时间段内完成其预期功能。可靠性经历了 20 世纪 50 年代的起步阶段、70 年代的成熟阶段、90 年代的智能自动化阶段和 21 世纪的面向全寿命周期的集成阶段。从电子产品到机械产品，从零部件到复杂装备系统，从可靠性统计试验到工程仿真试验，从可靠性改进到可靠性维修、保障和安全，其研究对象不断扩大。

1. 可靠性概述

从技术上讲，可靠性通常被定义为系统、车辆、机器、设备等在特定时间段内，在常规操作条件下执行其预期功能的概率。提高可靠性是提高产品质量的重要组成维度。质量有很多定义，但普遍认为不可靠的产品是低质量的产品。随着时间的推移，可靠性就是质量。提高现有产品的可靠性并确保下一代产品的持续高可靠性，需要采用定量方法对可靠性进行预测和评估。大多数情况下，需要收集可靠性数据，例如，材料、设备和组件的实验室测试数据，早期研制过程中的测试数据，现场对早期生产单元的监控保修数据，以及现场产品运行环境数据，等等。

可靠性是产品全部的可靠性定量指标的总称。在不同的场合，使用不同的定量指标来表示产品的可靠性。例如，产品从开始使用到某一时刻 t 维持规定功能的能力就用可靠度来表示，可靠度越大，表示产品完成规定功能的能力越强，即产品越可靠。对元器件来说，一般使用失效率；对损耗型产品，一般使用寿命；对可修复的产品，使用平均故障时间间隔。当然，还有许多其他可靠性指标应用于不同性能的测量。

可靠性是一个概率值，所表示的事件具有随机性。对于一个特定的产品，在某个特定时刻可能为故障或正常这两种状态之一。由概率论可知，在一定条件下可能发生也可能不发生的事件称为随机事件。“一个产品在规定的时间内不发生故障”就是一个随机事件。因此，需要使用概率论和数理统计的方法计算可靠性的定量指标。数据在可靠性定量分析中是必不可少的元素，通过收集系统或单元产品在研制、试验、生产和使用中所产生的可靠性数据，依据系统的功能或可靠性结构，利用概率统计方法，可计算得出系统的各种可靠性数量指标的定量估计，评估产品可靠性。产品的可靠性分析是一种既包含数学和可靠性理论，又包含工程分析处理的方法。

2. 可靠性数据的功能与特征

可靠性数据有很多功能，主要包括如下内容。

（1）在保修期内或产品设计寿命内评估材料的特性。

（2）预测产品可靠性。

（3）预测产品保修成本。

（4）为系统故障风险评估提供所需数据支撑。

（5）评估是否满足客户要求和政府法规。

（6）在现场跟踪产品以提供有关故障原因和提高产品可靠性方法的信息。

（7）支持通过使用实验室实验（包括加速寿命测试）来提高可靠性的计划。

（8）比较来自两个或多个制造商以及不同材料、不同生产时期、不同操作环境的组件。

（9）检查广告声明的真实性。

可靠性数据具有很多特殊特征，例如，可靠性数据通常为截尾数据（确切的故障时间未知），最常见的原因是产品真正失效的时间很长，经常需要在所有单元发生故障之前分析寿命测试数据，即当无法观察到某些或所有研究单元的实际响应值（如失效时间）时，就会出现截尾。因此，截尾数据观察提供了实际故障时间的一个或多个界限。大多数可靠性数据使用随机变量的分布建模，如指数、威布尔、伽马和对数正态等，较少使用正态分布作为产品寿命模型。

可靠性数据通常需要涉及某些可靠性指标的外推和预测。例如，我们可能希望基于运行 400 小时来测试 900 小时后失效的概率。此外，我们可能希望根据 85℃下的测试估计 1% 的产品在 50℃下失效的时间。

此外，通常需要使用既往经验或其他科学研究成果、工程经验提供的信息作为数据分析或决策过程的输入。对于截尾数据，模型拟合需要计算机实现数值计算，在可靠性分析的软件中，BMDP、MINITAB、SAS、S-PLUS、SYSTAT 和 WinSMITH 等商业软件包可以完成对可靠性数据的数值求解。

表 1-1 为电路板可靠性现场试验数据[1]，即新技术设备使用前，电路板定期现场试验观察到的失效信息。电路板由两个不同的供应商按照相同的设计规格制造而成。试验进行 10 000 小时后停止，供应商 1 的 4 993 个试验电路板直接来自生产，供应商 2 的 4 993 个电路板是进行 1 000 小时的前期试验后的电路板，这种电路板以更高的价格出售，因为这种电路板进行了老化筛选试验后，现场可靠性明显提高。由于前期有 1 000 小时老化故障试验，所以表 1-1 中供应商 2 的试验时间达到 11 000 小时。表中的数据是电路板某个位置的第一次失效信息，对于更换之后的电路板信息不在研究范围之内。

表 1-1　电路板现场跟踪研究的故障数据

运行时间区间端点		失效数	
左端点	右端点	供应商 1	供应商 2
0	1	10	无失效
1	2	1	无失效
2	5	3	无失效
5	10	1	无失效
10	20	2	无失效
20	50	6	无失效
50	100	3	无失效
100	200	2	无失效
200	500	8	无失效
500	1 000	4	无失效
1 000	2 000	5	2
2 000	5 000	6	5
5 000	6 000	3	6
6 000	7 000	9	11
7 000	8 000	10	7
8 000	9 000	16	14
9 000	10 000	7	10
10 000	11 000	无失效	14

注：运行 10 000 小时后，供应商 1 有 4 897 个未失效的电路板，运行 11 000 小时后，供应商 2 有 4 924 个未失效的电路板。

在可靠性试验中，“早期失效”故障多由小部分电路板的元件缺陷引起，对于不成熟的产品，此类缺陷是典型问题，电路板的早期老化试验可以淘汰大部分元件较弱的电路板。然而，这种老化试验价格昂贵，制造商的目标之一是开发稳健的设计和制造工艺，以尽快消除或减少未来几代类似产品中此类缺陷的发生。

这项研究有如下目标：①确定来自两个不同供应商的产品的可靠性是否存在显著差异。②确定故障的具体原因，以便信息可用于改进产品设计或制造方法。③估计出电路板“危险功能”最多10 000小时。④估计失效函数趋于平稳的点。在这个时间点之后，老化对于提高电路板的可靠性将没有用处。⑤估算生命周期前10 000小时（产品的保修期）的故障时间分布。⑥估计将在生命的前50 000小时（单元的预期技术寿命）内发生故障的单元的比例。

1.2.3 质量与可靠性的关系

产品质量是反映产品特征或特性的集合，这些特征或特性要满足或者超过消费者的预期目标。产品特征是描述产品质量的参数，关键质量特性参数的波动会导致产品不合格，同时产生浪费。从这个意义上讲，质量的改进就是不断降低波动的过程。产品质量主要包括设计质量和性能质量，设计质量指通过差异性的设计生产不同质量水平的产品，性能质量指在特定质量工艺与质量保障体系下生产满足特定质量设计规范的产品。质量工程是一组集操作、管理和工程于一体的活动。其可确保产品的质量特性达到特定要求。

产品的可靠性主要取决于在产品设计、开发和制造过程中作出的决策，其受众多因素影响，包括制造质量、操作环境（如温度、湿度、灰尘情况和化学溶剂情况）、使用强度（频率和程度）、维护活动（如预防性维护的频率和深度）及操作员的技能等。产品可靠性对制造商和消费者都很重要。对于制造商而言，产品可靠性差会带来保修成本增加、客户满意度降低、产品声誉下降、市场份额与利润下滑。在质保期限范围内，维修成本由制造商承担。然而，消费者也要承担时间损失。因此，需要进行有效的可靠性分析，为可靠性决策与管理提供合理依据。

由于制造过程的波动，生产出的很多产品指标无法满足设计的要求，这就产生了不合格品或者缺陷产品。这种产品在性能上比合格品要差，在可靠性上也无法达到合格品的可靠性使用寿命要求。从广义来看，可靠性是产品质量的一个维度，通常被称为“面向时间的质量”或者“随时间变化的质量”。从狭义来看，质量不同于可靠性，主要体现在质量与可靠性的缺陷不同。质量缺陷通常指有缺陷的产品或装配不正确的部件，可以通过对照图纸或装配规范进行检查识别。从这方面来看，质量是通过百分比来体现的，可靠性是当下运行正常的产品未来的失效状况。所以，可靠性是某段时间内正常运行的产品或部件占总体的比例。简单来说，质量是当下是否符合要求，可靠性是未来的无故障性。

1.3 产品质量与可靠性改进的统计方法

1.3.1 产品质量改进的统计方法

长期以来，统计工具是质量管理者应用的主要工具。对于产品来说，所有生产制造过程均存在变异，其中有些变异是可以控制的，而有些则无法控制。如果存在太多变异，则过程之间将无法正确配合，产品将无法正常被生产出来。两种经常发生的过程变异是随机变异和系统变异，前者是不可控的，而后者发生的原因则可查明。产品质量改进的过程是应用数据不断进行质量分析的过程，也是一个系统变异不断减小的过程。

随机变异（Random Variation）以某一个值为中心，并具有一定的离散度。这种类型的变异无法控制，因此称之为“不可控变异”。过程中的随机变异可大可小。当随机变异大时，过程可能无法满足规格要求。系统性变异（Systematic Variation）是因生产过程中出现某种异常现象产生的，通常会使产品质量发生周期性或规律性的变化。在产品制造过程中，非随机性变异除了系统性变异，也有可能包括工人违反操作规程、材料规格变化、设备过度磨损等原因。非随机性变异对产品的质量影响较大，必须予以消除。要实现对质量的改进和变异的降低，就需要统计工具。质量管理中持续改进的常用方法有老7种工具、新7种工具、试验设计等。

1. 常用的统计工具

1）调查表

调查表是为了调查事物的客观情况而按照可能出现的情况及其分类预先设计的表格，可以用来收集关于某些具体事件出现频率的数据。按照使用目的和统计对象的不同，调查表可以分为检查单、缺陷类别调查表、缺陷原因检查单、缺陷位置检查表、工序分布调查表、工件抽样表等。在实际运用过程中，只需要在对应的栏目中填上数字或符号，对这些数字或符号进行整理和分析之后就可以一目了然地发现问题。一个简单的半圆管自动焊接缺陷类别调查表见表 1-2，从表中很快可以看出，出现问题最多的缺陷类型是焊口漏。

表 1-2　缺陷类别调查表

工序名称		设备号		产品		检验员	
缺陷类型	日期						合计
	1	2	3	4	5	6	…	
焊口漏	正正	正正	正丅	正正正	正丅	正正一	…	130
焊料不饱满	正	正	正丅	丅	一	丅	…	56
半圆管过烧	正正	丅	丅	正丅	丅	一	…	70
其他	丅	丅	正	丅	一		…	40

为了获得良好的效果，调查表的设计应简单明了，便于统计，并考虑数据之间的交互关系。

2）分层法

分层法是把收集到的数据进行合理的分类，将相同性质或同一生产条件下的数据归纳为一个组，从而找出根本影响因素的方法。分层的方法包括按生产线、按材料、按班组或工人、按时间、按作业方法分层等。分层法通常与其他质量管理工具（如排列图、直方图、散布图等）结合使用。使用分层法的过程中要注意：尽量采用复合分层，要分析分层标志之间的关系。

3）排列图

排列图也称帕累托图，是在研究社会财富分布状况时采用的方法。20/80 法则在很多方面都是适用的，例如，在质量管理方面，往往 80% 的质量问题是由 20% 的原因引起的。美国质量学家朱兰将这个理论应用到质量管理中来，他认为，过程中 80% 的变异源于大约 20% 的主要变量因素，这些变量被称为“关键的少数”，而那些对过程影响较少的变量则合称为“次要的多数”，如图 1-5 所示。

4）因果图及其方法

因果图（也称石川馨图或鱼骨图）是用来展示质量问题产生的原因并分析原因与结果之间关系的一种工具。借助因果图可以将影响质量的各种因素集中反映在一张树状的图中，按照各因素的类别进行归类，再由主到次分别找出主要原因、次要原因等，从而确定应采取的措施。一种常用的分类方法是 5M1E 分类法，即从人（Man）、机（Machine）、材料（Material）、测量（Measurement）、方法（Method）、环境（Environment）6方面寻找可能的原因。图1-5是一张简单的某餐馆顾客抱怨增多的因果图。

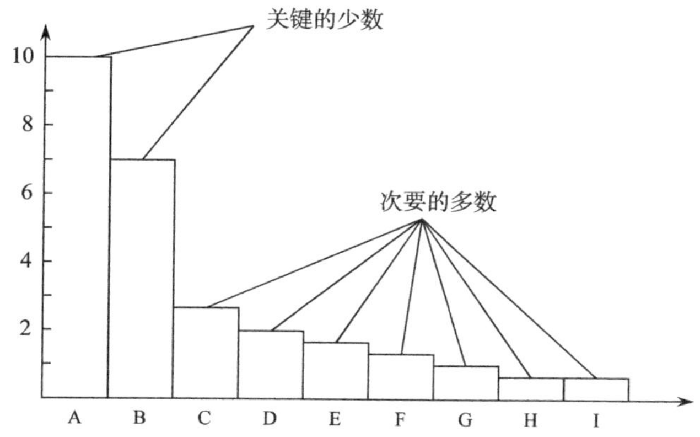

图1-4　排列图

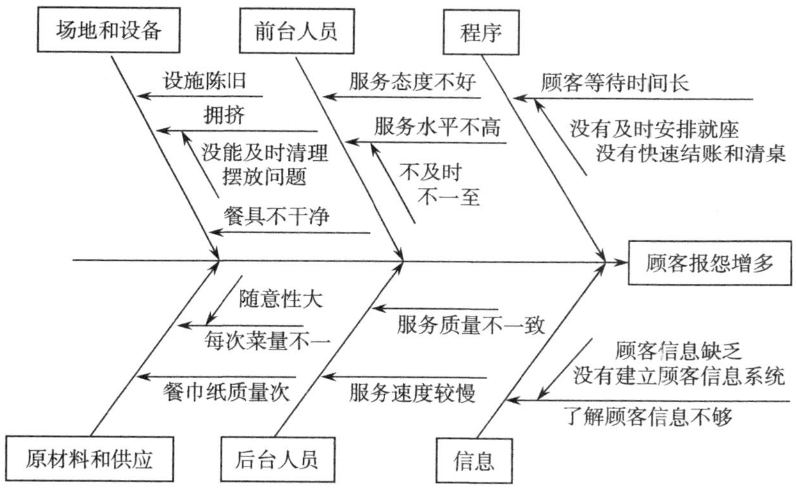

图1-5　顾客抱怨增多因果图

5）直方图

直方图是质量管理中应用很广泛的一种工具，它以频率的形式提供数据的分布状况，找出其统计规律以便对总体的分布特征进行推断。直方图可以形象地表示工序质量特征值的分布，将实际数据分布与所期望的数据进行对比分析，对工序波动以及工序是否存在系统性原因进行分析。直方图的基本形式如图1-6所示。图中横坐标表示产品的质量特性，纵坐标表示数据落在各个区间里的频数。

从形式上来看，直方图与一般条形图有些相似，然而二者之间存在着显著的区别。区别如下。

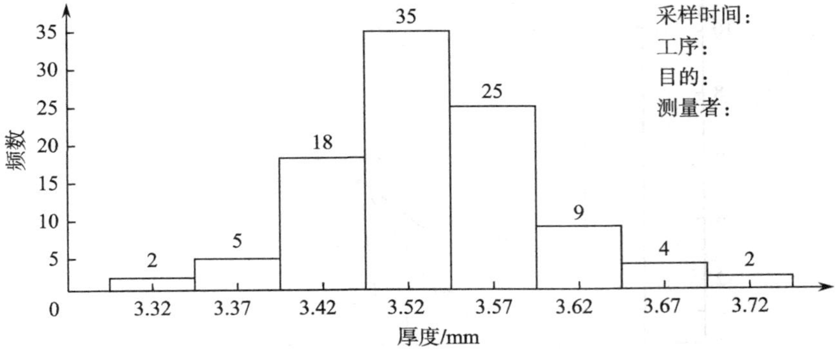

图 1-6　橡胶块厚度直方图

（1）直方图的 X 轴是连续的，各分组是等间距的。一般来讲，直方图的条柱是垂直的。条形图的条柱可以是垂直的，也可以是水平的，且 X 轴非连续。

（2）直方图的条柱宽度有实际意义，代表质量特征值的组距，条柱的高度表示处于该组距内的频数。一般条形图的条柱宽度没有实际意义。

（3）直方图的各条柱是连在一起的，中间不能有间隙，而条形图的各条柱经常不连在一起。

（4）用途不同。直方图用来表示质量特征值的分布情况，而条形图是用来展示数据的工具。

6）散布图

做散布图是通过分析两种变量之间的关系来控制影响产品质量的相关因素的一种有效方法。散布图的基本形态如图 1-7 所示。

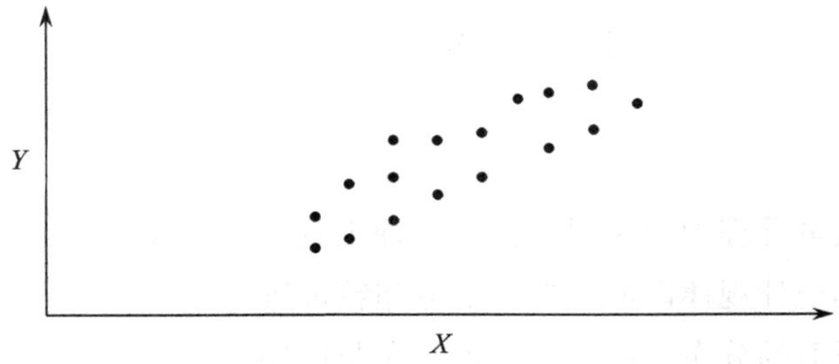

图 1-7　散布图

收集完测量数据之后，根据数据作出的散布图可以反映两变量之间关系的密切程度。几种常见类型的散布图如图 1-8 所示。

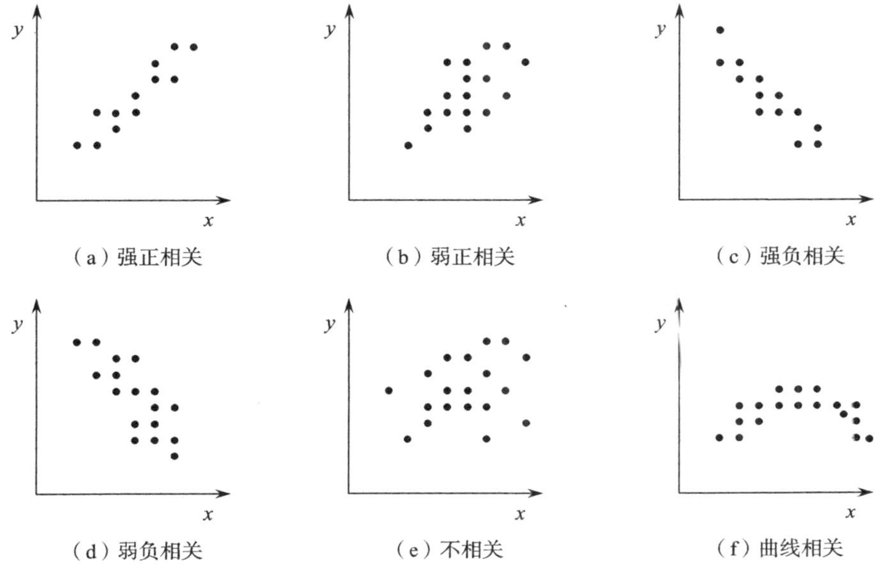

图 1-8 几种不同类型的散布图

图 1-8（a）：强正相关。当 x 增大时，y 也随之增大，表现为明显的正相关关系。

图 1-8（b）：弱正相关。当 x 增大时，y 也有增大的趋势，但这种相关关系并不明显，可能还存在着其他影响因素。

图 1-8（c）：强负相关。当 x 增大时，y 明显随之减小。

图 1-8（d）：弱负相关。当 x 增大时，y 有减小的趋势，但这种相关关系并不明显，可能还存在着其他影响因素。

图 1-8（e）：不相关。当 x 增大时，y 的变化趋势不明显（或者说没有规律性）。

图 1-8（f）：曲线相关。当 x 增大时，y 以某种曲线的形式随之变化。

在绘制与分析散布图时要注意：①应观察是否有异常点。如果有异常点应予以删除；如果是原因不明的点应慎重对待。②做散布图之前有时要先进行分层处理。

7）流程图

流程图是一种借助特定的符号展示过程步骤和决策点的工具。流程图可以帮助团队成员对过程所涉及的内容有一个全面的了解。另外，流程图还可以指出缺失、冗余或者错误的步骤。常见的流程图包括工艺流程图、工序作业流程图、跨职能流程图等。流程图中常用的符号如图 1-9 所示。

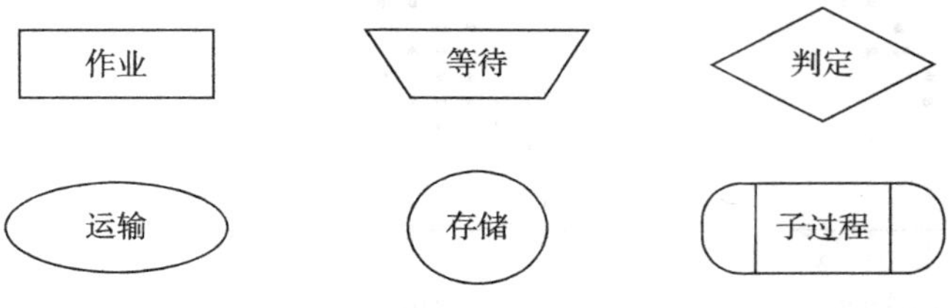

图 1-9　流程图中的常用符号

流程图的绘制步骤如图 1-10 所示。

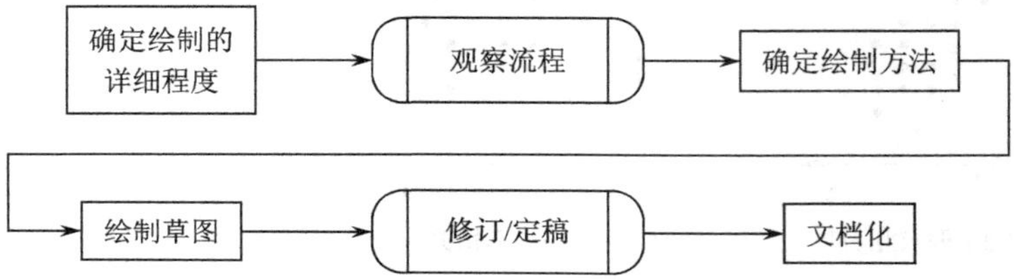

图 1-10　流程图的绘制步骤

图 1-11 是某厂家进行供应商评价和选择的流程图。

这些常用工具被称为质量管理的老 7 种工具。20 世纪 70 年代，日科联盟又推出了包括关联图法、亲和图法（KJ 法）、系统图法、矩阵图法、矩阵数据分析法、过程决策程序图法、网络图法等方法，它们合称为质量管理的新 7 种工具。

老 7 种工具以数据及因果关系分析为主，以数理统计为支撑方法；与之相比，新 7 种工具更重视文字资料的整理和分析，以思考方法作为技术手段，多角度地解决管理过程中出现的问题。对新 7 种工具感兴趣的读者可以参考何桢主编的《设备工程质量管理与检验》。除上述工具外，试验设计也是质量改进的有效统计方法。

8）试验设计

试验设计（Design of Experiments，DOE）方法广泛应用于产品和工艺参数稳健性设计以及工艺过程的优化。通过科学的试验设计，可以找出影响产品/工艺质量特征的主要因素，并对其进行优化设计。试验设计的方法很多，从发展来看有两个主流，一是源于西方的经典试验方法，主要包括比较试验、全因子试验（或析因试验）、部分因子试验、响应曲面模型（Response Surface Modeling）和

D-最优化试验等。另一个是日本质量管理专家田口玄一博士于20世纪50年代提出的试验方法。他将试验设计成功地与成本结合起来，提出三次设计、损失函数、信噪比、内外表等新概念。尽管田口方法在数据处理上存在一些不尽完善的地方，但在不少企业得到了应用。

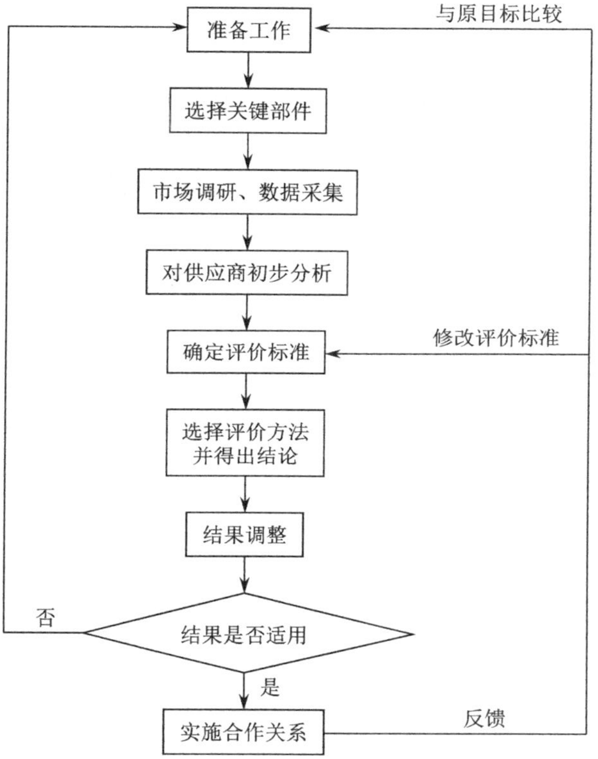

图 1-11　供应商评价流程

任何一个生产过程都可以用图1-12表示，图中 $X_1, X_2, \cdots, X_p$ 表示可控因素，即可以通过设计过程优化选择的参数；$Z_1, Z_2, \cdots, Z_q$ 表示在实验室条件下可控、在实际生产条件下不可控的因素。当试验设计用于稳健性设计时，试验设计的目标是要找出一组 $X_1, X_2, \cdots, X_p$ 参数的组合，这一方面使试验输出最优，同时使不可控因素对过程输出的影响不敏感；当试验设计用于过程改进时，如果不可控因素很小，可以忽略其影响。

通常，假设科学家或者工程师（统称试验者）关心的是某个过程或者系统响应输出的质量特征值 Y，则影响因素 X 与质量特征值 Y 之间的函数关系可表示为

$$Y = f(X) + \varepsilon \tag{1-1}$$

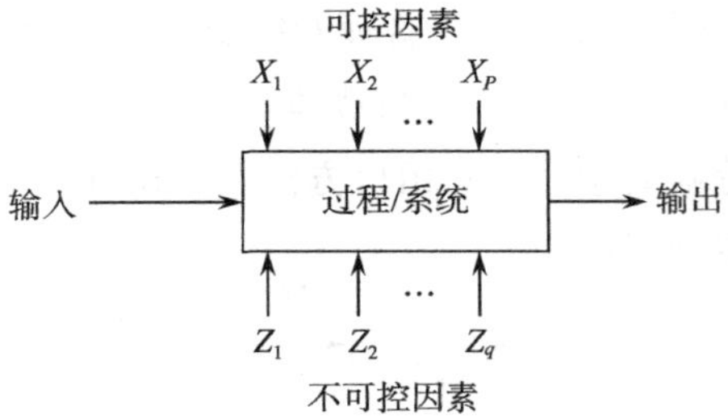

图 1-12　过程的一般模型

其中，ε 被称为残差，表示由其他变异来源造成的 $f(X)$ 所无法解释的误差。我们认为 ε 是一种统计意义上的误差，通常假设 $\varepsilon \sim N(0,\sigma_{\varepsilon}^2)$，则

$$\hat{Y} = E(Y) = E(f(X)) + E(\varepsilon) = f(X) \tag{1-2}$$

$$\varepsilon_i = y_i - \hat{y}_i \tag{1-3}$$

一般情况下，很难根据工程知识直接建立质量特征值与影响因素之间的关系式，但是可以通过试验设计采用统计的方法构建模型确定 $X_1, X_2, \cdots, X_p$ 的最佳值，使得质量特征值 Y 尽量与设计目标相吻合。同时，通过残差图分析诊断模型。这方面的内容将在第 3 章进行介绍。

一个试验设计一般由一个试验或一系列试验组成，它对一个过程或系统的输入变量作一些有目的的改变，通过观察识别出引起输出响应变化的原因。应用试验设计这一工具，能实现对试验的合理安排、对试验结果科学的分析，以较小的试验规模（试验次数）、较短的试验周期和较低的试验成本，获得理想的试验结果和正确的结论，例 1-1 给出了试验设计的一个案例。

[例 1-2] 某化工工程师希望研究某种产品的产量与化学反应温度、化学反应时间、催化剂之间的关系。试验的目的是寻找最佳生产条件。试验可按如下方式进行：选用 3 种反应温度，如 60℃、70℃、80℃；选用 3 种反应时间，如 1 小时、1.5 小时、2 小时；选用 3 种催化剂，如品种 1、品种 2、品种 3。对温度、时间、催化剂的 27 种组合的每一种做一次试验，记录产品的产量，并根据试验结果寻找产量与温度、时间、催化剂之间的规律，然后根据所找到的规律确定最佳生产条件。

1.3.2　可靠性改进统计方法

可靠性是产品在规定时间内和规定条件下完成规定功能的能力。产品可靠性改进仅进行定性分析还远远无法满足工程需要，必须进行可靠性定量分析。可靠性统计分析就是通过对产品可靠性数据的分析推断，达到预测其可靠性水平，改进产品可靠性性能的定量方法。可根据可靠性数据，运用各种统计推断的方法，给出可靠性水平的定量估计。若可靠性符合某种分布规律（如指数分布、正态分布、对数正态分布、威布尔分布等），可应用定量方法给出分布参数的估计。可靠性试验数据往往是截尾数据，不是完全样本，其统计推断有一定难度。通常的统计分析分为经典统计分析和贝叶斯统计分析[2]。

1. 经典统计分析

从可靠性数据的统计分析中找出产品寿命分布的规律是分析产品寿命和故障、预测故障发展、研究失效机理及制定维修策略的重要手段。可利用所收集的产品数据，根据产品失效机理和工程经验，对数据失效分布模型进行初步选择。

确定了产品的失效分布，就可根据数理统计的基本方法，对不同产品的可靠性数据进行参数估计，然后再由失效分布和可靠性参数的关系，估计可靠性设计和分析中所需的各项参数，如图 1-13 所示。

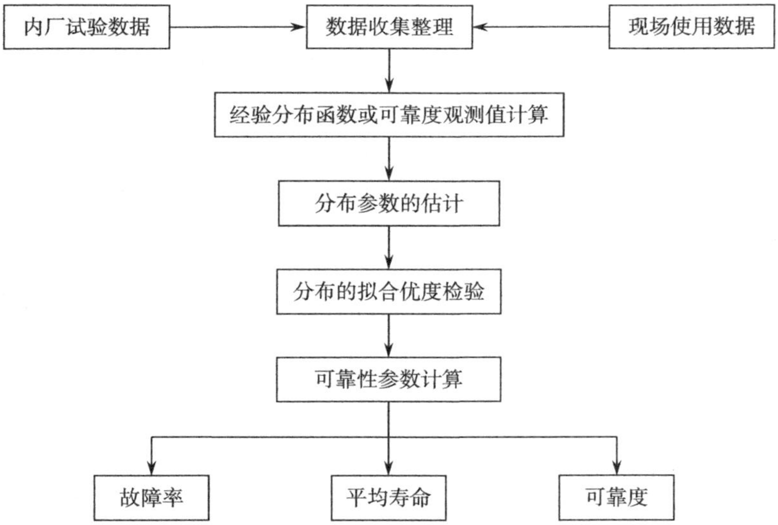

图 1-13 可靠性统计分析流程

2. Bayes 统计分析

Bayes 统计也是可靠性统计分析的一种常用方法。它是利用产品先验信息（历史或经验数据信息）并综合当前试验信息对产品的可靠性进行推断的一种统计分析方法。由于 Bayes 方法能够利用先验信息，使得该方法在某些特定情形下具有经典统计无法替代的优点，并与经典统计共同形成了可靠性统计分析的基础理论。Bayes 方法运用的关键是选取合理的先验分布。

1.4 产品质量与可靠性改进的应用案例

1.4.1 激光陀螺谐振腔质量改进案例

新一代惯性导航系统核心部件激光陀螺设计指标要求高，制造过程复杂精密，影响产品质量的因素多，合格率低，质量损失大。本案例希望通过统计分析、试验设计、数据挖掘等现代质量/可靠性工程方法，提高产品一次成活率和质量稳定性，加快新品研制进程，提高产品质量和可靠性。

激光陀螺是新一代理想惯性传感器，具有启动快、可靠性高、寿命长、动态范围宽、耐冲击等优点。激光陀螺谐振腔是激光产生和传输的载体，其加工精度直接影响陀螺的精度和稳定性。目前激光陀螺谐振腔的加工采用金刚石钻头，其中超声电镀金刚石钻头的应用日益广泛。超声电镀金刚石钻头利用电化学原理，在电镀过程中施加超声波。这个过程是一个复杂的物理、化学过程，主要包含槽液的配制、槽液的前期处理、槽液成分的测量、钻头基体的设计加工、钻头基体的前处理、基体的上砂、钻头的超声加工成型等步骤。

激光陀螺谐振腔材料采用微晶玻璃，努氏硬度达到 6 000MPa 以上，加工难度大。同时，谐振腔加工技术指标要求高，深小孔的加工已成为谐振腔高质高效加工的瓶颈，以 $\phi 2.5$ 金刚石刀具为例，如图 1-14 所示。其平均寿命低，且质量波动大，这就导致谐振腔精度降低且报废量加大。本案例希望通过试验设计方法，利用序贯试验设计技术，筛选出影响金刚石钻头超声电镀工艺中的关键因子进行参数优化，改进超声金刚石钻头的超声电镀工艺，提高钻头质量（使用寿命）和打孔的稳定性。

电镀金刚石刀具是一个物理、化学过程，要提高刀具的寿命及稳定性，需要寻找并优化刀具制造过程中的各影响因素。然而，刀具镀制又是一个复杂、多工序过程，图 1-15 为金刚石刀具制作流程图。影响刀具打孔寿命的因素众多，项目组主要对刀具电镀过程进行研究（虚线部分）。电镀过程包括刀具基体超声预镀、上砂、加厚、超声加厚和清洗 5 部分。为了达到优化电镀参数的目的，采用序贯试验设计，首先筛选出影响电镀流程的最主要因子，然后通过正交试验和响应曲面设计进行刀具电镀工艺参数建模，找到参数的最优组合，使金刚石刀具制造质量保持稳定并持续提高。

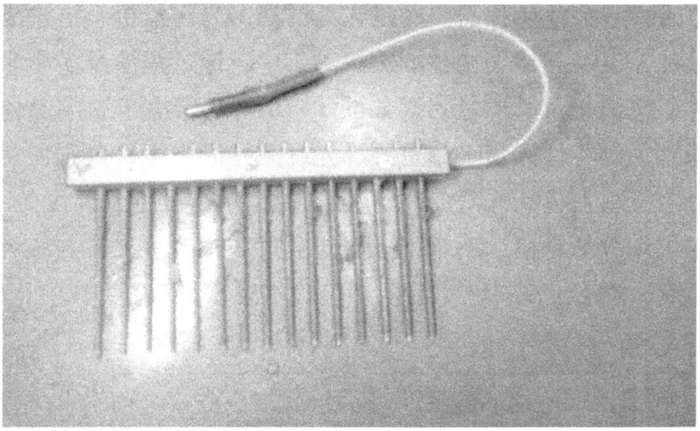

图 1-14 ϕ2.5 金刚石刀具

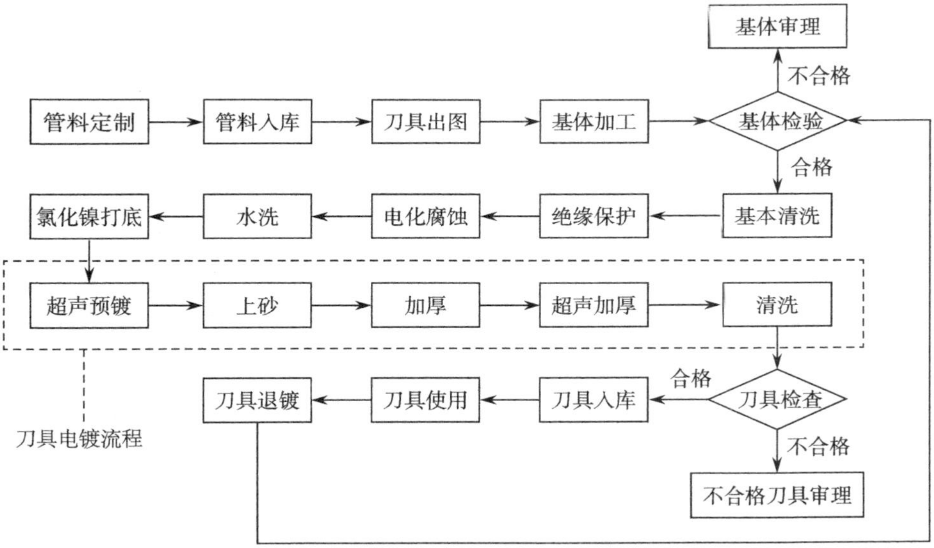

图 1-15 金刚石刀具制造流程

1.4.2 光纤陀螺质量改进案例

航空类产品需要在高空、高速及低温等极端环境下使用，因此，其质量稳定性和成品率很重要。在研制生产过程中发现，偏振器是整个光纤陀螺生产的瓶颈，返修率为 40%，生产过程极不稳定，因此，急需提高产品的合格率与稳健性。

陀螺偏振器的制作过程中，晶体是最主要的光学元件，晶体生长过程是偏振器生产的核心阶段。晶体生长需要经过光纤清洗、光纤拉锥、清洗云母、封装光纤与偏振器基片、安装晶体、调整加热炉等工序，该过程涉及多个影响晶体质量的因素，具体工艺流程及其质量因素如图 1-16 所示。由于影响晶体质量的可能因素众多，识别关键特性因素十分重要。光纤陀螺晶体生长过程质量特性信息见表 1-3，晶体生长过程包括光纤批次、操作者、操作设备、温度等 19 个质量特性，晶体质量被划分为合格、不合格。希望通过质量改进工具与统计方法提高产品的一次成活率（降低返修率）。数据共包含 1 582 个产品，其中合格产品 1 115 个，不合格产品 467 个。

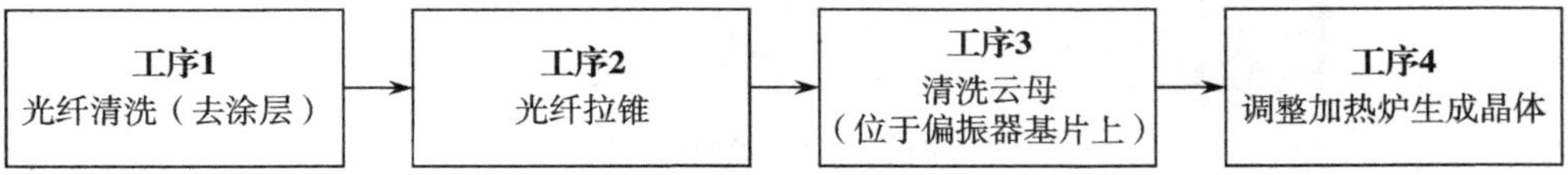

图 1-16　偏振器晶体制作流程

表 1-3　光纤陀螺晶体生长质量特性信息

变量	名称	变量	名称
x_1	光纤批次	x_{11}	融晶体设备
x_2	制作日期	x_{12}	上炉温保温温度
x_3	操作者	x_{13}	下炉温保温温度
x_4	C1 拉伸损耗	x_{14}	晶体批次
x_5	C1 光功率值	x_{15}	晶体部位
x_6	C2 拉伸损耗	x_{16}	P 转轴最大值
x_7	C2 光功率值	x_{17}	P 转轴最小值
x_8	P 拉伸设备	x_{18}	P 转轴最终值
x_9	P 拉伸损耗	x_{19}	P 拉伸设备与融晶体设备是否相同
x_{10}	P 拉伸最细处直径	y	质量（合格/不合格）

1.4.3　舵机转换阀套质量改进案例

阀套类零件是航空液压产品的关键零件之一，同时阀套类零件又是航空液压产品中加工工艺复杂、对加工精度要求很高的零件之一，也是舵机上的关键零件，其加工精度直接影响产品的控制性能。转换阀套属细长轴（长径比 27 : 1）、难加工零件，其内孔圆柱度是检验零件的重要指标。目前，转换阀套内孔的加工分为粗加工和精加工两部分，粗加工采用枪钻和快走丝线切割等加工方式使内孔初步成型，精加工采用精密线切割和珩研加工方法使内孔尺寸和位置精度达到使用要求。转换阀套内孔圆柱度一次交检合格率低，生产过程质量波动大，返修率高，容易影响舵机产品的交付。这导致珩研和圆度测量仪成为瓶颈工种和瓶颈设备，影响其他任务的按时交付。

转换阀套缺陷部位如图 1-17 中加粗线条所示，依据交付指标，内孔圆柱度大于 3.50μm 定义为缺陷。内孔圆柱度是零件形位公差的一种，是被测实际要素对理想圆柱所允许的变动范围，它用来控制被测实际圆柱面的形状误差，同时控制圆柱面的圆度和轴剖面内素线的直线度。在检测珩研后内孔圆柱度的同时，须考虑内孔直线度对圆柱度的影响。因此，将圆柱度和直线度作为响应输出。这是一个典型的多响应参数设计与优化问题。

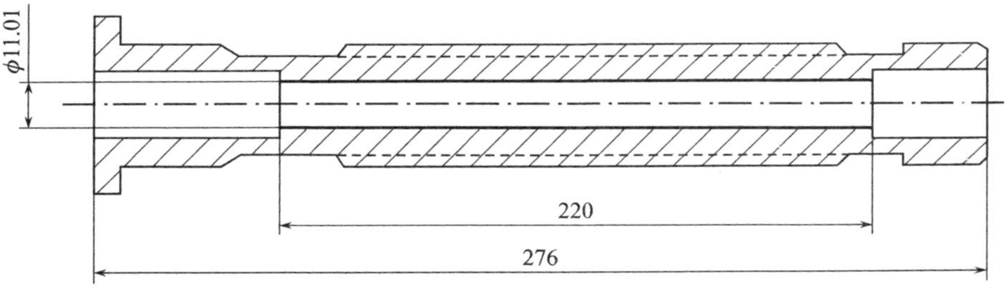

图 1-17 转换阀套缺陷部位示意

理论上，对内孔圆柱度的形位公差的描述主要有 5 种：内孔带锥度、圆度超差、圆跳动超差、轴线弯曲、轴线偏离。结合转换阀套内孔圆柱度历史数据，通过方差分析，可找出造成内孔圆柱度超差的主要因素——内孔轴线弯曲，且弯曲呈 C 形或 S 形，如图 1-18 所示。

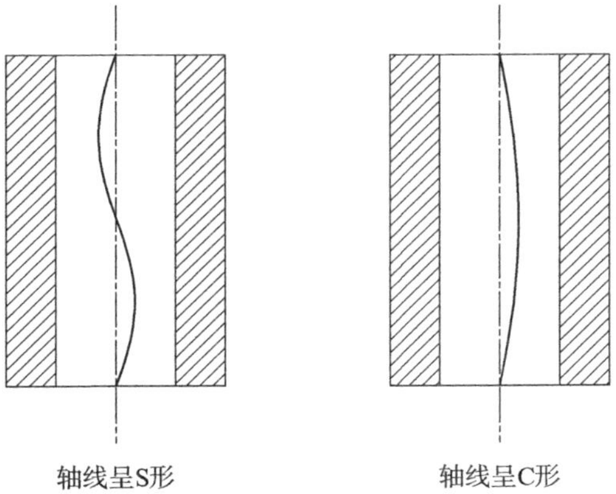

图 1-18 圆柱度超差原因

根据加工工艺过程和加工者多年的加工经验分析，这两种缺陷主要发生在内孔的后端精加工过程中，因此关键点在于转换阀套内孔的精加工。这就需要利用稳健性参数设计方法，通过试验设计分析，找出影响阀套内孔圆柱度的关键因素，对关键工序珩研设备（立珩机）加工参数进行优化，找出稳健优化参数，提高转换阀套内孔圆柱度的精度和合格率。

第 2 章

试验设计与数据分布

2.1 试验设计

2.1.1 试验设计与分析

为了探究每一个特定过程或系统的状况，研究者几乎都需要在所在的研究领域进行实验。通常一次实验就是一次试验，即在试验中通过对某一过程或系统的输入变量进行一些有目的的改变，能够观测到和识别出影响输出响应的原因。

例如，一位冶金工程师想要研究两种不同的淬火工艺（油淬和盐水淬）对一种铝合金的效应。在这里，试验者的目的是确定哪种淬火溶液能使得这种特殊合金的硬度最大。工程师决定对每种淬火介质都提供若干合金试件，并在淬火后测量试件的硬度，以试件在每种淬火溶液中处理之后的平均硬度来确定哪一种溶液好。

考虑这样一项简单的试验时，有很多重要的问题需要思考，例如：需要研究的淬火介质是否只有这两种溶液；在这项试验中，有没有其他可能影响硬度的因子（如淬火介质的温度）应该被研究或被控制；每种淬火溶液中应该检测多少块合金试件；怎样把试件分配给淬火溶液；应该按什么次序来收集数据；应该用什么样的数据分析方法；两种淬火介质间的平均观测硬度之差是多大时将被认为是重要的；等等。所有这些问题，都需要在进行这项试验之前进行充分考虑，并给出答案。

试验是科学（或工程）方法的一项重要组成部分。有时由于对科学现象理解得比较透彻，直接应用简单的原理就能得到有用结果。直接由物理原理得到的模型叫机理模型（Mechanistic Model）。一个简单的例子就是电路中关于电流的著名公式，即欧姆定律：$E=IR$。然而，科学和工程的大多数问题比较复杂，很难通过简单的机理模型表示，这就要求对系统的运行进行观测（Observation）和试验，进而阐明系统运行的原因和方式。设计良好的试验常常可以导出系统运行的模型，这种由试验决定的模型称作经验模型（Empirical model）。本节主要介绍将设计试验的结果转化为所研究系统的经验模型的方法，这些经验模型像机理模型一样能被科学家和工程师使用。

一个设计良好的试验是重要的，因为从试验中得到的结果和结论在很大程度上依赖于收集数据的方法。为了说明这一点，假定在上述试验中冶金工程师用来自第一炉的试件进行油淬，而用第二炉的试件进行盐水淬，那么，当比较平均硬度时，工程师就不能说出所观测到的差别有多少是淬火介质所致，有多少是炉次的不同所致。因此，收集数据的方法对由试验所能得到的结论起到了负面的影响。一般地，试验可以用来研究过程和系统的性能。过程和系统可以用图 2-1 所示的模型来表示[3]。

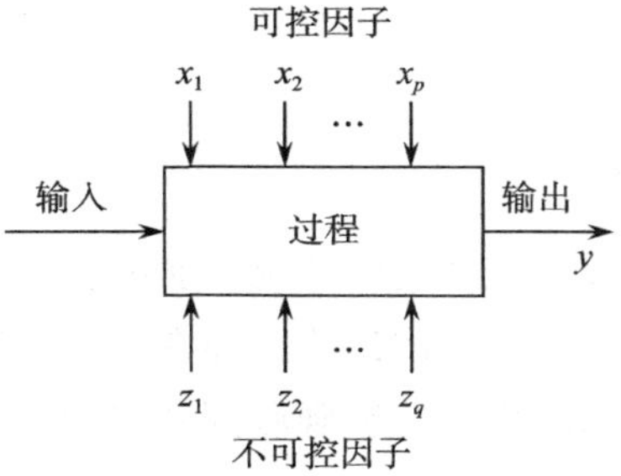

图 2-1　过程或系统的一般模型

通常将过程视为操作、机器、方法、人和其他资源的一种组合，把某种输入（通常是一种物质）转变为由一个或多个可观测的响应（Response）变量的输出。某些过程变量和材料特性 $x_1, x_2, \cdots, x_p$ 为可控制的，而另一些变量 $z_1, z_2, \cdots, z_q$ 为不可控制的（尽管他们对试验的目的来说也许是可控的）。可以通过试验完成或者解答下面的问题。

（1）确定哪些变量对响应 y 的影响最大。

（2）确定有影响的 x 设置为何值时，可使 y 接近所希望的额定值。

（3）确定有影响的 x 设置为何值时，可使 y 的变异性较小。

（4）确定有影响的 x 设置为何值时，可使不可控的变量 $z_1, z_2, \cdots, z_q$ 的效应最小。

通常的试验往往包括多个因子，进行试验的目的就是确定这些因子对系统的输出响应的影响。设计和进行试验的一般方法称作试验策略，试验者可以采取多个策略。例如，某人很喜欢打高尔夫球，但不喜欢练习，所以，可寻找一种降低得分的更简单的办法。有些因子可能会很重要，即可能会影响高尔夫得分，这些因子包括：①使用的长打棒的类型（特大尺寸的还是常规尺寸的）；②使用的球的类型（树胶的还是三片的）；③步行还是乘高尔夫球车；④打球时喝的是水还是啤酒；⑤在上午打球还是在下午打球；⑥打球时天气是冷还是热；⑦高尔夫球鞋钉的类型（金属的还是软的）；⑧在有风的日子还是无风的日子打球。

基于长期的比赛经验，第5~8个因子可以忽略，这些因子之所以不重要，是因为它们的效应非常小，没有实际意义。工程师和科学家通常必须对他们正考虑的真实试验中的部分因子作出以上的决策。

现在考虑怎样通过试验检验第1~4个因子对高尔夫成绩的影响。假定试验过程中最多能打8轮高尔夫球。一种方法是选择这些因子的任意组合，测试它们，观察发生了什么。例如，选择使用特大长打棒、树胶球、乘高尔夫球车和喝水的组合，结果为87杆。但是在这一轮中，使用特大长打棒有几杆进球结果并不好（高尔夫比赛中长并不总是好的），因此决定在另一轮中使用常规长打棒，其他因子保持不变。基于目前试验的结果，下次试验改变一个（或两个）因子的水平，这种方法可以几乎无限期地继续下去，这种方法我们称之为最佳猜测法（Best-Guess Approach），这种试验策略在实践中经常被工程师和科学家所采用。因为试验者具有大量关于他们正在研究的系统技术或理论上的知识，还有相当丰富的实际经验，所以该方法的使用效果通常相当好。但是这种方法至少存在两点不足。第一，假定最初的最佳猜测没有产生预期的结果，试验者不得不做另一种关于因子水平正确组合的猜想，这要继续很长一段时间，而且没有成功的保证。第二，假定最初的最佳猜测产生了一个可以接受的结果，现在虽然不能保证最优解决办法已被发现，但试验者仍试图终止试验。

另一种在实际中被广泛应用的试验策略是一次一因子（One-Factor-at-a-Time）方法。这种方法包括对每个因子选择初始点，或者水平的初始（Baseline）组合，然后在保持其他因子不变的条件下，让每一个因子在其允许的范围内进行连续变动。当所有的试验都做完后，就可以做出一系列的图形来显示响应变量如何受各个单因子变化（即保持其他因子不变）的影响。图2-2给出了高尔夫试验的一系列因子效应图，将特大长打棒、树胶球、步行和喝水作为4个因子的初始水平。

这个图的解释是非常直观的：通过行进模式曲线的斜率是负的可以得出乘车有助于提高成绩的结论。根据这些一次一因子图形，我们选择的最优组合是常规长打棒、乘车和喝水。高尔夫球的类型似乎并不重要。

一次一因子策略的主要缺点在于，它没有考虑因子间可能存在的交互作用

(Interaction)。交互作用会使一个因子与另一个因子的不同水平的结合难以对响应产生同样的效应。图 2-3 说明了高尔夫试验中长打棒的类型和饮料因子之间的相互作用。

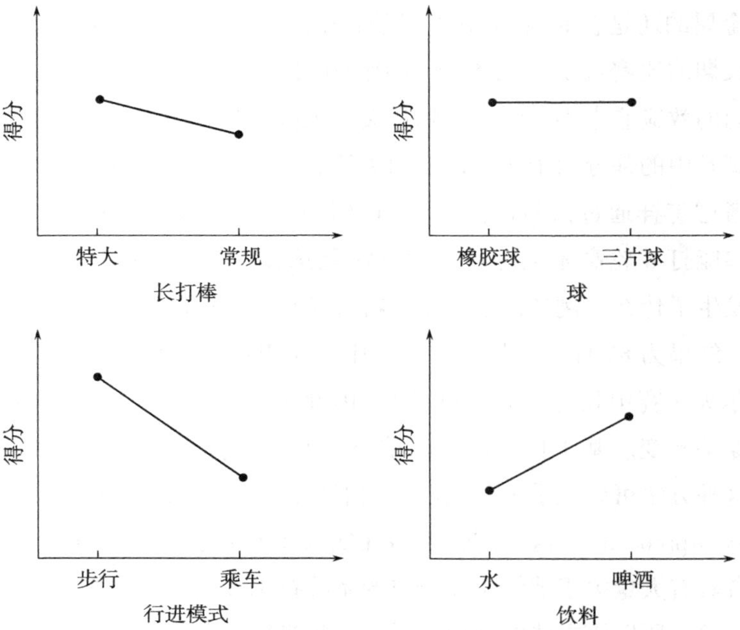

图 2-2　高尔夫试验的一次一因子策略的结果

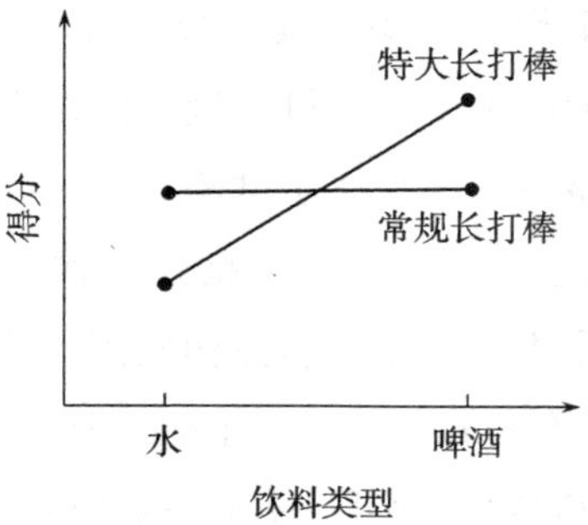

图 2-3　高尔夫试验长打棒类型和球的类型的交互作用

可以看出，如果使用常规长打棒，所喝的饮料类型对得分几乎没有影响，但是如果使用特大长打棒，喝水的效果比喝啤酒的效果更好。因子间的交互作用是非常普遍的，如果交互作用存在，那么一次一因子的策略产生的结果往往不理想，许多人没有意识到这一点，结果在实际中经常采用一次一因子试验。有些人确实认为这个策略是一种科学方法，或者认为它“合乎”工程原理，然而对设计而言，一次一因子试验往往比其他基于统计途径的方法效率更低。

处理多个因子的正确方法是进行析因试验（Facterial Experiment）。这种试验的策略是所有因子一起变化，而不是一次变一个。为了说明析因试验是如何进行的，考虑高尔夫试验，假定只考虑两个因子：长打棒的类型和球的类型。图 2-4 显示了研究两个因子对高尔夫得分的联合效应的二因子析因试验。

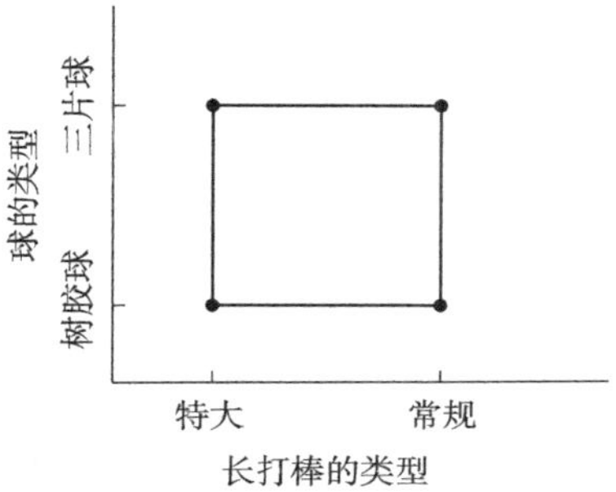

图 2-4 长打棒类型和球类型的二因子析因试验

这个析因试验的每个因子都有 2 个水平，长打棒的类型是特大或者常规，球的类型是树胶球或者三片球。二因子二水平的所有可能组合结果通过图形展示对应于正方形的 4 个角点。这种析因试验称作 2^2 析因设计（2 个因子，每个因子有 2 个水平）。本次希望每次试验重复进行 2 次，即每个因子水平组合各打 2 轮，共打 8 轮高尔夫球来检测这些因子，这也可称为重复设计 2 次。这样的设计可以帮助试验者研究每个因子的个体效应（或主效应）并判定因子是否存在交互作用。

图 2-5a 显示了长打棒和球的类型 2 个因子的析因试验结果。在正方形 4 个脚点上显示了每一轮高尔夫得分，有 4 个轮次的高尔夫得分提供了使用常规长打棒的信息，另外 4 轮提供了使用特大长打棒的信息。通过计算正方形右边和左边的得分均值差（如图 2-5b 所示），可以得到特大长打棒和常规长打棒效应差值，即

$$\text{球棒效应} = \frac{92+94+93+91}{4} - \frac{88+91+88+90}{4} = 3.25 \qquad (2-1)$$

由此可以得出，从特大长打棒换到常规长打棒，平均每轮增加 3.25 分。与此类似，用正方形顶部的 4 个得分和正方形底部的 4 个得分的均值差得出球的效应（见图 2-5c）：

$$\text{球的效应} = \frac{88+91+92+94}{4} - \frac{88+90+93+91}{4} = 0.75 \qquad (2-2)$$

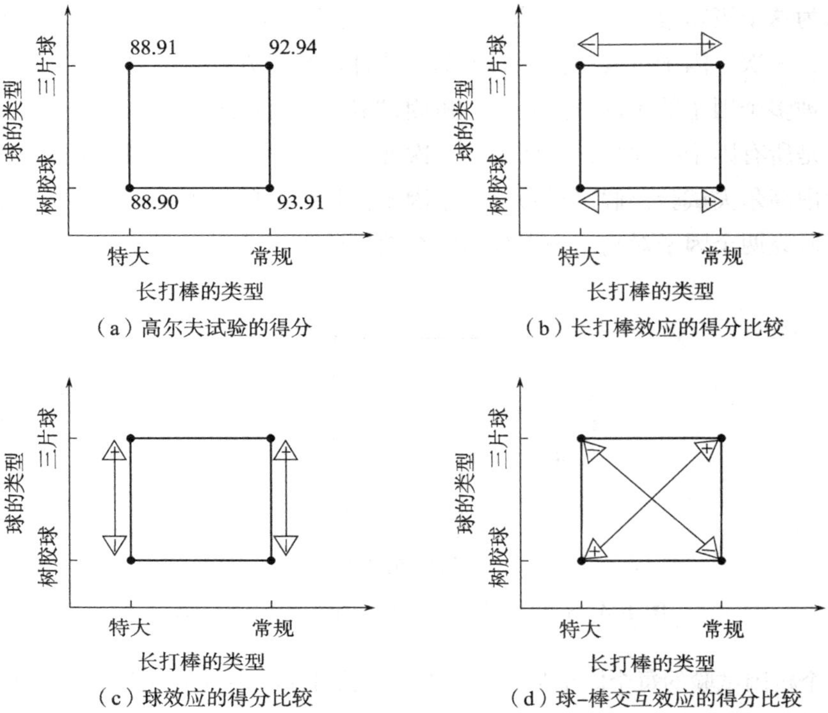

图 2-5　高尔夫试验的得分以及因子效应的计算

最后，用右上-左下对角线和左上-右下对角线的均值差得出球类型和长打棒类型的交互作用（见图 2-5d）：

$$球和球棒的交互作用 = \frac{92 + 94 + 88 + 90}{4} - \frac{88 + 91 + 93 + 91}{4} = 0.25 \quad (2-3)$$

析因试验分析结果表明，球棒的效应大于球及交互作用的效应。可以利用统计检验判定这些效应与 0 是否有显著差异。事实上，统计证据表明球棒效应与 0 有显著差异，而其他两个效应与 0 没有显著差异。所以，试验结果提示应该采用特大长打棒。

上述简单的例子显现出析因试验的一个非常重要的特性，即析因试验可以高效率地利用试验数据。这组试验包括 8 个观测值，所有观测值都用于计算长打棒、球和交互作用的效应。没有其他的试验策略可以这样高效率地利用数据，这是析因试验一个重要且有用的特性。

可以将析因试验的概念推广到多个因子。假定希望研究长打棒类型、球类型及饮料类型对高尔夫得分的效应，在假定这 3 个因子都有 2 个水平的情况下，析因试验的设计可以如图 2-6 所示。

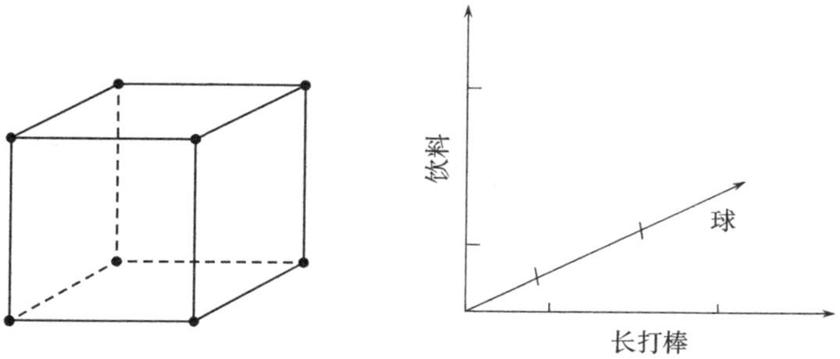

图 2-6　设计长打棒类型、球类型及饮料类型的三因子析因试验

本试验有 3 个因子，每个因子有 2 个水平，共 8 个试验组合。8 个试验点可以在几何上用立方体的 8 个顶点来表示。图 2-6 是一个 2^3 析因设计的例子，即当只想打 8 轮高尔夫球时，每轮只能打图 2-6 中的 8 个顶点所代表的其中一种组合。但是，与图 2-4 中的二因子析因设计相比，2^3 析因设计在因子的效应方面提供了相同的信息。例如，若图 2-4 中的二因子设计中的每轮试验重复两次，则在这两个设计中，都有 4 个试验提供关于常规长打棒的信息，4 个试验提供关于特大长打棒的信息。

图 2-7 显示了如何在 2^4 析因设计中研究所有的 4 个因子——长打棒、球、饮料和行进方式（步行或乘车）。如上述析因设计一样，它利用了因子水平的所有组合。由于所有 4 个因子都有 2 个水平，所以这个试验设计在几何上仍然可以用立方体表示。

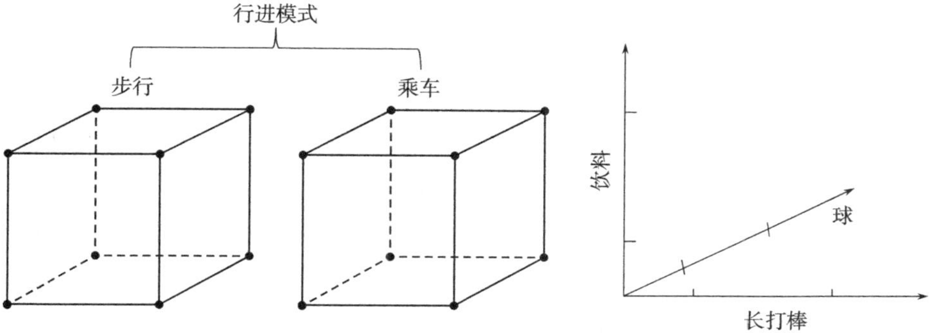

图 2-7　长打棒类型、球类型、饮料类型以及行进模式的四因子析因试验

不失一般性，如果有 k 个因子，每个因子有 2 个水平，那么析因设计就要进

行 2^k 轮。例如，图 2-7 中的试验要进行 16 轮。显然，随着感兴趣的因子数的增加，要求的试验次数也迅速增加。比如，具有 10 个因子、每个因子都有两个水平的试验需要进行 1 024（2^{10}）轮。这不论从时间还是资源角度来说，都是非常困难的。在高尔夫试验中，只打 8 轮高尔夫球，图 2-7 中的试验次数就已经很多了。

对于有 4~5 个甚至更多因子的情况，通常没必要对因子水平所有可能的组合一一进行试验。部分析因试验（Fractional Factorial Experiment）是基本的析因设计的变形，它对所有析因试验组合的一个子集进行试验。图 2-8 显示了高尔夫试验中 4 个因子的一个部分析因设计。

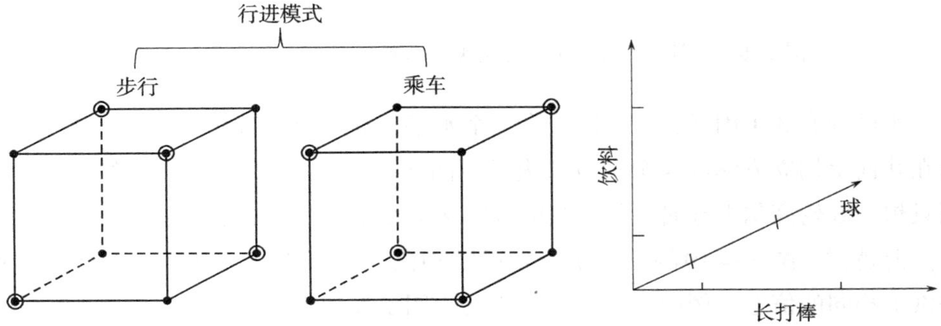

图 2-8　四因子部分析因试验

这个试验只做 8 轮而不是析因试验要求的 16 轮，我们把这种试验称为 1/2 部分（One-half Fraction）。在包含 4 个因子的试验设计中，如果只做 8 轮试验，则是比较节约的试验，特别是在每次试验成本比较高的时候，效果更明显。这类试验不但试验次数少，还可以提供包括主效应及其部分交互效应的信息。

2.1.2　响应曲面设计

在试验设计中，构建模型、预测响应输出并优化试验参数对于试验目的的实现非常重要。响应曲面方法是利用试验设计构建回归模型，进行响应变量预测优化的重要工具。基于试验设计的响应曲面设计关系到模型的精度与稳健性，而且对于试验总成本的控制也起着决定性的作用，所以对响应曲面设计的分析与研究是非常必要和重要的。响应曲面设计通常包含两个阶段，第一阶段是因子试验设计，包括筛选试验或全因子试验，目的就是确定模型类型及下一阶段响应的研究方向，进而找到试验因子的变化范围。第二阶段是当发现响应变量与输入变量之间存在非线性关系时，需要拟合二阶响应曲面模型，这也是响应曲面方法最核心的作用。本节将主要研究处于第二阶段的响应曲面设计问题。关于这一阶段的响应曲面设计方案很多，下面介绍几种常见的响应曲面设计[4]。

2.1.3 关于响应曲面设计的一些概念

为了能够更加准确地选择和理解响应曲面设计，实践者需要明确试验设计的一些基本的概念和选择响应曲面设计时所遵循的准则[5]。

1. 设计区域和操作区域

操作区域（Operability Region）指的是在安全性允许的条件下，加工设备和生产过程的加工操作范围所定义的研究变量的上下界限的集合区域。设计区域（Region of Interest）指的是由设计变量的各个水平集的上下界限所定义的几何区域，在此区域内，真实的函数关系能够由一个多项式模型很好地近似，每个试验各自的设计区域或者相同或者不相同，但都在操作区域内。

设计区域和操作区域对于响应曲面设计的选择和比较起着非常重要的作用，是运行试验设计的前提条件。为了成功地运行任一设计好的试验，设计区域必须在操作区域的范围内，也就是说设计的过程必须具有可操作性。当试验者知道给定变量可以在最大尺度的范围之内变动并且能够推测出目标值存在于所研究的变量区域内时，一般使用球形区域，并且可以不必考虑操作区域问题。有很多实际情况，过程不能在设计区域的某个或者多个边界点上操作，这时设计区域就要考虑立方体（超立方体）的情况。如果不能在设计区域的顶点上操作试验，这时就要考虑内嵌于立方体的球形设计，如中心复合有界设计和 Box-Behnken 设计，或者减少设计区域重新运行试验。

2. 因子和水平

图 2-9 给出了过程或产品模型的简化图，其中 $y_1, y_2, \cdots, y_s$ 是输出变量，称为响应变量（Response），一般情况需要考虑多方面的响应，但在本书的试验设计中只考虑一个响应的情况。$x_1, x_2, \cdots, x_k$ 为影响响应变量的一些变量，称为试验问题中的因子，它们是输入变量，影响过程最终结果。这些变量可以是连续型的，也可以是离散型的。

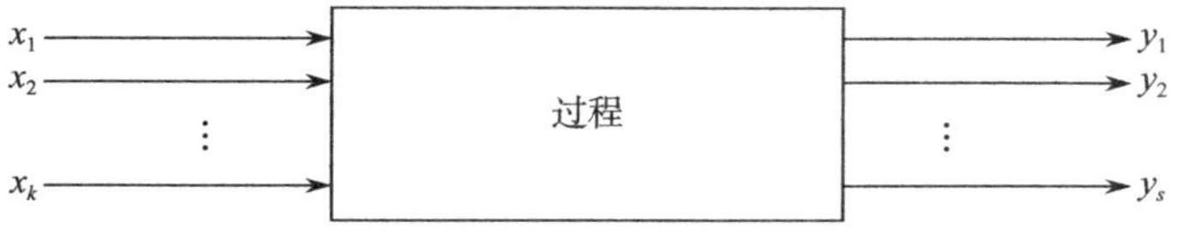

图 2-9　过程模型示意

为了研究因子对响应变量的影响，需要用到因子的两个或多个不同的值，来拟合过程或产品中响应与输入变量（因子）之间的模型关系。这些不同的取值称为因子的不同水平（Level）。当不同的因子选定各自的水平后，它们的组合被称为处理（Treatment）。处理的含义就是按照设计的因子的不同水平组合进行试验，从而获得响应变量的观测值，也可以说一次处理就是一次试验。

3. 响应曲面设计评价的一个主要指标

提到响应曲面设计的比较或者评价，一个重要的指标需要考虑，即响应模型均值的预测方差（Prediction Variance），它反映了响应曲面拟合模型预测性能的良好程度。试验设计稳健性的特殊之处在于考虑模型预测方差的稳健性。在一阶响应曲面设计中，正交性占据了非常重要的位置，但在二阶响应曲面设计中，正交性已经不像在一阶中那么重要了，单个系数的估计固然重要，但是整个拟合模型的预测方差 $n\mathrm{var}\hat{y}(x)/\sigma^2$（$n$ 为试验次数，$\mathrm{var}\hat{y}(x)$ 为预测响应均值的方差，σ^2 为随机误差方差）更重要，这是由于响应曲面方法中更多的是强调估计模型的优化和预测能力，所以很少关注到模型本身的变量，但是这并不代表二阶响应曲面模型不关注因子的效应。因子的效应的变化及其所受到的影响仍然是响应曲面方法研究中一个重要内容。对于一个二阶响应曲面设计而言，在设计区域上拥有一个合理稳定的预测方差的分布是非常重要的。因为在设计的初始阶段，设计者或者工程师并不知道设计空间中最优值的准确位置、预测的方向及感兴趣的设计区域精确范围，此时在整个设计区域上具有合理稳健的预测方差分布能够保证响应曲面模型对未来响应的预测值。从预测方差的角度来看，它实际上是试验设计矩阵的函数。

4. 可旋转性

当试验者在运行试验之前不知道设计区域内目标值的位置时，响应曲面设计的旋转性保证在感兴趣的设计区域上具有相同的预测方差，这样使得设计目标更加清晰。所谓旋转性主要是指：将来在某处预测值的方差仅与该点到试验点中点的距离有关，而与其所在位置无关。也就是说，响应变量的预测精度在以设计的中点为球心的球面上是相同的。在中心复合设计中，主要由轴线点的位置（α 的值）决定。在很多设计中完全旋转性很难做到或者不方便做到，这时试验设计的近似旋转性就够了。例如，中心复合设计要满足可旋转性，要求 $\alpha=\sqrt[4]{n_f}$，其中 n_f 为设计的析因试验点的数目。但实际应用中我们通常选取 $\alpha=\sqrt{k}$ 作为轴线点的值，这是因为考虑了模型拟合的优度问题，其中 k 为输入变量的数目。虽然旋转性并不能完全保证预测方差的稳健性，但为设计参数的选择提供了重要的指导原则。响应曲面设计预测方差的稳定性依赖很多方面，旋转性只是其中的一方面，还有试验设计中心点的个数等。

2.1.4 二阶响应曲面设计

二阶响应曲面设计中最常用的就是中心复合设计（Central Composite Design，CCD）。图 2-10 就是一个二因子中心复合设计示意图。整个试验主要由 3 部分试验点构成：立方体点（Cube Point）（也称角点）、中心点（Center Point）和轴线点（Star Point）。其中，中心点（0,0,…,0）是为了估计模型拟合误差，检测模型是否存在失拟，有 n_c 个；立方体点就是组成因子试验的部分，有 n_f 个，由 2^k 个全因子试验设计或 2^{k-p} 个部分因子试验构成，主要用于估计模型的一次项和交叉项；轴线点除一个坐标为±α 外，其余坐标均为 0，在有 k 个因子的情况下，共有 $2k$ 个坐标点（±a,0,…,0），（0,±a,…,0），…，（0,0,…,±a）用于二次项的估计。

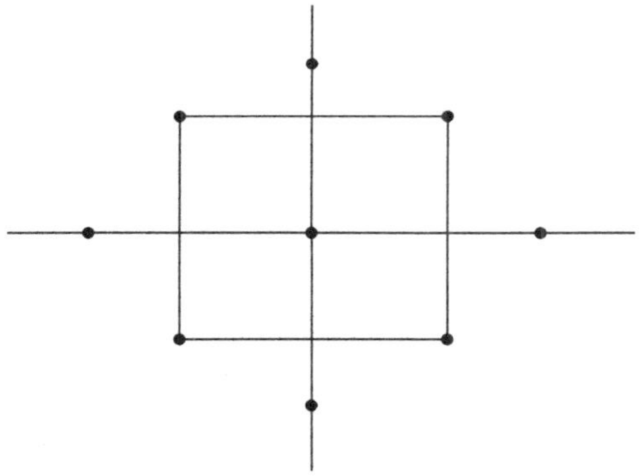

图 2-10 二因子中心复合设计示意

因为第二阶段设计是在第一阶段设计的基础上再增补一些试验点而完成的，因此这两阶段完成的试验设计也称为“序贯试验”。中心复合设计之所以在工业、科技、工程方面得到广泛的研究与应用，与其序贯的本质是密不可分的。除此之外，该设计还具有试验次数少、设计灵活（可以选择不同的轴向距离和中心点个数）、具有正交性和可旋转性的优势。中心复合设计中 α 的选择关系到设计的可旋转性，也决定了设计的类型及适用范围。使距离中心点相同距离的任意两点的预测方差相等的设计称为可旋转的。旋转性对于试验者在不清楚设计区域内响应变量状况情况下，对提高预测方差的稳健性很有意义。

在响应曲面设计中，中心复合设计主要包括 3 种主要的设计：中心复合序贯设计（Central Composite Circumscribed，CCC）、中心复合有界设计（Central Composite Inscribed Design，CCI）和中心复合表面设计（Central Composite Face-Centered Design，CCF）。中心复合序贯设计的设计区域是一个球形，轴线点处因子水平 α 的选择为

$$\alpha = n_f^{\frac{1}{4}} \tag{2-4}$$

其中，n_f 为因子点试验次数。按照上述公式选择 α 值来安排中心复合设计是最典型的情形。它可以实现试验的序贯性，这也是最常用的一种设计。图 2-11 给出了三因子中心复合序贯设计示意。这种设计的轴向点在立方体的外面，比因子的高低水平更高或者更低，并且每个因子都有 5 个水平：$\pm\alpha$，0，±1。

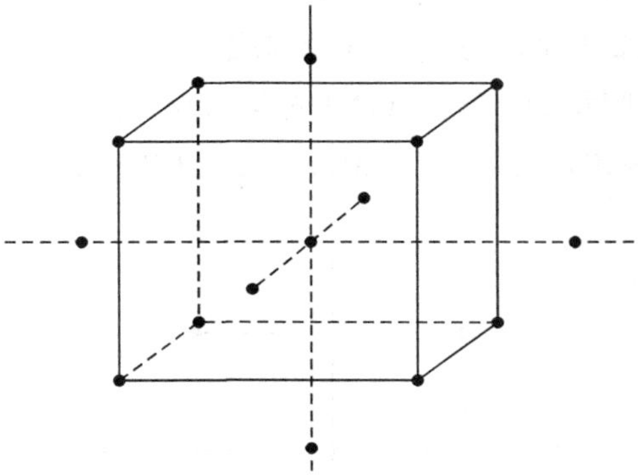

图 2-11　三因子中心复合序贯设计示意

当试验受到一些外在条件的制约，希望试验水平安排不超过立方体边界时，可以减少因子集合的范围，使得轴线点落在每个因子的设计域内部，将 $\pm\alpha$ 的值设在因子的设计域的最大或最小界限上，也就是将其设为 ±1，对应的角点就缩小到整个立方体内部，试验点全部落在一阶析因设计区域内。这样得到的设计就是中心复合有界设计。但这种设计失去了序贯性，因为前一次的试验点在这次试验中已经没有用了。图 2-12 为二因子中心复合有界设计示意。它的每个因子也有 5 个水平：±0.7，0，±1。

当试验设计因子的 5 个水平无法满足或者受到试验条件制约的时候，根据需要将轴线点收缩到了设计空间的每个面的中间以减少因子的水平数量，这种设计就称为中心复合表面设计，它是对 α 值的另一种选择。取 $\alpha=1$，该设计只有轴线点位置发生了变化，其他因子点并没有改变，因子取值的水平变成了 3 个。该设计仍然具有序贯性，即先进行因子设计，其结果在二阶设计中仍然被采用，但失去了可旋转性。图 2-13 为三因子中心复合表面设计示意，因子的 3 个水平为：±1，0。

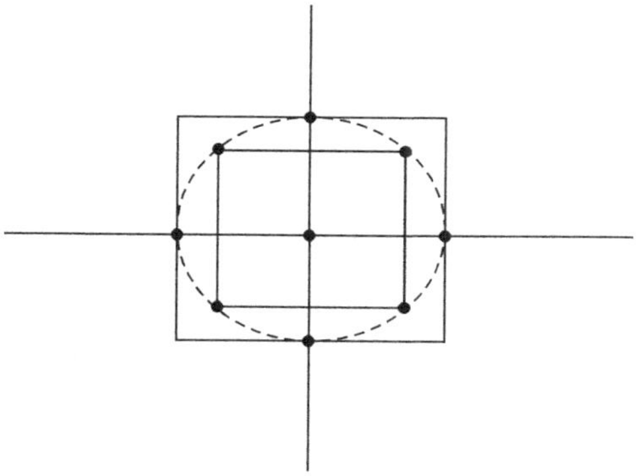

图 2-12　二因子中心复合有界设计示意

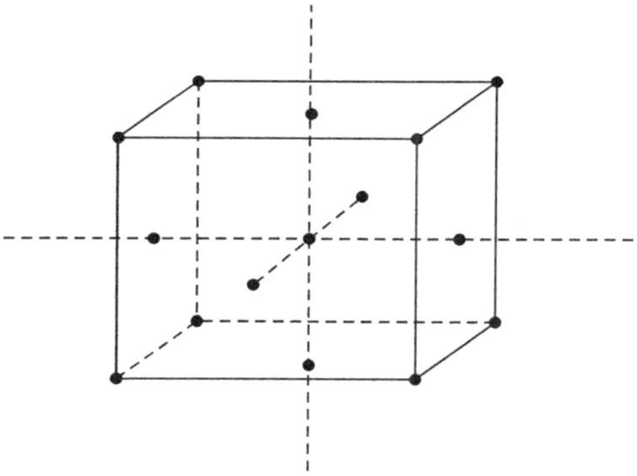

图 2-13　三因子中心复合表面设计示意

在上述 3 个响应曲面设计中，中心复合序贯设计是最常用的试验设计，操作过程中每个变量有 5 个水平；中心复合表面设计是比较简单的设计，每个因子只有 3 个水平。虽然中心复合序贯设计有很多优点，但是试验者也要考虑因子水平数的增加带来的复杂性，因为其不但增加了过程或产品试验的成本和时间，同时也会引起更多的试验误差的变异来源。在很多工程试验中，模型失效主要是无法预测的试验误差所引起的。所以，有的时候选择试验设计水平少且误差来源少的设计也是一种不错的选择。

中心复合设计是响应曲面设计中最普遍和最被推荐的设计之一，在很多领域得到了广泛应用。它广泛应用于 3 个方面：一是中心复合设计的序贯性。将因子分成两个子集，第一个子集先用二水平的因子试验的数据拟合一个线性的回归方程（含两因子交互效应），如果发现有弯曲的趋势，在原来一些设计点数据的基础上增补一些试验点，也就是第二个子集，进而拟合一个含有二次项的回归方程，这种分阶段完成的全部试验的策略就是序贯的思想。二是中心复合设计是灵活的设计。它可以根据设计域或操作域的不同要求设计出满足条件的不同的设计类型。三是中心复合设计是很有效的设计。它以少量的试验次数循环地提供试验变量和试验误差的诸多信息。

在响应曲面方法中，响应曲面设计对模型的估计起着十分重要的作用。其不仅关系到模型的估计精度，同时也关系到试验设计本身的稳健性，而且对于后续的模型优化也起着决定性的作用。因此，这里探讨一下这个问题，力求更好地指导实践者。响应曲面设计之所以得到广泛的应用与研究，主要在于该设计本身的灵活性和作为序贯设计的有用性，灵活性主要表现在轴向距离 α 及其中心点 n_f 的选择方面。

1. 轴线距离 α 的选择

轴线距离 α 的选择关系到试验设计的旋转性、模型类型是否适合的稳健性和模型参数估计预测的稳健性等方面。试验设计的旋转性与 α 值的选择息息相关，也是由其值唯一决定的。一般情况下，α 的取值范围为 $1\sim\sqrt{k}$，这里 k 表示因子的个数。当 $\alpha=1$ 时，为中心复合表面设计，该设计对于三水平因子的设计是非常有效的设计，但是旋转性无法保证；当 $\alpha=\sqrt{k}$ 时，轴线点与立方体点在同一个球面（超球面）上，该设计具有较高的参数估计效率，同时该设计具有近似旋转性，但是随着因子数值的不断增大，轴线点距离中心点的位置会越来越远，此时设计本身的波动性就会变大，同时也会失去因子中间区域的响应曲面的信息。除了上述两种情况，α 也可以选择使试验设计具有可旋转性的值，如 $\alpha=n_f^{\frac{1}{4}}$，此时的设计为中心复合序贯设计。表 2-1 给出了因子数为 2~6 的可旋转与不可旋转（$\alpha=\sqrt{k}$，k 为试验因子数）中心复合设计的轴线点 α 的值及其立方体点数和运行试验数，这里面 5 和 6 代表因子数为 5 和 6 的全因子中心复合设计，5（1/2rep）和 6（1/2rep）代表因子数为 5 和 6 的 1/2 部分因子中心复合设计。

表 2-1　可旋转与不可旋转中心复合设计轴线点 α 值

因子数 k	立方体点数 n_f	试验运行数 n	可旋转 α 值	不可行旋转 α 值
2	4	$8+n_c$	1.414	1.414
3	8	$14+n_c$	1.682	1.732
4	16	$24+n_c$	2.000	2.000
5	32	$42+n_c$	2.378	2.236

续表

因子数 k	立方体点数 n_f	试验运行数 n	可旋转 α 值	不可行旋转 α 值
5（1/2rep）	16	$26+n_c$	2.000	2.236
6	64	$76+n_c$	2.828	2.449
6（1/2rep）	32	$44+n_c$	2.378	2.449

2. 中心点 n_c 值的选择

中心点的个数决定着响应曲面方法的某些特性：①中心点的加入不会改变试验设计的正交性，但却不再是一个方差优化条件，即在每一个试验点上，回归系数的方差不再最小；②在满足旋转性的前提下，如果适当选择中心点 n_c 的个数，可以使整个试验设计区域的预测值具有一致均匀精度（Uniform Precision），这一点是非常有用的，特别是在试验之前，我们无法预知最优点在什么位置时，在整个设计区域内的预测值具有一致均匀精度是非常重要的。③中心点可以提高响应曲面模型纯误差的测量精度，对于模型及其参数置信度的检验有着十分重要的作用。中心点的个数是中心复合设计中的关键因素，合理地选择中心点的个数决定着预测方差 $n\text{var}\hat{y}/\sigma^2$ 的大小，二者成反比关系，因而球形设计需要 3~5 个以避免 $n\text{var}\hat{y}/\sigma^2$ 的振荡或者严重失衡，对于立方体设计，1 或 2 个中心点就可以稳定预测方差。

除了中心复合设计，响应曲面设计的另一种常见的设计方法就是 Box-Behnken 设计。这种设计是一种三水平二阶试验设计。有别于中心复合设计，其将因子各试验点取在立方体（或超立方体）的棱的中心点上，且所有设计的点都在一个球面上，是一个球形设计。此设计对于试验因子数较少、试验区域限制比较严格、因子水平很难改变时，比较有效。以三因子为例，Box-Behnken 设计如图 2-14 所示。此时该设计总的试验次数为 $12+n_c$，n_c 为中心点试验次数。值得注意的是，当因子数为 4 时，Box-Behnken 设计是一个几乎可旋转的中心复合设计，而中心复合设计是可旋转的，方差性质不因设计的旋转而改变，所以对于因子数为 4 的 Box-Behnken 设计与中心复合设计具有相同的预测方差性质。

下面以三因子为例分别展示 4 种设计方案。表 2-2 给出了上述 4 种设计的数值表。第 1 种是普通的中心复合设计，具有可旋转性，第 2 种是中心复合有界设计，第 3 种是中心复合表面设计，第 4 种是 Box-Behnken 设计。每种设计赋予 3 个中心点。

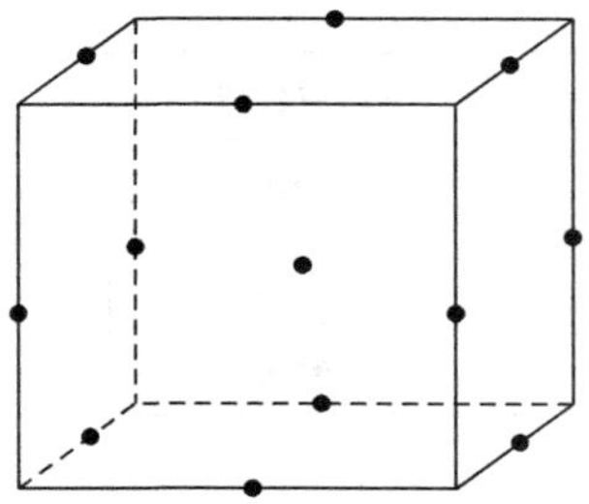

图 2-14　三因子 Box-Behnken 设计

表 2-2　4 种响应曲面设计数值

运行次序	中心复合设计			中心复合有界设计			中心复合表面设计			Box-Behnken 设计		
1	-1	-1	-1	-0.6	-0.6	-0.6	-1	-1	-1	-1	-1	0
2	1	-1	-1	0.6	-0.6	-0.6	1	-1	-1	1	-1	0
3	-1	1	-1	-0.6	0.6	-0.6	-1	1	-1	-1	1	0
4	1	1	-1	0.6	0.6	-0.6	1	1	-1	1	1	0
5	-1	-1	1	-0.6	-0.6	0.6	-1	-1	1	-1	0	-1
6	1	-1	1	0.6	-0.6	0.6	1	-1	1	1	0	-1
7	-1	1	1	-0.6	0.6	0.6	-1	1	1	-1	0	1
8	1	1	1	0.6	0.6	0.6	1	1	1	1	0	1
9	-1.682	0	0	-1	0	0	-1	0	0	0	-1	-1
10	1.682	0	0	1	0	0	1	0	0	0	1	-1
11	0	-1.682	0	0	-1	0	0	-1	0	0	-1	1
12	0	1.682	0	0	1	0	0	1	0	0	1	1
13	0	0	-1.682	0	0	-1	0	0	-1	0	0	0
14	0	0	1.682	0	0	1	0	0	1	0	0	0
15	0	0	0	0	0	0	0	0	0	0	0	0
16	0	0	0	0	0	0	0	0	0			
17	0	0	0	0	0	0	0	0	0			

通过上面 4 种响应曲面设计的分析，可得出这 4 种响应曲面设计的比较，见表 2-3。

表 2-3 中心复合设计类与 Box-Behnken 设计的比较

类型	中心复合序贯设计	中心复合有界设计	中心复合表面设计	Box-Behnken 设计
设计区域形状	球形	球形	立方体	球形
设计水平	五水平	五水平	三水平	五水平
析因点位置	±1	±0.7	±1	±1
轴线点位置	$\alpha=\sqrt{k}$或$\sqrt[4]{n_f}$	$\alpha=1.0$	$\alpha=1.0$	—
推荐中心点数	3~5 个	3~5 个	1~2 个	3~5 个
旋转性	可旋转或近似可旋转	可旋转	不可旋转	近似可旋转

除了上面的响应曲面设计之外，混合设计（Hybrid Designs）和小样本复合设计（Small Composite Design）也是比较常见的二阶响应曲面设计，是一种饱和或者接近饱和的二阶设计。其创建的思想是：前 $k-1$ 个变量是中心复合设计，第 k 个变量水平的设置要满足某种对称要求，进而完成整个设计方案。混合设计是一类经济实惠而且有效的设计，三、四、六和七因子均有混合设计。

三因子情况为 $\boldsymbol{D}_{310}$、$\boldsymbol{D}_{311A}$ 和 $\boldsymbol{D}_{311B}$：

$$\boldsymbol{D}_{310}=\begin{bmatrix} x_1 & x_2 & x_3 \\ 0 & 0 & 1.2906 \\ 0 & 0 & -0.1360 \\ -1 & -1 & 0.6386 \\ 1 & -1 & 0.6386 \\ -1 & 1 & 0.6386 \\ 1 & 1 & 0.6386 \\ 1.736 & 0 & -0.9273 \\ -1.736 & 0 & -0.9273 \\ 0 & 1.736 & -0.9273 \\ 0 & -1.736 & -0.9273 \end{bmatrix} \tag{2-5}$$

$$\boldsymbol{D}_{311\text{A}}=\begin{bmatrix} x_1 & x_2 & x_3 \\ 0 & 0 & \sqrt{2} \\ 0 & 0 & \sqrt{2} \\ -1 & -1 & 1/\sqrt{2} \\ 1 & -1 & 1/\sqrt{2} \\ -1 & 1 & 1/\sqrt{2} \\ 1 & 1 & 1/\sqrt{2} \\ \sqrt{2} & 0 & -1/\sqrt{2} \\ -\sqrt{2} & 0 & -1/\sqrt{2} \\ 0 & \sqrt{2} & -1/\sqrt{2} \\ 0 & -\sqrt{2} & -1/\sqrt{2} \\ 0 & 0 & 0 \end{bmatrix} \tag{2-6}$$

$$\boldsymbol{D}_{311\text{B}}=\begin{bmatrix} x_1 & x_2 & x_3 \\ 0 & 0 & \sqrt{6} \\ 0 & 0 & -\sqrt{6} \\ -0.7507 & 2.1063 & 1 \\ 2.1063 & 0.7507 & 1 \\ 0.7507 & -2.1063 & 1 \\ -2.1063 & -0.7507 & 1 \\ 0.7507 & 2.1063 & -1 \\ 2.1063 & -0.7507 & -1 \\ -0.7507 & -2.1063 & -1 \\ -2.1063 & 0.7507 & -1 \\ 0 & 0 & 0 \end{bmatrix} \tag{2-7}$$

四因子情况为$\boldsymbol{D}_{416\text{A}}$、$\boldsymbol{D}_{416\text{B}}$和$\boldsymbol{D}_{416\text{C}}$：

$$
\boldsymbol{D}_{416A}=\begin{bmatrix}
x_1 & x_2 & x_3 & x_4 \\
0 & 0 & 0 & 1.784\,4 \\
0 & 0 & 0 & -1.494\,5 \\
-1 & -1 & -1 & 0.644\,4 \\
1 & -1 & -1 & 0.644\,4 \\
-1 & 1 & -1 & 0.644\,4 \\
1 & 1 & -1 & 0.644\,4 \\
-1 & -1 & 1 & 0.644\,4 \\
1 & -1 & 1 & 0.644\,4 \\
-1 & 1 & 1 & 0.644\,4 \\
1 & 1 & 1 & 0.644\,4 \\
1.685\,3 & 0 & 0 & -0.907\,5 \\
-1.685\,3 & 0 & 0 & -0.907\,5 \\
0 & 1.685\,3 & 0 & -0.907\,5 \\
0 & -1.685\,3 & 0 & -0.907\,5 \\
0 & 0 & 1.685\,3 & -0.907\,5 \\
0 & 0 & -1.685\,3 & -0.907\,5
\end{bmatrix} \tag{2-8}
$$

$$
\boldsymbol{D}_{416B}=\begin{bmatrix}
x_1 & x_2 & x_3 & x_4 \\
0 & 0 & 0 & 1.731\,7 \\
0 & 0 & 0 & -0.269\,2 \\
-1 & -1 & -1 & 0.604\,5 \\
1 & -1 & -1 & 0.604\,5 \\
-1 & 1 & -1 & 0.604\,5 \\
1 & 1 & -1 & 0.604\,5 \\
-1 & -1 & 1 & 0.604\,5 \\
1 & -1 & 1 & 0.604\,5 \\
-1 & 1 & 1 & 0.604\,5 \\
1 & 1 & 1 & 0.604\,5 \\
1.517\,7 & 0 & 0 & -1.049\,8 \\
-1.517\,7 & 0 & 0 & -1.049\,8 \\
0 & 1.517\,7 & 0 & -1.049\,8 \\
0 & -1.517\,7 & 0 & -1.049\,8 \\
0 & & 1.517\,7 & -1.049\,8 \\
0 & & -1.517\,7 & -1.049\,8
\end{bmatrix} \tag{2-9}
$$

$$
\boldsymbol{D}_{416C}=\begin{bmatrix}
x_1 & x_2 & x_3 & x_4 \\
0 & 0 & 0 & 1.7658 \\
0 & 0 & 0 & 0 \\
-1 & -1 & -1 & 0.5675 \\
1 & -1 & -1 & 0.5675 \\
-1 & 1 & -1 & 0.5675 \\
1 & 1 & -1 & 0.5675 \\
-1 & -1 & 1 & 0.5675 \\
1 & -1 & 1 & 0.5675 \\
-1 & 1 & 1 & 0.5675 \\
1 & 1 & 1 & 0.5675 \\
1.4697 & 0 & 0 & -1.0509 \\
-1.4697 & 0 & 0 & -1.0509 \\
0 & 1.4697 & 0 & -1.0509 \\
0 & -1.4697 & 0 & -1.0509 \\
0 & & 1.4697 & -1.0509 \\
0 & & -1.4697 & -1.0509
\end{bmatrix} \tag{2-10}
$$

六因子情况为 $\boldsymbol{D}_{628A}$ 和 $\boldsymbol{D}_{628B}$：

$$
\boldsymbol{D}_{628B} = \begin{bmatrix}
x_1 & x_2 & x_3 & x_4 & x_5 & x_6 \\
0 & 0 & 0 & 0 & 0 & 2.397 \\
-1 & -1 & -1 & -1 & 1 & 0.6096 \\
1 & -1 & -1 & -1 & -1 & 0.6096 \\
-1 & 1 & -1 & -1 & -1 & 0.6096 \\
1 & 1 & -1 & -1 & 1 & 0.6096 \\
-1 & -1 & 1 & -1 & -1 & 0.6096 \\
1 & -1 & 1 & -1 & 1 & 0.6096 \\
-1 & 1 & 1 & -1 & 1 & 0.6096 \\
1 & 1 & 1 & -1 & -1 & 0.6096 \\
-1 & -1 & -1 & 1 & 1 & 0.6096 \\
1 & -1 & -1 & 1 & 1 & 0.6096 \\
-1 & 1 & -1 & 1 & -1 & 0.6096 \\
1 & 1 & -1 & 1 & -1 & 0.6096 \\
-1 & -1 & 1 & 1 & 1 & 0.6096 \\
1 & -1 & 1 & 1 & 1 & 0.6096 \\
-1 & 1 & 1 & 1 & -1 & 0.6096 \\
1 & 1 & 1 & 1 & 1 & 0.6096 \\
2.1749 & 0 & 0 & 0 & 0 & -1.0310 \\
-2.1749 & 0 & 0 & 0 & 0 & -1.0310 \\
0 & 2.1749 & 0 & 0 & 0 & -1.0310 \\
0 & -2.1749 & 0 & 0 & 0 & -1.0310 \\
0 & 0 & 2.1749 & 0 & 0 & -1.0310 \\
0 & 0 & -2.1749 & 0 & 0 & -1.0310 \\
0 & 0 & 0 & 2.1749 & 0 & -1.0310 \\
0 & 0 & 0 & -2.1749 & 0 & -1.0310 \\
0 & 0 & 0 & 0 & 2.1749 & -1.0310 \\
0 & 0 & 0 & 0 & -2.1749 & -1.0310 \\
0 & 0 & 0 & 0 & 0 & -1.8110
\end{bmatrix} \tag{2-11}
$$

$$
\boldsymbol{D}_{628A}=\begin{bmatrix}
x_1 & x_2 & x_3 & x_4 & x_5 & x_6\\
0 & 0 & 0 & 0 & 0 & 4/\sqrt{3}\\
-1 & -1 & -1 & -1 & 1 & 1/\sqrt{3}\\
1 & -1 & -1 & -1 & -1 & 1/\sqrt{3}\\
-1 & 1 & -1 & -1 & -1 & 1/\sqrt{3}\\
1 & 1 & -1 & -1 & 1 & 1/\sqrt{3}\\
-1 & -1 & 1 & -1 & -1 & 1/\sqrt{3}\\
1 & -1 & 1 & -1 & 1 & 1/\sqrt{3}\\
-1 & 1 & 1 & -1 & 1 & 1/\sqrt{3}\\
1 & 1 & 1 & -1 & -1 & 1/\sqrt{3}\\
-1 & -1 & -1 & 1 & 1 & 1/\sqrt{3}\\
1 & -1 & -1 & 1 & 1 & 1/\sqrt{3}\\
-1 & 1 & -1 & 1 & -1 & 1/\sqrt{3}\\
1 & 1 & -1 & 1 & -1 & 1/\sqrt{3}\\
-1 & -1 & 1 & 1 & 1 & 1/\sqrt{3}\\
1 & -1 & 1 & 1 & 1 & 1/\sqrt{3}\\
-1 & 1 & 1 & 1 & -1 & 1/\sqrt{3}\\
1 & 1 & 1 & 1 & 1 & 1/\sqrt{3}\\
2 & 0 & 0 & 0 & 0 & -2/\sqrt{3}\\
-2 & 0 & 0 & 0 & 0 & -2/\sqrt{3}\\
0 & 2 & 0 & 0 & 0 & -2/\sqrt{3}\\
0 & -2 & 0 & 0 & 0 & -2/\sqrt{3}\\
0 & 0 & 2 & 0 & 0 & -2/\sqrt{3}\\
0 & 0 & -2 & 0 & 0 & -2/\sqrt{3}\\
0 & 0 & 0 & 2 & 0 & -2/\sqrt{3}\\
0 & 0 & 0 & -2 & 0 & -2/\sqrt{3}\\
0 & 0 & 0 & 0 & 2 & -2/\sqrt{3}\\
0 & 0 & 0 & 0 & -2 & -2/\sqrt{3}\\
0 & 0 & 0 & 0 & 0 & 0
\end{bmatrix} \tag{2-12}
$$

顾名思义，小样本复合设计来源于中心复合设计的思想。为了降低试验设计的运行次数，其设计矩阵的角点位置并没有采用全因子设计或者部分因子设计，而是采用分辨度为Ⅲ*的析因设计，对于轴线点位置的设计并没有改变，与中心复合设计中轴线点位置的设置相同。正是因为上面的变化，小样本中心复合设计整体的试验运行数大大减少。如果试验者无法满足样本量增大带来的资源消耗或者试验本身无法满足中心复合设计对样本量要求，小样本中心复合设计将是一种非常有效的二阶响应曲面设计选择。对于上面的设计结构，当因子数为 2 时略有不同，二因子小样本复合设计为

$$\boldsymbol{D}=\begin{bmatrix} x_1 & x_2 \\ -1 & -1 \\ 1 & 1 \\ -\alpha & 0 \\ \alpha & 0 \\ 0 & -\alpha \\ 0 & \alpha \\ 0 & 0 \end{bmatrix} \tag{2-13}$$

该设计方案的角点部分（前两行）为部分因子试验设计，对于包含 6 个待估参数的二阶响应曲面，本设计只能提供 1 个自由度的模型失拟检验，无法提供纯误差项检验。对于因子数大于 2 的小样本设计结构基本上由分辨度为Ⅲ*的角点、轴线点和中心点 3 部分组成。因子数为 3 的小样本设计为

$$\boldsymbol{D}=\begin{bmatrix} x_1 & x_2 & x_3 \\ -1 & -1 & -1 \\ 1 & 1 & -1 \\ 1 & -1 & 1 \\ -1 & 1 & 1 \\ -\alpha & 0 & 0 \\ \alpha & 0 & 0 \\ 0 & -\alpha & 0 \\ 0 & \alpha & 0 \\ 0 & 0 & -\alpha \\ 0 & 0 & \alpha \\ 0 & 0 & 0 \end{bmatrix} \tag{2-14}$$

对于二阶响应曲面设计，需要估计 10 个参数，该设计提供了 11 次试验设计点，相比饱和设计只多了 1 个自由度用于失拟的检验。四因子小样本复合设计如下：

$$
D = \begin{bmatrix}
x_1 & x_2 & x_3 & x_4 \\
-1 & -1 & -1 & 1 \\
1 & -1 & -1 & -1 \\
-1 & 1 & -1 & -1 \\
-1 & -1 & 1 & 1 \\
1 & 1 & -1 & 1 \\
1 & -1 & 1 & -1 \\
-1 & 1 & 1 & -1 \\
1 & 1 & 1 & 1 \\
-\alpha & 0 & 0 & 0 \\
\alpha & 0 & 0 & 0 \\
0 & -\alpha & 0 & 0 \\
0 & \alpha & 0 & 0 \\
0 & 0 & -\alpha & 0 \\
0 & 0 & \alpha & 0 \\
0 & 0 & 0 & -\alpha \\
0 & 0 & 0 & \alpha \\
0 & 0 & 0 & 0
\end{bmatrix} \tag{2-15}
$$

五因子小样本复合设计如下：

$$
\boldsymbol{D}=\begin{bmatrix}
x_1 & x_2 & x_3 & x_4 & x_5 \\
-1 & -1 & -1 & -1 & 1 \\
1 & -1 & -1 & -1 & -1 \\
-1 & 1 & -1 & -1 & -1 \\
1 & 1 & -1 & -1 & 1 \\
-1 & -1 & 1 & -1 & -1 \\
1 & -1 & 1 & -1 & 1 \\
-1 & 1 & 1 & -1 & 1 \\
1 & 1 & 1 & -1 & -1 \\
-1 & -1 & -1 & 1 & -1 \\
1 & -1 & -1 & 1 & 1 \\
-1 & 1 & -1 & 1 & 1 \\
1 & 1 & -1 & 1 & -1 \\
-1 & -1 & 1 & 1 & 1 \\
1 & -1 & 1 & 1 & -1 \\
-1 & 1 & 1 & 1 & -1 \\
1 & 1 & 1 & 1 & 1 \\
-\alpha & 0 & 0 & 0 & 0 \\
\alpha & 0 & 0 & 0 & 0 \\
0 & -\alpha & 0 & 0 & 0 \\
0 & \alpha & 0 & 0 & 0 \\
0 & 0 & -\alpha & 0 & 0 \\
0 & 0 & \alpha & 0 & 0 \\
0 & 0 & 0 & -\alpha & 0 \\
0 & 0 & 0 & \alpha & 0 \\
0 & 0 & 0 & 0 & \alpha \\
0 & 0 & 0 & 0 & \alpha \\
0 & 0 & 0 & 0 & 0
\end{bmatrix} \tag{2-16}
$$

六因子小样本复合设计如下：

$$
\boldsymbol{D}=\begin{bmatrix}
x_1 & x_2 & x_3 & x_4 & x_5 & x_6 \\
-1 & -1 & -1 & -1 & -1 & -1 \\
1 & -1 & -1 & -1 & 1 & -1 \\
-1 & 1 & -1 & -1 & 1 & 1 \\
1 & 1 & -1 & -1 & -1 & 1 \\
-1 & -1 & 1 & -1 & 1 & 1 \\
1 & -1 & 1 & -1 & -1 & 1 \\
-1 & 1 & 1 & -1 & -1 & -1 \\
1 & 1 & 1 & -1 & 1 & -1 \\
-1 & -1 & -1 & 1 & -1 & 1 \\
1 & -1 & -1 & 1 & 1 & 1 \\
-1 & 1 & -1 & 1 & 1 & -1 \\
1 & 1 & -1 & 1 & -1 & -1 \\
-1 & -1 & 1 & 1 & 1 & -1 \\
1 & -1 & 1 & 1 & -1 & -1 \\
-1 & 1 & 1 & 1 & -1 & 1 \\
1 & 1 & 1 & 1 & 1 & 1 \\
-\alpha & 0 & 0 & 0 & 0 & 0 \\
\alpha & 0 & 0 & 0 & 0 & 0 \\
0 & -\alpha & 0 & 0 & 0 & 0 \\
0 & \alpha & 0 & 0 & 0 & 0 \\
0 & 0 & -\alpha & 0 & 0 & 0 \\
0 & 0 & \alpha & 0 & 0 & 0 \\
0 & 0 & 0 & -\alpha & 0 & 0 \\
0 & 0 & 0 & \alpha & 0 & 0 \\
0 & 0 & 0 & 0 & -\alpha & 0 \\
0 & 0 & 0 & 0 & \alpha & 0 \\
0 & 0 & 0 & 0 & 0 & -\alpha \\
0 & 0 & 0 & 0 & 0 & \alpha \\
0 & 0 & 0 & 0 & 0 & 0
\end{bmatrix} \tag{2-17}
$$

从样本数量的角度来看，小样本复合设计是一个非常令人满意的设计。表2-4给出了因子数 k 为2~6时小样本复合设计的样本数和对应的二阶模型所估计的参数个数。

表2-4 小样本复合设计的样本数（不包含中心点个数）

样本数（n）	6	10	16	26	28
因子数（k）	2	3	4	5	6
模型参数（p）	6	10	15	21	28

下面通过一个例子来比较该方法与中心复合设计在回归系数方差方面的异同。令 $a=\sqrt{3}$，中心点数为3，则回归系数单位方差为 $n\mathrm{var}\,\hat{\beta}/\sigma^2$。这里的 σ^2 来自矩阵 $n(\boldsymbol{X}^{\mathrm{T}}\boldsymbol{X})^{-1}$ 的对角元素。表2-5给出了这两种设计的回归系数单位方差的比较。

表2-5 中心复合设计与小样本复合设计模型系数的单位方差

设计方案	$\hat{\beta}_0$	$\hat{\beta}_i$	$\hat{\beta}_{ii}$	$\hat{\beta}_{ij}$
中心复合设计（$n=17$）	5.66	1.21	1.39	2.1
小样本中心复合设计（$n=13$）	4.33	2.167	1.11	5.42

通过比较可以看出，两种设计对于主因子和二阶交互项及常数项的单位方差相差无几，但是对于二阶项则相差很大。所以，对于纯二阶项不是很重要的情况，小样本设计是非常具有优势的。

2.2 稳健性设计与优化

2.2.1 稳健性设计

稳健性是指产品对各种干扰因素的抵抗能力，反映了产品质量特性的变异程度。变异程度小的产品稳健性就高，变异程度大的产品稳健性就低。引起质量变异的干扰因素称为噪声，它可分为外部噪声、零件间噪声和内部噪声。外部噪声是指引起质量变异的使用环境或产品承受负荷的变化，如产品使用时的温度、湿度、污染等因素的变化；零件间噪声是指构成产品的零件间的质量变异；内部噪声是指产品在储存和使用过程中引起质量变异的材料变质、老化、磨损等。在制造过程中，外部噪声、零件间噪声、内部噪声这 3 种噪声导致了所生产产品的质量特性或多或少地存在一些差异。在完全相同的生产条件下生产出来的产品，其质量特性也不完全相同。同一件产品在不同的环境下使用，其质量特性也会有差异。这些现象就是质量变异。质量变异无处不在，杜绝质量变异是不可能的，而减少质量变异大有可为。稳健性设计的目的就是尽可能地减少质量变异，设计出稳健可靠的产品。

减少产品质量变异的方式有两种：一种是消极的方式，即限制产品的使用环境，使用更高等级的组件；另一种是积极的方式，即提高产品适应外部环境变化和抵抗内部干扰的能力。稳健性设计不是去控制波动源来改变外在环境，而是致力于改进产品内部的结构来提高抗干扰能力。稳健性设计既是用试验设计来提高产品稳健性的方法，也是提高产品开发和设计质量的重要技术。许多国家对此展开了深入研究并广泛应用。

如果生产出的产品能够在各种噪声因素的干扰下保持性能指标很低的变异性，或者能用廉价的零部件组装出稳定可靠的产品，则认为该产品的设计是稳健的。稳健性设计通过分析所开发产品找出影响产品质量及其稳健性的主要因素，用先进的试验设计技术对产品开发研究所需进行的试验进行规划，通过试验来考察在波动情况下不同产品配方或工艺参数组合时的产品质量及其稳健性，找出主要因素对产品质量的影响规律，再用有效的优化方法对产品配方或工艺参数进行调整或优化，最后找出使产品的平均质量、稳健性及产品成本均令人满意的产品配方或工艺参数。

提高产品的稳健性，很自然的方法是降低响应变量的变差，即通过探索可控因子与噪声因子间的交互作用，用改变可控因子水平组合的办法来减小响应变量的变差。如果可控因子本身因受到噪声的影响而有波动，响应变量与这个可控因子的关系是非线性的，则我们可以选择斜率较小的平坦区域从而使响应变量的变差减小。这样减小变差的方法比直接减小可控因子的噪声波动要便宜得多，这种情况的示意如图 2-15 所示。一般把选择参数的最佳设置以求减少响应变量变差的方法称为参数设计，再进一步把限定可控因子的噪声波动的方法称为容差设计。

稳健参数设计是以正交表为基本工具，运用试验设计技术进行参数稳健设计的方法。稳健参数设计的目的在于在受控因素水平变化时探讨外部干扰、内部干扰和随机干扰的综合波动会发生多大变化，以寻求尽可能不受干扰影响的最佳参数水平组合，从而设计出质量稳定可靠、成本合理的产品或系统。

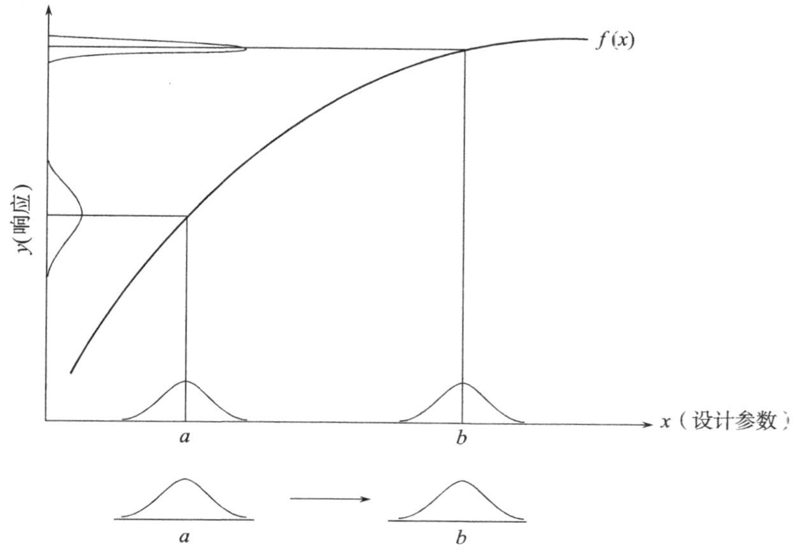

图 2-15 选定平坦区域使响应变量变差减小

产品设计的经验表明，即使元器件、零部件全部采用优质品，整机质量特性也未必达到优质品要求，这是因为整机产品质量既取决于整机的设计质量，又取决于元器件和零部件及其参数水平的组合。若设计方法得当，搭配使用低质与优质元器件和零部件，也能设计出优质的整机产品来。参数设计正是使用一部分质量低、质量波动大、成本低的元器件和零部件，运用试验设计技术设计出输出特性值（目的特性值）稳定的优质产品或系统的有效方法。参数设计是质量的优化设计，是设计出稳定性高、可靠性高的产品或系统的最重要的设计阶段，也是质量设计的核心阶段。

为了考察可控因子的不同水平搭配的效果，要在一张控制表中安排这些可控因子，通常用全因子设计或部分实施的因子设计来进行。为了考察噪声因子的效应，要对控制表中每个试验条件安排一个噪声表。这样做就相当于控制表中的每个水平组合与噪声表的所有组合相乘构成一个乘积表（Cross Array）。乘积表的示意如图 2-16 所示。记 n_1 和 n_2 分别为控制表及噪声表的试验次数，则乘积表的试验次数为 $n=n_1\times n_2$。$n_1=9$，$n_2=8$，带“＊”的地方表示一次试验，总计要进行 72 次试验。在田口设计术语中，常将乘积表称为内外表（Inter-Outer Array）。

			外表											
				d	−	+	+	−	+	−	−	+		
				c	−	−	−	−	+	+	+	−		
				b	−	−	+	+	−	−	+	−		
				a	−	+	−	+	−	+	−	−		
内表					1	2	3	4	5	6	7	8		
n_1	A	B	C	D	y_1	y_2	y_3	y_4	y_5	y_6	y_7	y_8	SN	Ybar
1	1	1	1	1	*	*	*	*	*	*	*	*		
2	1	2	2	2	*	*	*	*	*	*	*	*		
3	1	3	3	3	*	*	*	*	*	*	*	*		
4	2	1	2	3	*	*	*	*	*	*	*	*		
5	2	2	3	1	*	*	*	*	*	*	*	*		
6	2	3	1	2	*	*	*	*	*	*	*	*		
7	3	1	3	2	*	*	*	*	*	*	*	*		
8	3	2	1	3	*	*	*	*	*	*	*	*		
9	3	3	2	1	*	*	*	*	*	*	*	*		

图 2-16 参数设计的乘积表

2.2.2 稳健性优化方法

1. 信噪比

信噪比（Signal-Noise Ratio，NS）在提高产品质量的稳健性设计中被广泛使用。其与试验设计结合，解决了许多质量特性值的评价优化问题，如计量测试中的误差分析、动态特性的评价及工艺设计中的稳定性等。

信噪比首先产生于无线电通信中。接收机输出功率可分为信号与噪声两部分，理论上常用信噪比来表示信号功率与噪声功率的比值，即用信噪比测量通信系统效率的高低，其比值以 η 表示，即

$$\eta = \frac{\text{信号功率}}{\text{噪声功率}} \tag{2 - 18}$$

η 值越大，则表示通信效果越好。

质量特性测量值较大的产品，其绝对误差一般较大；质量特性测量值较小的产品，其绝对误差一般较小。标准差或极差仅反映了波动的绝对值大小，无法反映波动的相对大小。实际上，质量特性测量值一般不会偏离目标值太远，误差方

差 V_e 往往随平均值的变化而变化，例如，当目标值趋近于零时，误差方差 V_e 也趋近于零。为反映误差方差 V_e 的这种相对变化量，对于非负参数，如强度、重量、尺寸、输出电压等，在数理统计上，采用离散系数 CV 来表示，其计算式为

$$CV = \frac{\sigma}{\mu} \approx \frac{\sqrt{V_e}}{\bar{y}} \tag{2-19}$$

式中，σ 为总体标准差；μ 为总体均值；$\bar{y}$ 为样本均值；$\sqrt{V_e}$ 为样本误差标准差。$\sqrt{V_e}$ 是在试验设计或测量中，由于存在误差因素而产生的质量数据分散度的统计特征值，也称为误差标准差，其平方称为样本误差方差。

离散系数 CV 表征了产品质量特性的不良程度，离散系数值越大，说明产品质量波动越大。由式（2-19）可见，离散系数 CV 是由标准差与均值的比值决定的。在一定的样本均值 $\bar{y}$ 下，产品质量的分散度越大即 $\sqrt{V_e}$ 越大，则 CV 值就越大，产品质量越差；反之，则 CV 值越小，产品质量越好。因此，CV 值可以作为衡量产品质量优劣程度的一个指标。取离散系数 CV 值的倒数，即

$$\frac{1}{CV} = \frac{\mu}{\sigma} \approx \frac{\bar{y}}{\sqrt{V_e}} \tag{2-20}$$

1/CV 越大，说明产品质量波动越小；1/CV 越小，说明产量质量波动越大，质量越差。因此也可以用 1/CV 值来评价产品质量的优劣程度。

为了与损失函数表达式 $L(y)= k\sigma^2$ 中的 σ^2 在表达上取得一致，由式（2-20）得

$$\eta' = (\frac{1}{CV})^2 = \frac{\mu^2}{\sigma^2} \approx \frac{(\bar{y})^2}{V_e} \tag{2-21}$$

式中，η' 为稳健性设计中的信噪比。在实际计算信噪比时，常取 η' 的 10 倍对数值即分贝值来表示信噪比。

稳健性设计中所用信噪比的定义式为

$$\eta = 10\lg\eta' = 10\lg(\frac{\mu^2}{\sigma^2}) \approx 10\lg\frac{(\bar{y})^2}{V_e} \tag{2-22}$$

由于 $\eta' = \mu^2/\sigma^2$ 表示产品质量特性值的稳定程度，因此可以说提高产品质量与提高信噪比是一致的。μ^2 与 σ^2 的实际值往往取其估计值，σ^2 的估计值是样本误差方差，即

$$\hat{\sigma}^2 = V_e \tag{2-23}$$

为了确定 μ^2 的估计值 $\hat{\mu}^2$，设样本均值为 $\bar{y}$，则 $\bar{y}$ 的方差 $\sigma_{\bar{y}}^2$ 为

$$\hat{\sigma}^2 = \frac{\sigma^2}{n} \tag{2-24}$$

$(\bar{y})^2$ 的期望值 $E(\bar{y})^2$ 是 μ 平方的估计值加上 $\bar{y}$ 的方差，即

$$\hat{\mu}^2 = E(\bar{y})^2 - \frac{\sigma^2}{n} \tag{2-25}$$

式中，$E(\bar{y})^2$ 为 $(\bar{y})^2$ 的期望值；n 为样本容量；σ^2 为总体方差。μ^2 的估计值为

$$\hat{\mu}^2 = (\bar{y})^2 - \frac{V_e}{n} = \frac{1}{n}\left[\frac{(y_1 + y_2 + \cdots + y_n)^2}{n} - V_e\right] \tag{2-26}$$

设产品质量特性值的测量值为 $y_1, y_2, \cdots, y_n$，令

$$\frac{1}{n}\left(\sum_{i=0}^{n} y_i\right)^2 = S_n \quad i = 1,2,\cdots,n$$

则有

$$\hat{\mu}^2 = \frac{1}{n}(S_n - V_e) \tag{2-27}$$

式中，V_e 为样本误差方差，即为 σ^2 的估计值；n 为样本容量。由式（2-21）和式（2-22）得

$$\eta' = \left(\frac{1}{\mathrm{CV}}\right)^2 = \frac{\mu^2}{\sigma^2} = \frac{\frac{1}{n}(S_n - V_e)}{V_e} \tag{2-28}$$

由式（2-28）可见，S_n 反映了产品质量特性值总的波动情况，样本误差方差 V_e 反映了误差波动情况，$(S_n - V_e)/n$ 则是去除误差波动的纯效应。因此，式（2-28）是信号纯效应与误差效应的比值。可见，信噪比是判断各种输出特性的优劣程度和进行功能评价的一种有效方法。

在实际计算中，取常用对数的 10 倍来计算信噪比：

$$\eta = 10\lg \frac{\frac{1}{n}(S_n - V_e)}{V_e} \tag{2-29}$$

2. 基于试验设计的模型寻优

试验设计是在影响产品质量变量的可控区间内，通过合理选择变量的因子水平，建立基于正交表的科学设计方案。操作人员可以利用较少的试验次数获得足够多的统计样本数，为产品质量与影响因素建立基于统计分析的量化关系。稳健性是产品对各种噪声因子（干扰因子或不可控因子）的抵抗能力，反映产品质量的变异程度，变异程度小的产品稳健性高。可以通过试验设计实现产品质量的稳健性，即产品质量对影响质量的不可控因子不敏感，质量响应的波动方差小，

影响质量的量化模型对试验数据不敏感，质量响应对影响变量的波动不敏感。

稳健性参数设计通过控制可控因子的组合来减少产品质量对噪声因子变化的敏感度，从而达到减少质量波动的目的。然而，可控因子的组合需要通过构建产品质量与影响因素之间的量化模型、优化模型参数而得到，这就是稳健性参数优化。基于统计分析的量化模型需要实际的产品质量与影响因素（包括可控因素和噪声因素）的样本数据，试验设计实现了样本数据的收集。基于试验设计的稳健性参数设计与优化实现了建立在统计分析基础上的产品数据收集、质量响应模型构建和影响参数稳健优化，进而实现了产品稳健性的提升。基于试验设计的稳健性优化方法的技术路线共包括 6 个步骤，具体如图 2-17 所示。

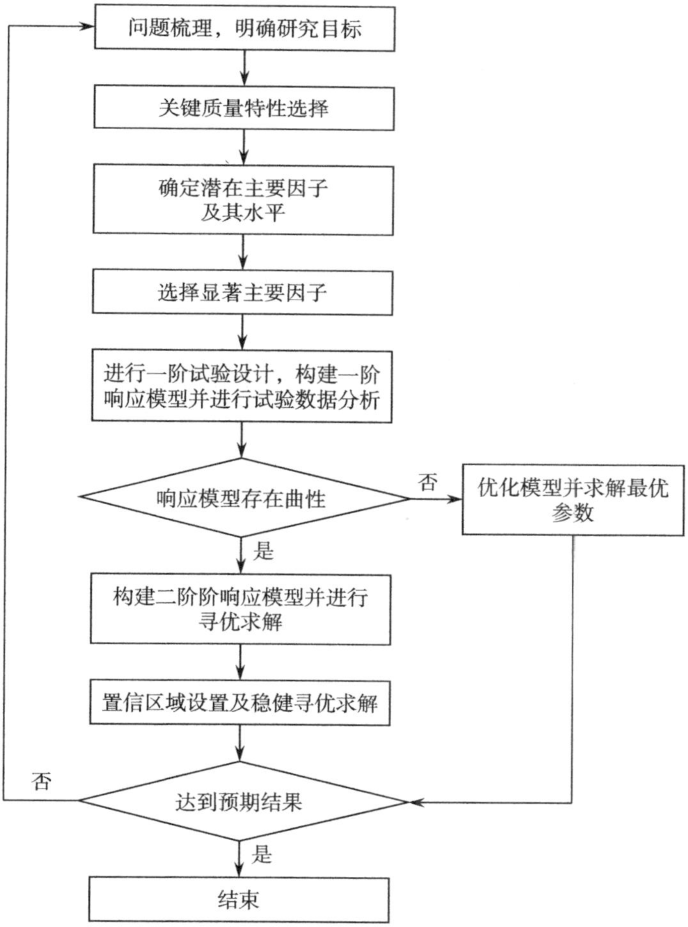

图 2-17　稳健性优化流程

步骤 1：分析梳理研制生产过程中产品质量和稳健性方面存在的问题，明确研究目标。

步骤 2：分析和识别产品质量和稳健性方面的关键质量特性。

步骤 3：分析和挖掘潜在的原因变量，并找出潜在的主要因子，确定因子水平。

步骤 4：进行筛选试验设计及变异源分析，选择出显著主要因子。

步骤 5：根据步骤 2 和步骤 4 得到的关键质量特性和显著主要因子，进行部分因子试验设计，构建一阶响应模型并进行优化分析。若模型拟合达到最优，则求解最优参数；若响应模型没有达到最优，通过牛顿最速下降法，确定最优方向，寻找最优参数。然后检验模型是否存在曲性。若存在，则进行二阶曲面响应建模，构建稳健优化模型，分析模型参数求解最优取值；若之前的结果不满足稳健性要求，需要加入置信区域并进行稳健优化分析。

步骤 6：验证步骤 5 得到的试验结果，若达到则结束，若未达到，则需要从步骤 1 开始重新梳理分析。

稳健性优化是对产品试验数据进行建模优化的过程，属于过程改进和过程设计中的一类科学问题，一般是指为满足设计或工程要求，同时优化受一组因子共同影响的多个响应函数，并在优化过程中不仅考虑最优性，同时建立稳健因素的各类影响分析，从而使得求得的解具备相对稳健的特性。

针对产品多维质量特性进行多响应模型构建时，假设共有 p 个产品的质量响应需要考虑，关于产品的 p 个质量响应与主要因子的关系，用如下的二阶模型表示：

$$y_l(x) = \beta_0^{(l)} + \sum_{i=1}^{k}\beta_i^{(l)}x_i + \sum_{i=1}^{k}\beta_{ii}^{(l)}x_i^2 + \sum_{i<j}^{k}\sum\beta_{ij}^{(l)}x_ix_j \quad l = 1,2,\cdots,p \tag{2-30}$$

式中，$y_l(x)$为第 l 个质量响应，$(x_1,x_2,\cdots,x_k)$为 k 个需要考虑的主要因子。考虑到产品多维质量不能同时达到最优，针对响应模型优化求解，用满意度函数方法、多元损失函数方法和交叉满意度函数方法来构建装备产品多维质量的目标函数。

1）满意度函数方法

满意度函数方法将每个响应函数 $y_j(j=1,2,\cdots,n)$ 转化成单个满意度函数 d_j，其中 $0\leqslant d_j\leqslant 1$，如果响应函数 y_j 在 x_0 处对应值超过可接受区域，则在 x_0 处 $d_j=0$，

如果响应函数 y_j 在 x_0 处的对应值达到目标值，则在 x_0 处 $d_j=1$。随着 y_j 越来越靠近目标值，对应的满意度函数 d_j 也随之增加。

设 $Y_j^{\min}$ 和 $Y_j^{\max}$ 分别表示响应函数 y_j 的下界和上界，对于望目类型响应，$T_j^{\min}$ 和 $T_j^{\max}$ 分别表示响应函数 y_j 满意目标值的最小值和最大值，对于望大或望小类型响应，T_j 表示响应函数 y_j 满意目标值，s_j 和 t_j 为决定满意度函数 $d(\hat{y}_j(x))$ 形状的参数。满意度函数分为如下 3 个类型。

（1）对于望目类型响应，响应函数 y_j 在 x_0 处的满意度函数如下：

$$d(\hat{y}_j(x_0))=\begin{cases}0 & \hat{y}_j(x_0)\leqslant Y_j^{\min}\text{ 或 }\hat{y}_j(x_o)\geqslant Y_j^{\max}\\ \left(\dfrac{\hat{y}_j(x_0)-Y_j^{\min}}{T_j^{\min}-Y_j^{\min}}\right)^{S_j} & Y_j^{\min}<\hat{y}_j(x_0)\leqslant T_j^{\min}\\ \left(\dfrac{Y_j^{\max}-\hat{y}_j(x_0)}{Y_j^{\max}-T_j^{\max}}\right)^{t_j} & T_j^{\max}<\hat{y}_j(x_0)\leqslant Y_j^{\max}\\ 1 & T_j^{\min}\leqslant\hat{y}_j(x_0)\leqslant T_j^{\max}\end{cases} \tag{2-31}$$

望目型响应的满意度函数形状随 s_j 和 t_j 变化情况如图 2-18 所示。

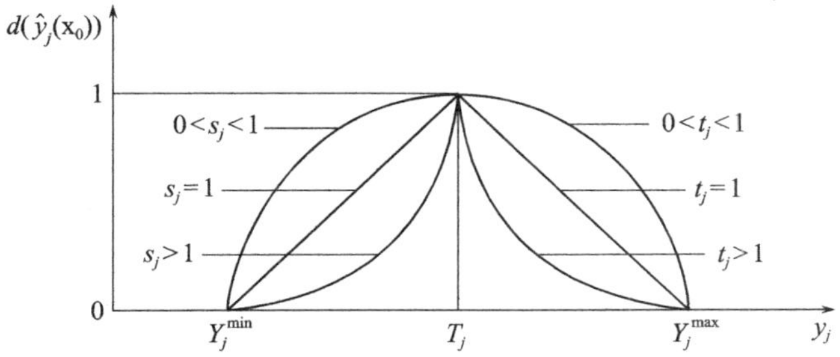

图 2-18 望目型响应的满意度函数形状

（2）对于望大类型响应，响应函数 y_j 在 x_0 处的满意度函数如下：

$$d(\hat{y}_j(x_0))=\begin{cases}0 & \hat{y}_j(x_0)\leqslant Y_j^{\min}\\ \left(\dfrac{\hat{y}_j(x_0)-Y_j^{\min}}{T_j-Y_j^{\min}}\right)^{S_j} & Y_j^{\min}<\hat{y}_j(x_0)\leqslant T_j\\ 1 & \hat{y}_j(x_0)\geqslant T_j\end{cases} \tag{2-32}$$

望大型响应的满意度函数形状随 s_j 和 t_j 变化情况如图 2-19 所示。

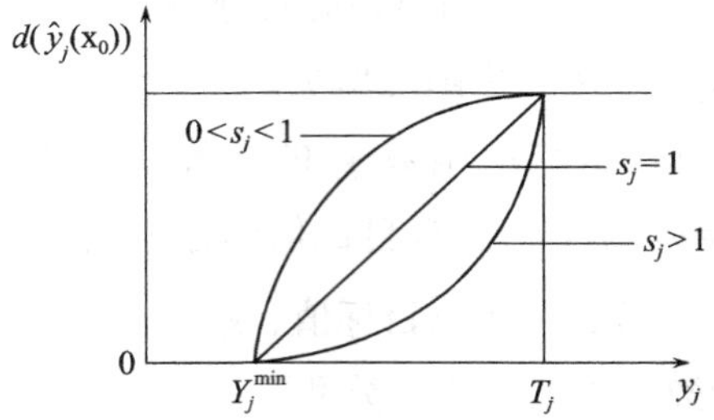

图 2-19 望大型响应的满意度函数形状

(3) 对于望小类型响应，响应函数 y_j 在 x_0 处的满意度函数如下：

$$d(\hat{y}_j(x_0))=\begin{cases}0 & \hat{y}_j(x_0)\geqslant Y_j^{\max}\\ \left(\dfrac{Y_j^{\max}-\hat{y}_j(x_0)}{Y_j^{\max}-T_j}\right)^{S_j} & T_j<\hat{y}_j(x_0)\leqslant Y_j^{\min}\\ 1 & \hat{y}_j(x_0)\leqslant T_j\end{cases}\qquad(2-33)$$

望小型响应的满意度函数形状随 s_j 和 t_j 变化情况如图 2-20 所示：

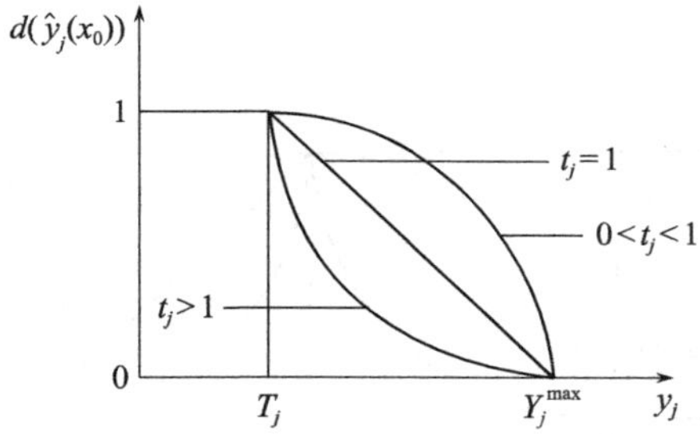

图 2-20 望小型响应的满意度函数形状随 s_j 和 t_j 变化情况

设 $\boldsymbol{w}=(w_1,\cdots,w_n)^{\mathrm{T}}$ 为响应 $(y_1,y_2,\cdots,y_n)$ 相应的加权向量，表示响应 $y_j(j=1,2,\cdots,n)$ 的重要性，满足 $w_i\in[0,1]$ 和 $\sum\limits_{i=1}^{n}w_i=1$，则 $y_j(j=1,2,\cdots,n)$ 的综合满意度可表示为 $D=d_1^{w_1}\cdot d_2^{w_2}\cdot\cdots\cdot d_n^{w_n}$。

2） 多元损失函数方法

多元质量损失函数设质量特性回归模型的理想值向量为 $\boldsymbol{\theta}$，正定常数矩阵为 $\boldsymbol{C}$，响应在 x 处的向量值为 $\boldsymbol{y}(\boldsymbol{x})$，响应在位置 x 处的方差-协方差阵为 $\sum\limits_{\boldsymbol{y}}(\boldsymbol{x})$，

则质量损失函数与其期望函数如下：

$$L = [\boldsymbol{y}(\boldsymbol{x}) - \boldsymbol{\theta}]^{\mathrm{T}} C [\boldsymbol{y}(\boldsymbol{x}) - \boldsymbol{\theta}] \tag{2-34}$$

$$E(L) = [E[\boldsymbol{y}(\boldsymbol{x})] - \boldsymbol{\theta}]^{\mathrm{T}} C [E[\boldsymbol{y}(\boldsymbol{x})] - \boldsymbol{\theta}] + \mathrm{trace}[C \sum_{\boldsymbol{y}} (\boldsymbol{x})] \tag{2-35}$$

可以用预测向量代替响应值向量 $\boldsymbol{y}(\boldsymbol{x})$ 来考虑响应值的不确定性，此情况下，上述函数分别为

$$L = [\hat{\boldsymbol{y}}(\boldsymbol{x}) - \boldsymbol{\theta}]^{\mathrm{T}} C [\hat{\boldsymbol{y}}(\boldsymbol{x}) - \boldsymbol{\theta}] \tag{2-36}$$

$$E(L) = [E[\hat{\boldsymbol{y}}(\boldsymbol{x})] - \boldsymbol{\theta}]^{\mathrm{T}} C [E[\hat{\boldsymbol{y}}(\boldsymbol{x})] - \boldsymbol{\theta}] + \mathrm{trace}[C \sum_{\hat{y}} (\boldsymbol{x})] \tag{2-37}$$

3）多响应约束优化方法

假设 $y_1, y_2, \cdots, y_n$ 是 n 个需要考虑的响应变量，考虑到 $y_1, y_2, \cdots, y_n$ 很难同时达到最优，采取将某一个响应作为目标而其他响应作为约束条件进行优化的方法，即多响应约束优化方法。假设将 y_1 作为目标函数，$y_2, \cdots, y_n$ 变为约束条件，则有下列 3 种情形下的优化模型。

情形 1：若 y_1 为望大型响应，则有

$$\begin{cases} \max\limits_{\{x\}} y_1 \\ \text{subject to } y_i^{\min} \leqslant y_i \leqslant y_i^{\max} \end{cases} \quad i = 2, \cdots, n,\ x \in \Omega \tag{2-38}$$

式中，$y_i^{\min}$ 和 $y_i^{\max}$ 分别为 y_i 的最小和最大响应取值。Ω 为影响因素的取值范围域。

情形 2：若 y_1 为望小型响应，则有

$$\begin{cases} \min\limits_{\{x\}} y_1 \\ \text{subject to } y_i^{\min} \leqslant y_i \leqslant y_i^{\max} \end{cases} \quad i = 2, \cdots, n,\ x \in \Omega \tag{2-39}$$

情形 3：若 y_1 为望目型响应，T_1 为 y_i 的目标值，则有

$$\begin{cases} \max\limits_{\{x\}} | y_1 - T_1 | \\ \text{subject to } y_i^{\min} \leqslant y_i \leqslant y_i^{\max} \end{cases} \quad i = 2, \cdots, n,\ x \in \Omega \tag{2-40}$$

4）交叉满意度函数方法

基于交叉满意度函数的多响应优化方法步骤如下。

步骤 1：拟合预测响应 $\hat{y}_j(x)\ (j = 1, 2, \cdots, m)$ 与因素 $x = (x_1, x_2, \cdots x_k)'$ 之间的函数。

步骤 2：初始化响应曲面模型偏好参数。

步骤 3：参照式（2-31）~式（2-33）得到需要的满意度函数。

步骤 4：根据步骤 3 中的满意度函数，构建并求解式（2-41）的优化模型。

$$\begin{cases} \max\limits_{\{x,D\}} D \\ \text{subject to } d_j^{(n)}(x) \geqslant D \ (j = 1,2,\cdots,m) \end{cases} \quad D \geqslant 0,\ x \in \Omega \qquad (2-41)$$

式中，$d_j^{(n)}(x)$ 为 $\hat{y}_j(x)(j = 1,2,\cdots,m)$ 在第 n 次迭代中的满意度函数，m 为响应曲面的个数。

当所要研究的响应相互独立时，根据响应的类型，可以先将多个质量特性响应转化为满意度函数，整体满意度函数为

$$d = \prod_{i=1}^{n} d(y_i)^{w_i} \qquad (2-42)$$

式中，$\boldsymbol{w} = (w_1, \cdots, w_n)^{\mathrm{T}}$ 为响应 $(y_1, y_2, \cdots, y_n)$ 相应的加权向量，满足 $w_i \in [0,1]$ 和 $\sum\limits_{i=1}^{n} w_i = 1$，$d(y_i)$ 可以根据式（2-31）~式（2-33）进行构建。

考虑到传统的模式搜索算法容易陷入某一个局部试验区域而得不到全局最优解，而遗传算法又太费时，可结合两种寻优算法的优点，采用如图 2-21 所示的基于混合遗传算法的多响应寻优算法来搜寻全局满意最优解。

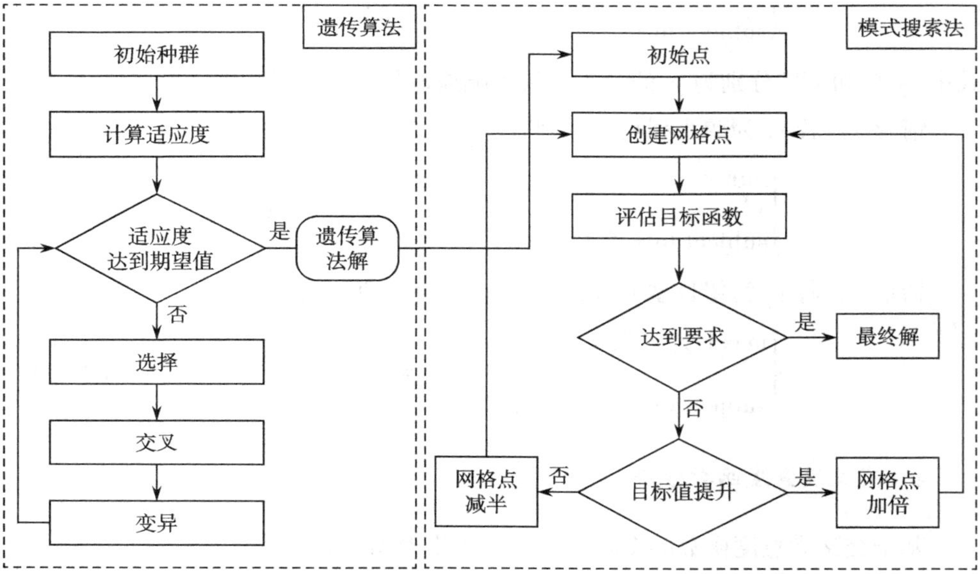

图 2-21　基于混合遗传算法的多响应寻优算法

针对 k 个需要考虑的主要因子 $x_1,x_2,\cdots,x_k$ 和系数可做如下变化：

$$z(\boldsymbol{x})=(1,x_1,\cdots,x_k,x_1^2,\cdots,x_k^2,x_1x_2,\cdots,x_{k-1}x_k)' \tag{2-43}$$

$$\boldsymbol{\beta}=(\beta_0,\beta_1,\cdots,\beta_k,\beta_{11},\cdots,\beta_{kk},\beta_{12},\cdots,\beta_{k-1,k}) \tag{2-44}$$

基于此，可得

$$\boldsymbol{y}(\boldsymbol{x})=z(\boldsymbol{x})'\boldsymbol{\beta} \tag{2-45}$$

通过最小二乘估计，可得到响应模型方程 $\hat{\boldsymbol{y}}(\boldsymbol{x})=z(\boldsymbol{x})'\hat{\boldsymbol{\beta}}$，式中 $\hat{\beta}=(\boldsymbol{X}^{\mathrm{T}}\boldsymbol{X})^{-1}\boldsymbol{X}'\boldsymbol{y}$，$\boldsymbol{X}$ 为数据矩阵。

在试验误差独立同分布的假设下，响应 $\hat{\boldsymbol{y}}(\boldsymbol{x})$ 的 1-a 置信区间为

$$[y_L(\boldsymbol{x}),y_U(\boldsymbol{x})]=\begin{bmatrix}\hat{y}(\boldsymbol{x})-t_{1-a/2,n-p}\sqrt{\hat{\sigma}^2z(\boldsymbol{x})'(\boldsymbol{X}'\boldsymbol{X})^{-1}z(\boldsymbol{x})}\\ \hat{y}(\boldsymbol{x})+t_{1-a/2,n-p}\sqrt{\hat{\sigma}^2z(\boldsymbol{x})'(\boldsymbol{X}'\boldsymbol{X})^{-1}z(\boldsymbol{x})}\end{bmatrix} \tag{2-46}$$

式中，$t_{a/2,n-p}$ 为 t 分布的 1-a/2 分位数，具有 $n-p$ 个自由度，n 为试验次数，p 为需要估计的模型参数的个数。

于是，基于稳健满意度函数的多响应优化模型和解释为

$$d_R=\prod_{i=1}^{n}(\min\{d(\boldsymbol{\eta}_i)\mid\boldsymbol{\eta}_i\in[y_{Li}(x),\ y_{Ui}(x)]\})^{w_i} \tag{2-47}$$

式中，$\boldsymbol{w}=(w_1,\cdots,w_n)^{\mathrm{T}}$ 为响应 $y_1,y_2,\cdots,y_n$ 相应的加权向量，满足 $w_i\in[0,1]$ 和 $\sum_{i=1}^{n}w_i=1$。$y_{Li}(x)$ 和 $y_{Ui}(x)$ 为响应 $y_1,y_2,\cdots,y_n$ 的左右置信区间端点。望目型、望大型和望小型响应的稳健满意度函数分别如图 2-22、图 2-23、图 2-24 所示。

加入了稳健优化点置信区域的混合遗传算法如图 2-25 所示。

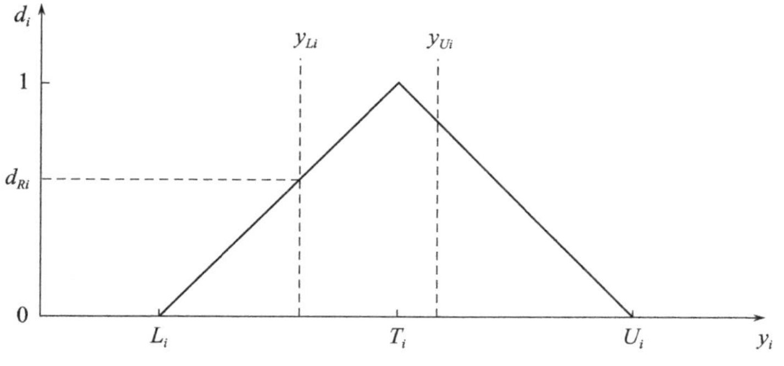

图 2-22　望目型响应的稳健满意度函数

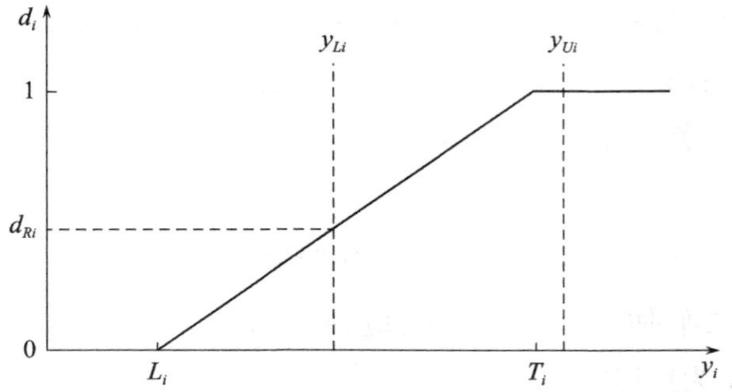

图 2-23　望大型响应的稳健满意度函数

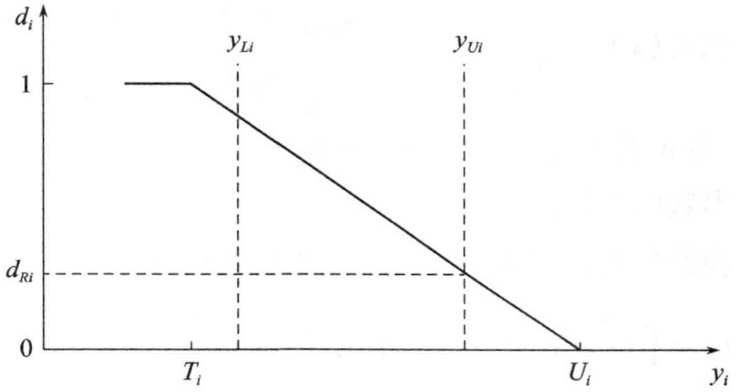

图 2-24　望小型响应的稳健满意度函数

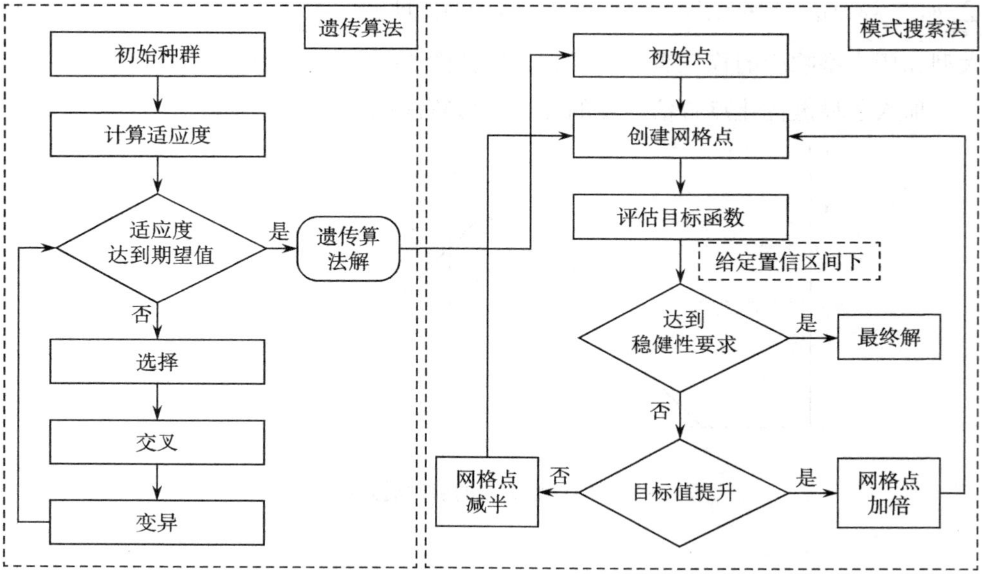

图 2-25　基于混合遗传算法的多响应稳健寻优算法

2.3 可靠性寿命试验

2.3.1 寿命试验

产品的寿命通常也称耐久性，是指产品在规定的使用、贮存与维修条件下，达到极限状态之前，完成规定功能的能力，一般用寿命参数度量。极限状态是指由于损耗（如疲劳、磨损、腐蚀、变质等）使产品从技术上或经济上考虑不宜再继续使用而必须大修或报废的状态。

寿命参数也称耐久性参数，用于描述具有损耗故障的产品的寿命特征。寿命特征包括：①使用寿命，指产品不论从技术上还是经济上考虑都不宜再使用，而必须翻修或报废时的寿命单位数。②贮存寿命，指产品在规定的贮存条件下能够满足规定要求的贮存期寿命单位数（一般是日历时间）。③总寿命，指在规定条件下，产品从开始使用到报废的工作时间和（或）日历持续时间。④首次大修期限，指在规定条件下，产品从开始使用到首次大修的寿命单位。⑤大修间隔期，指在规定条件下，产品两次大修间的寿命单位数，也称翻修间隔期。⑥可靠寿命，指给定的可靠度所对应的寿命单位数。

寿命试验（Life Test）是为了获得产品在规定条件下的寿命而进行的试验。寿命试验的目的是验证产品在规定条件下的使用寿命、贮存寿命。通过寿命试验，还可以发现设计中可能过早发生耗损故障的零部件，并确定故障的根本原因和可能采取的纠正措施。寿命试验适用于产品设计定型阶段、试用阶段和使用阶段。对有寿命要求的产品应进行寿命试验。使用寿命试验用于对具有损耗特性的机载产品（包括但不限于发动机集成附件、具有独立功能的结构件）使用寿命的验证与评估。通过寿命试验，可以评价长期的预期使用环境对产品寿命的影响，确保产品不会因长期处于使用环境产生的磨损、疲劳、腐蚀、老化等问题而影响正常使用。

按试验场所不同，寿命试验分为现场寿命试验和实验室寿命试验。现场寿命试验是产品在实际使用的环境和应力条件下所进行的寿命试验。现场寿命试验的特点是：同一批、同一生产规格的产品，在实际使用中，所遇到的应力类型及水平因受客观条件的制约有可能是不相同的，但却反映了真实的使用环境或存放环境。而实验室寿命试验应力施加严格受控，就可以避免这个问题，从而试验结果可比较，但缺点是难以完全真实地模拟实际的使用或存放条件。

现场寿命试验为最基本的寿命试验，因为它最能说明产品的寿命特征。但现场寿命试验的场所范围太广，在收集有关数据和资料时，会遇到各种困难。为了弥补现场寿命试验的缺陷，实验室寿命试验将现场的重要应力条件搬到实验室内，并加以人工控制，使得在实验室内参加试验的产品都受到同样类型和同样水平的应力。本书后面的内容主要研究加入了现场应力条件的实验室寿命试验。

在对寿命试验进行规划时，需要考虑如下问题。

（1）应该测试多少个单元。

（2）测试应该运行多长时间。

评估上述标准的关键是数据分布参数的先验值（或规划值），这些值基于工程师或科学家的知识或经验得到。常用到的两种计算寿命试验样本大小的方法是蒙特卡罗模拟和大样本方差近似似然估计。用于计算样本大小的蒙特卡罗模拟主要包括如下步骤。

（1）使用分布参数先验值以及相应的分布来模拟给定样本量的数据。

（2）分析数据并构建标准误差和置信区间以评估精度。

（3）对分布参数重复多个不同的分布选择和预测值。

用不同的样本量重复整个过程，以衡量实际样本量和测试长度要求。从蒙特卡罗模拟中，可选择试验长度和样本大小来达到所需的精度。

大样本方差近似似然估计是另一种计算样本大小的方法。大样本方差近似值便于确定样本大小，因为它们允许将样本量和估计数的精度连接成封闭形式的关系。大样本方差近似方法也可以通过使用 delta 方法获取，以计算最小化分布参数的某些函数的标准误差，例如 p^{th} 百分位的估计。

2.3.2　加速寿命试验

加速寿命试验是基于失效物理理论，在保证产品失效物理机理不变的前提下，在加速应力下开展的试验。只有科学合理的试验方法才能保证试验结果的真实可信。传统的加速寿命试验，加速应力水平一般是等间距的，各应力水平下的样本数量一般是等分配的，这样安排的试验有时效果较差。因此，在给定的条件（如应力范围、样本容量等）下，如何选取应力水平的大小，如何分配各应力水平下样本的数量，以获得对各种可靠性指标的更准确的估计，节省试验时间和费用，是实际中需要解决的问题，即加速寿命试验的方案优化设计问题。

加速寿命试验比普通寿命试验拥有更多的决策和假设。加速寿命试验的一个关键思想是，它们需要在较少的时间和成本范围内完成。加速寿命试验的另一个关键思想是，它们始终最小化加速变量的寿命试验水平与使用水平的预测方差。因此，在进行加速寿命试验时，根据已有信息对寿命试验设计做出合理的选择是必要的，如故障遵循的预期分布、分布参数的初始值及故障时间与加速变量之间的加速关系等。要使用一个加速变量进行加速寿命试验，必须指定如下变量：加速变量的可行范围[x_U, x_H]，其中，x_U 为加速变量的使用下限，x_H 为加速关系成立的使用上限；用于加速寿命测试的单元总数 n；加速变量的水平数；分配给每个加速变量水平的试验次数。同样，蒙特卡罗模拟或大样本方差近似值在加速寿命测试时很有用，这两种方法将试验次数分配给不同水平的加速变量。统计优化可以选择加速变量的水平和相应的试验次数分配，以使得最大似然估计的方差最小。统计上的最佳设计可以基于几个不同的计划标准。两个常见的标准是最小化特定百分位数的标准误差和最小化 Fisher 信息矩阵的行列式 I_θ。然而，这些标准往往无法满足加速寿命测试的实际限制。

保守试验变量水平方法将较高百分比的试验次数分配给较低水平的加速变量，以说明在较低水平的加速变量上发生的故障较少的事实。因为它是在加速变量的预期使用水平上运行的，因此不会超出寿命预测的实际限制。以上加速变量的加速寿命测试需要复杂的加速关系和设计方案。为简化设计的复杂性，对这些类型的加速寿命测试（包括因子设计）可以使用传统的试验设计方案，见 2.1 节。

1. 试验样本量

由于加速寿命试验是一种基于失效物理并结合数理统计方法外推预测产品寿命与可靠性的试验技术，因此，试验中所需的样本量越大越好。但工程实践中，大样本需求是难以满足的。可参照以下建议来确定试验样本量。

（1）在恒定应力加速寿命试验中，每个应力水平的试验样本量一般应大于 10 个，最少不小于 5 个。

（2）在渐进应力加速寿命试验中，通常试验样本量不得少于 12 个。

（3）也可以利用加速寿命试验优化设计方法来确定试验样本量。

2. 应力水平的选择

恒定和渐进应力加速寿命试验的应力水平选择原则如下。

（1）应力水平不应该超过产品的工作极限。在加速应力条件下进行退化趋势确认试验的过程中，需要对产品的性能参数进行测试。只有通过分析该性能参数的退化趋势，才能正确地外推产品在正常状态下的可靠性与寿命情况。当产品的应力条件超过其工作极限时，虽然产品依然工作，但其退化失效机理可能已经改变，所测得的性能参数就有可能不正确。如果使用这样的数据进行分析评估，只能得到错误的结论。

（2）初始应力水平应接近于正常应力水平。为避免初始应力过高，对产品产生应力冲击，引起新的失效机理，初始应力水平要尽量接近正常应力水平。与此同时，为了在可靠性评估过程中提高外推结果的可信性，渐进应力的初始水平也应接近正常应力水平。

（3）应力水平数应为 3~5 个。应力水平数太少时，高应力水平若较高，接近工作极限，那么会导致数据外推可信度的下降；若高应力水平较低，就不能有效缩短试验时间。而当应力水平数较多时，数据的折算工作量就会加大。从工程可操作性和统计评估的角度来看，应力水平数应为 3~5 个。

（4）应力步长（应力水平的间隔）不为常数。不论是恒定还是渐进应力加速试验，其应力步长若为常数，则会造成低应力水平偏多的情况。但由于产品通常在低应力水平下很难较快地出现性能退化，且增加试验时间及费用，因此，应力步长应随应力的加大而减小。

3. 试验时间的确定

由于加速寿命试验类型不一样，为了提供产品数据外推的可信性，必须保证得到低应力水平下的故障数据，试验时间通常遵循以下原则。

（1）对于恒定应力而言，应保证在试验结束的时间内，每个应力水平下至少有 30% 的产品发生失效。

（2）对于渐进应力而言，应保证每一应力水平均有产品发生失效，且多数应力水平下的失效数应至少有 4 个。

（3）不论是恒定应力还是渐进应力，低应力水平的试验时间都应长于高应力水平的试验时间。

（4）也可以利用加速寿命试验优化设计方法来确定试验时间。

4. 试验方案

加速寿命试验方案的制定应包括如下内容。

（1）产品薄弱环节和敏感应力的确定。通常，产品的失效机理都具有多样性，且非常复杂。而工程实际中，不可能对每一种失效机理都确认无误且准确地建立相应的加速模型，因此，需要将复杂问题简单化，这也是在加速寿命试验进行之前必须完成的工作。产品的薄弱环节是影响其寿命与可靠性的关键因素，且薄弱环节又通常只有有限几类关键失效机理导致其故障。因此，在进行加速寿命试验时，可以仅关注试验对象中薄弱环节的几类关键失效机理，薄弱环节通常采用故障模式和影响分析手段来确定。产品的关键失效机理只是诱发产品故障的内因，若缺乏相应的外因，可能还是暴露不了产品的潜在缺陷，所以还应对产品的敏感应力进行分析。通常采用故障树等分析手段来确定产品的敏感应力。

（2）产品可加速性的确认。并不是所有产品都具有可加速性。产品存在可加速性是产品进行加速寿命试验的必要条件。只有确认了产品具有可加速性，才能进一步确定加速因子，并利用加速应力条件下的寿命数据外推和评估产品在正常应力水平下的寿命和可靠性。可根据产品的结构原理、使用特点、耗损特性等情况进行综合分析，必要时可采用预试验的方法来确认产品是否具有可加速性。

（3）加速模型。应根据产品薄弱环节的失效机理和敏感应力确定加速模型。

（4）试验设备的应力控制特性测试。确认试验设备的应力控制精度、控制稳定时间、应力场的分布情况等，以便为后续的应力极限确认试验和加速寿命试验的试验方案制定和实施提供依据。

（5）应力极限确认试验。应力极限确认试验通常采用可靠性强化试验中的渐进应力施加方法确定产品的应力工作极限，为后续的加速寿命试验方案的制定和实施提供依据。

（6）制订试验方案。根据上述分析、测试及试验结果，结合产品样本量、试验设备资源等工程实际情况，制订试验实施方案。

5. 加速寿命试验设计

根据上述各方面的设计思路进行定量加速寿命试验，首先要选择要测试的单元和测试中应用的应力变量。产品中的特定组件应具有较小的设计裕度或对系统的影响较小。因此，这些组件需要完成加速寿命试验，以证明它们能够在特定的应力水平下和指定的持续时间内可靠地工作。

试验计划应由项目团队审查并达成协议。一旦达成共识，应以组织所需的格式记录最终的试验计划。有了试验计划，就可以开始购买所需的设备并设置试验。订购足够的测试样品、数据采集和操作设备可以为被测设备供电和控制，并分配、采集监控选定的参数。

在加速寿命试验设计过程中，响应曲面设计非常流行，因为它们试图使用小样本来优化响应变量。一阶设计是序贯 RSM 过程的第一步。常见的一阶设计是全因子 2^k 设计和部分因子 2^{k-p} 设计。除此之外还包括全因子设计、部分因子设计和 Box-Behnken 设计。

2.4 数据分布

统计分布常用于总体的建模，因此处理的往往不是单个的分布，而是一族分布，一个分布族共用一个函数形式，其中包含一个或多个参数，用以确定具体的分布。例如，假定已知正态分布适用于某个总体模型，但其期望无法确定，那么我们就需要处理一个期望为 μ 的正态分布族，其中 μ 为参数且 $-\infty < \mu < +\infty$。

本节列举一些常见的统计分布。对于每一族分布，我们计算其期望、方差及其他一些辅助统计特征，或者有用、易于计算的量。此外，将介绍这些分布的典型应用及它们彼此之间的联系。

2.4.1 离散分布

如果随机变量 X 的值域（样本空间）是可数的，就称 X 服从离散分布。在大多数情况下，这种随机变量取整数值。

1. 离散均匀分布

称随机变量 X 服从参数为（1，N）的离散均匀分布（Discrete Uniform Distribution），如果

$$P(X = x \mid N) = \frac{1}{N} \qquad x = 1,2,\cdots,N \tag{2-48}$$

式中，N 为某预先指定的整数，该分布对结果 $1,2,\cdots,N$ 的概率均等。

2. 超几何分布

超几何分布在为有限总体建模时非常有用。可以借助经典的摸球游戏理解这一分布。

设有 N 个几乎完全相同的球置于一口大缸中，其中有 M 个红球，$N-M$ 个绿球。蒙住眼睛随机摸出 K 个球（K 个球被一次摸出，这属于无放回抽样）。恰好摸出 x 个红球的概率是多少？

已知，从 N 个球中摸出 K 个样本总数为 $\begin{bmatrix} N \\ K \end{bmatrix}$。如果要求其中有 x 个红球，那么红球的选取方式有 $\begin{bmatrix} M \\ K \end{bmatrix}$ 种，余下 $K-x$ 个绿球的选取方式有 $\begin{bmatrix} N-M \\ K-x \end{bmatrix}$ 种。因此，若 x 记为 K 个球中红球的个数，则 x 服从超几何分布（Hypergeometric Distribution），即

$$P(X=x \mid N,M,K)=\frac{\begin{bmatrix} M \\ K \end{bmatrix}\begin{bmatrix} N-M \\ K-x \end{bmatrix}}{\begin{bmatrix} N \\ K \end{bmatrix}} \quad x=0,1,\cdots,K \tag{2-49}$$

注意，式（2-49）实际上对 x 的值域做了假定。因为形如 $\begin{bmatrix} n \\ r \end{bmatrix}$ 的二项式系数仅当 $n \geqslant r$ 时有定义，所以 x 的值域还应满足下列两个不等式：

$$M \geqslant x \tag{2-50}$$

以及

$$N-M \geqslant K-x \tag{2-51}$$

亦即

$$M-(N-K) \leqslant x \leqslant M \tag{2-52}$$

K 通常比 M 和 N 都小，所以满足 $0 \leqslant x \leqslant K$ 的 x 必满足式（2-52），从而是合理的取值。超几何分布的概率函数一般较难计算，仅是证明

$$\sum_{x=0}^{K} P(X=x)=\sum_{x=0}^{K}\frac{\begin{bmatrix} M \\ x \end{bmatrix}\begin{bmatrix} N-M \\ K-x \end{bmatrix}}{\begin{bmatrix} N \\ K \end{bmatrix}}=1 \tag{2-53}$$

都不简单，事实上，超几何分布表明，统计上处理有限总体（有限的 N）并非易事。

3. 二项分布

二项分布是几个最常见的离散分布之一，其基本思想是伯努利（Bernoulli）

试验（伯努利分布）。伯努利试验是一个有且仅有两种结果的试验。称随机变量 X 服从参数为 p 的伯努利分布（Bernoulli Distribution），如果 X 满足

$$X=\begin{cases}1(\text{概率为 } p) \\ 0(\text{概率为 } 1-p)\end{cases} \qquad 0 \leqslant p \leqslant 1 \tag{2-54}$$

则记该分布为 Bernoulli(p)。常把 $X=1$ 说成"成功"，把 $X=0$ 说成"失败"，而 p 则称为成功概率。容易看出，参数 p 的伯努利随机变量有下列期望和方差：

$$EX=1p+0(1-p)=p \tag{2-55}$$

$$\mathrm{Var}X=(1-p)^2p+(0-p)^2(1-p)=p(1-p) \tag{2-56}$$

许多试验都可以表示成伯努利试验的序列，最简单的例子莫过于连续掷硬币试验，其中 p 为正面朝上的概率，并且以 $X=1$ 表示硬币正面朝上。类似的例子还有概率游戏、投票选举（以 $X=1$ 表示投候选人 A 一票）、疾病传播（p 为随机选取一人其被感染的概率）等。

如果同时进行 n 个相同的伯努利试验，可以定义事件

$$A_i=\{\text{对第 } i \text{ 个试验有 } X=1\} \qquad i=1,2,\cdots,n \tag{2-57}$$

假定 $A_1,\cdots,A_n$ 是一列独立事件（如连续掷硬币），则容易求出 n 个试验中成功试验数目的分布。定义随机变量 Y 为

$$Y=n\text{ 个试验中成功试验的数目} \tag{2-58}$$

则仅当事件 $A_1,\cdots,A_n$ 中恰有 y 个发生、$n-y$ 个不发生时，事件 $\{Y=y\}$ 才会发生。因此，事件 $\{Y=y\}$ 包含的每一个样本（即事件 $A_1,\cdots,A_n$ 发生或者不发生的一个序列）都形如 $A_1 \cap A_2 \cap A_3^C \cap \cdots \cap A_{n-1}A_n^C$，其出现的概率为（利用 $A_1,\cdots,A_n$ 的独立性）

$$P(A_1 \cap A_2 \cap A_3^C \cap \cdots \cap A_{n-1}A_n^C)=pp(1-p)\cdots p(1-p)=p^y(1-p)^{n-y} \tag{2-59}$$

注意，上面的演算只以"恰有 y 个 A_i 发生"为前提，与"哪 y 个 A_i 发生"无关。而事实上，不论哪 y 个 A_i 发生，都会有事件 $\{Y=y\}$。综上可知，对于 n 个试验的结果序列而言，恰好包含 y 个成功的概率为 $p^y\ (1-p)^{n-y}$，而这样的序列（由 y 个 1 和 $n-y$ 个 0 构成的序列）共有 $\begin{bmatrix} n \\ y \end{bmatrix}$ 个，所以

$$P(Y=y \mid n,p)=\begin{bmatrix} n \\ p \end{bmatrix} p^y(1-p)^{n-y} \qquad y=0,1,2,\cdots,n \tag{2-60}$$

Y 被称作参数为(n,p)的二项随机变量（Binomial Random Variable），记该分布为 binomial(n,p)。

4. 泊松（Poisson）分布

泊松分布是一类应用广泛的离散分布，可以作为多种不同类型试验的模型。例如，如果我们对等待某事物出现的现象（如等公共汽车、等顾客进入银行）建模，则给定时间内事物出现的次数就服从泊松分布。泊松分布的一个基本假设是：在较短的时间段内，事物出现的概率与等待时间成正比。例如，可以合理地假设等待时间越长有顾客进入银行的可能性越大。

泊松分布的另一个应用是研究空间分布，如某区域被炸弹击中的分布或者湖泊中鱼群数量的分布。

泊松分布有唯一一个参数 λ，有时称作强度参量，称取值为非负整数的随机变量 X 服从参数为 λ 的泊松分布，如果

$$P(X = x \mid \lambda) = \frac{e^{-\lambda}\lambda^{x}}{x!} \qquad x = 0,1,\cdots \tag{2-61}$$

该分布为 Poisson(λ)。

5. 负二项分布

二项分布讨论的是在指定数量的伯努利试验中成功试验的个数，现在讨论得到指定数量的成功试验所需伯努利试验的个数，这就引出了负二项分布。

设有一列独立的成功概率为 p 的伯努利试验，以随机变量 X 记该序列中第 r 个成功试验出现的位置，其中 r 是预先指定的整数，则称

$$P(X = x \mid r,p) = \begin{bmatrix} x-1 \\ r-1 \end{bmatrix} p^{r}(1-p)^{x-r} \qquad x = r, r+1,\cdots \tag{2-62}$$

为 X 服从参数为 (r,p) 的负二项分布（Negative Binomial Distribution），记为 NB(r,p)。

6. 几何分布

几何分布是负二项分布的特例，也是等待时间分布的一种最为简单的形式。其分布式为

$$P(X = x \mid p) = p(1-p)^{x-1} \qquad x = 1,2,\cdots \tag{2-63}$$

这就定义了几何随机变量（Geometric Random Variable）X 的概率函数，其中 p 为成功概率，记该分布为 geometric(p)，此处 X 可以解释为出现第 1 个成功试验时

总的试验个数，即等待的是“一个成功”。$\sum_{x=1}^{+\infty} P(X = x) = 1$ 可由几何级数的性质推得，对于满足 $|a| < 1$ 的 a，有

$$\sum_{x=1}^{+\infty} a^{x-1} = \frac{1}{1-a} \tag{2-64}$$

X 的期望和方差可以根据负二项分布的期望和方差得到。记 $X=Y+1$，则有

$$EX = EY + 1 = \frac{1}{p} \tag{2-65}$$

$$\mathrm{Var}X = \frac{1-p}{p^2} \tag{2-66}$$

几何分布有一个称作“无记忆性”的有趣性质：对任意整数 $s>t$，有

$$P(X > s \mid X > t) = P(X > s - t) \tag{2-67}$$

即几何分布会“忘记”先前发生的事情：已有 t 个失败后又连续出现 $s-t$ 个失败的概率与从一开始就出现 $s-t$ 个失败的概率相等，换言之，得到一连串失败的概率只与其个数有关，而与出现位置无关。

2.4.2 连续分布

本小节将介绍几类著名的连续分布族，但是由于任何一个非负的可积函数都可以变成概率密度函数，所以所介绍的几类连续分布族主要用于产品质量与可靠性改进中所用到的分布。

1. 均匀分布

连续均匀分布（Uniform Distribution）$\mathrm{uniform}(a,b)$是在某区间$[a,b]$上概率等可能的一类分布，其概率密度函数为

$$f(x \mid a,b) = \begin{cases} \dfrac{1}{b-a} & x \in [a,b] \\ 0 & x \notin [a,b] \end{cases} \tag{2-68}$$

2. 伽玛（Γ）分布

伽玛分布族是区间［0，$+\infty$）上适用性很强的一类分布，若 a 是大于 0 的常数，则积分

$$\int_0^{+\infty} t^{a-1} \mathrm{e}^{-t} \mathrm{d}t \tag{2-69}$$

有限。若 a 还是正整数，则该积分还可以有解析表达式；否则，不论哪种情形，该积分都定义了 Γ 函数（Gamma Function）：

$$\Gamma(a)=\int_0^{+\infty} t^{a-1}\mathrm{e}^{-t}\mathrm{d}t \tag{2-70}$$

Γ 函数有许多有用的关系式，例如，利用分部积分法可知

$$\Gamma(a+1)=a\Gamma(a) \qquad a>0 \tag{2-71}$$

容易证明 $\Gamma(1)=1$（Γ 函数的另一个常用值是 $\Gamma(\frac{1}{2})=\sqrt{\pi}$）。对任意的正整数 n，有

$$\Gamma(n)=(n-1)! \tag{2-72}$$

根据式（2-56）和式（2-57）所包含的递推关系有助于简化 Γ 函数求值问题，借助这种递推关系，只需知道 $\Gamma(c)$（$0<c\leqslant 1$）的值，就可以求出 Γ 函数在任意点的取值。

由于式（2-71）中的被积函数恒大于 0，故

$$f(t)=\frac{t^{a-1}\mathrm{e}^{-t}}{\Gamma(\alpha)} \qquad 0<t<+\infty \tag{2-73}$$

是一个概率密度函数。然而，完整的 Γ 分布族实际上有两个参数，其概率密度函数可由式（2-74）经过变量变换 $x=\beta t$ 得到，其中 β 为大于 0 的常数。这样就得到了参数为 α,β 的伽马分布族，其概率密度函数为

$$f(x\mid\alpha,\beta)=\frac{1}{\Gamma(\alpha)\beta^{\alpha}}x^{\alpha-1}\mathrm{e}^{-x/\beta} \qquad 0<x<+\infty,\alpha>0,\beta>0 \tag{2-74}$$

式中，参数 α 主要影响分布的峰起状态，称为形状参数；参数 β 主要影响分布的散度情况，称为尺度参数，记该分布为 $\Gamma(\alpha,\beta)$。

Γ 分布与泊松分布之间存在非常有趣的联系。设 X 是参数为 α，β 的 Γ 随机变量，其中 α 为整数，Y 服从参数为 x/β 的泊松分布，则对任意 x，都有

$$P(X\leqslant x)=P(Y\geqslant\alpha) \tag{2-75}$$

式（2-75）可连续运用分部积分法证明：由于 α 是整数，故 $\Gamma(\alpha)=(\alpha-1)!$，所以

$$\begin{aligned}P(X\leqslant x)&=\frac{1}{(\alpha-1)!\ \beta^{\alpha}}\int_0^x t^{\alpha-1}\mathrm{e}^{-t/\beta}\mathrm{d}t\\&=\frac{1}{(\alpha-1)!\ \beta^{\alpha}}\left[-t^{\alpha-1}\beta\mathrm{e}^{-t/\beta}\Big|_0^x+\int_0^x(\alpha-1)t^{\alpha-2}\beta\mathrm{e}^{-t/\beta}\mathrm{d}t\right]\end{aligned} \tag{2-76}$$

式中，对 $u=t^{\alpha-1}, \mathrm{d}v=\mathrm{e}^{-t/\beta}\mathrm{d}t$ 运用了分部积分法。整理式（2−76），再由 Y 服从参数为 x/β 的泊松分布可得

$$P(X \leqslant x) = \frac{-1}{(\alpha-1)!\ \beta^{\alpha-1}} x^{\alpha-1}\mathrm{e}^{-x/\beta} + \frac{1}{(\alpha-2)!\ \beta^{\alpha-1}}\int_0^x t^{\alpha-2}\mathrm{e}^{-t/\beta}\mathrm{d}t$$

$$= \frac{1}{(\alpha-2)!\ \beta^{\alpha-1}}\int_0^x t^{\alpha-2}\mathrm{e}^{-t/\beta}\mathrm{d}t - P(Y=\alpha-1) \qquad (2-77)$$

重复上述过程即得式（2−75）。

Γ 分布有许多重要的特例。若令 $\alpha=p/2$，其中 p 为整数且 $\beta=2$，则 Γ 概率密度函数变为

$$f(x \mid p) = \frac{1}{\Gamma(p/2)2^{p/2}} x^{p/2-1}\mathrm{e}^{-x/2} \qquad 0 < x < \infty \qquad (2-78)$$

此分布为自由度为 p 的 χ^2 概率密度函数，记为 χ_p^2，χ^2 分布的期望、方差和矩函数均可由 Γ 分布的结果得到。

χ^2 分布在统计推断中发挥着重要的作用，特别是对正态分布总体的抽样。若令 $\alpha=1$，就得到了 Γ 分布的另一个重要特例，此时概率密度函数为

$$f(x \mid \beta) = \frac{1}{\beta}\mathrm{e}^{-x/\beta} \qquad 0 < x < \infty \qquad (2-79)$$

即尺度参数为 β 的指数概率密度函数。

3. 正态分布

正态分布（称作高斯分布）在整个统计学中占据中心地位，其原因主要有 3 点。首先，正态分布及其相关分布易于利用解析手段进行处理。其次，正态分布的图像是我们熟悉的钟形，其对称性保证了正态分布是进行总体建模的最佳选择。虽然其他一些分布的图像也是钟形，但它们大都不如正态分布容易处理。最后，中心极限定理表明，对于较大的样本，在适当的条件下绝大部分分布都能用正态分布近似。

正态分布有两个参数，通常记作 μ 和 σ^2，分别是正态分布的期望和方差，以 μ,σ^2 为参数的正态分布（常记为 $N(\mu,\sigma^2)$）概率密度函数为

$$f(x \mid \mu,\sigma^2) = \frac{1}{\sqrt{2\pi}\sigma}\mathrm{e}^{-(x-\mu)^2/(2\sigma^2)} \qquad -\infty < x < +\infty \qquad (2-80)$$

4. 对数正态分布

如果随机变量 X 的自然对数服从正态分布，则称 X 服从对数正态分布，X 的概率密度函数可以根据正态概率密度函数以及如下定理求得。

设随机变量 X 的概率密度函数为 $f_X(x)$，令 $Y=g(X)$，其中 g 是单调函数。假定 $f_X(x)$ 是 x 上的连续函数，且 $g^{-1}(y)$ 在 y 上有连续函数，则 Y 的概率密度函数为

$$f_Y(y)=\begin{cases} f_X(g^{-1}(y))\left\{\dfrac{\mathrm{d}}{\mathrm{d}y}g^{-1}(y)\right| & y \in y \text{时} \\ 0 & y \notin x \end{cases} \tag{2-81}$$

可以求得 X 的概率密度函数为

$$f(x \mid \mu,\sigma^2)=\frac{1}{\sqrt{2\pi}\sigma}\frac{1}{x}\mathrm{e}^{-(\log x-\mu)^2/(2\sigma^2)} \qquad 0<x<+\infty,\ -\infty<\mu<+\infty,\ \sigma>0 \tag{2-82}$$

称作对数正态概率密度函数。

5. 威布尔（Weibull）分布

威布尔分布是产品可靠性分析的常用分布类型。其概率密度函数为

$$f(t)=\frac{m}{t_0}(t-\gamma)^{m-1}\mathrm{e}^{-\frac{(t-\gamma)^m}{t_0}} \qquad t \geqslant \gamma \tag{2-83}$$

若设 $t_0=\eta^m$，即 $\eta=t_0^{1/m}$，将 η 代入密度函数式（2-83）可得

$$f(t)=\frac{m}{\eta}\left(\frac{t-\gamma}{\eta}\right)^{m-1}\mathrm{e}^{-\left(\frac{t-\gamma}{\eta}\right)^m} \qquad \gamma \leqslant t,\ m \geqslant 0,\ \eta \geqslant 0$$

寿命分布函数化为

$$F(t)=\int_{-\infty}^{t}f(x)\mathrm{d}x=\int_{\gamma}^{t}\frac{m}{\eta}\left(\frac{x-\gamma}{\eta}\right)^{m-1}\mathrm{e}^{-\left(\frac{x-\gamma}{\eta}\right)^m}\mathrm{d}x=1-\mathrm{e}^{-\left(\frac{t-\gamma}{\eta}\right)^m} \tag{2-84}$$

威布尔分布的可靠度函数为

$$R(t)=1-F(t)=\mathrm{e}^{-\left(\frac{t-\gamma}{\eta}\right)^m} \tag{2-85}$$

威布尔分布的失效率函数为

$$\lambda(t)=\frac{f(t)}{R(t)}=\frac{m}{\eta}\left(\frac{t-\gamma}{\eta}\right)^{m-1} \tag{2-86}$$

当 $m=1$ 时，$\lambda(t)=1/\eta$，$\lambda(t)$ 为常数，这表明分布变成了指数分布的形式。由此可以看出，威布尔分布是与指数分布、Γ 分布都有关的一类分布。当 $t=\eta$ 时，取 $\gamma=0$，有 $F(t)=1-e^{-1}=0.632$，这时分布函数 $F(t)$ 变成了与 t_0、m 无关的常数，所以又称 $t=\eta$ 为特征寿命。

第3章

响应曲面方法

3.1 响应曲面建模、优化与预测

3.1.1 响应曲面建模

在响应曲面建模中，通常假定 y 为产品或过程的质量特性即响应，与输入变量 $x_1,x_2,\cdots x_k$ 存在如下关系：

$$y=f(x_1,x_2,\cdots,x_k)+\varepsilon \tag{3-1}$$

这种真正的函数关系形式 f 是不知道的，可能非常复杂，ε 代表模型无法解释的其他来源的变异项。一般应用上式的一阶或二阶 Taylor 展开式作为相对小的区域内对真正函数的逼近形式。一阶模型为

$$y=\beta_0+\beta_1x_1+\beta_2x_2+\cdots+\beta_kx_k+\varepsilon \tag{3-2}$$

二阶模型为

$$y=\beta_0+\sum_{i=1}^{k}\beta_ix_i+\sum_{i=1}^{k}\beta_{ii}x_i^2+\sum_{i<j}\sum_{j=2}^{k}\beta_{ij}x_ix_j+\varepsilon \tag{3-3}$$

在式（3-2）和式（3-3）两个模型中 ε 为随机误差，通常假设服从正态分布 $N(0,\sigma^2)$，输入变量相互独立且没有测量误差。最小二乘方法是最优的响应模型回归方法，也是最常用的方法。令 $p=(k+2)(k+1)/2$，试验运行数为 n，式（3-3）用矩阵表示为

$$\boldsymbol{y}=\boldsymbol{X\beta}+\boldsymbol{\varepsilon} \tag{3-4}$$

式中

$$\boldsymbol{y}=\begin{bmatrix} y_1 \\ y_2 \\ \vdots \\ y_n \end{bmatrix},\ \boldsymbol{\varepsilon}=\begin{bmatrix} \varepsilon_1 \\ \varepsilon_2 \\ \vdots \\ \varepsilon_n \end{bmatrix},\ \boldsymbol{\beta}=\begin{bmatrix} \beta_1 \\ \vdots \\ \beta_k \\ \beta_{11} \\ \vdots \\ \beta_{kk} \\ \beta_{12} \\ \vdots \\ \beta_{(k-1),\ k} \end{bmatrix} \tag{3 - 5}$$

$\boldsymbol{X}$ 是 $n\times p$ 阶矩阵

$$\boldsymbol{X}=\begin{bmatrix} 1 & x_{1,1} & \cdots & x_{1,k} & x_{1,1}^2 & \cdots & x_{2,k}^2 & x_{1,1}x_{1,2} & \cdots & x_{1,k-1}x_{1,k} \\ 1 & x_{2,1} & \cdots & x_{2,k} & x_{2,1}^2 & \cdots & x_{2,k}^2 & x_{2,1}x_{2,2} & \cdots & x_{2,k-1}x_{2,k} \\ & & \vdots & & & \vdots & & & \vdots & \\ 1 & x_{n,1} & \cdots & x_{n,k} & x_{n,1}^2 & \cdots & x_{n,k}^2 & x_{n,1}x_{n,2} & \cdots & x_{n,k-1}x_{n,k} \end{bmatrix} \tag{3 - 6}$$

则对于任意试验设计点 $\boldsymbol{x}=(x_1,\cdots x_k)^{\mathrm{T}}$ 对应的响应值为

$$\boldsymbol{y}(\boldsymbol{x})=\boldsymbol{x}_m^{\mathrm{T}}\boldsymbol{\beta}+\boldsymbol{\varepsilon} \tag{3 - 7}$$

式中，$\boldsymbol{x}_m=[x_1,\cdots,x_k,,x_1^2,\cdots,x_k^2,x_1x_2,\cdots,x_{k-1}x_k]^{\mathrm{T}}$。根据 $\hat{\boldsymbol{\beta}}=(\boldsymbol{X}^{\mathrm{T}}\boldsymbol{X})^{-1}\boldsymbol{X}^{\mathrm{T}}\boldsymbol{Y}$，式（3-4）中参数 $\boldsymbol{\beta}$ 的最小二乘估计为

$$\hat{\boldsymbol{\beta}}=(\boldsymbol{X}^{\mathrm{T}}\boldsymbol{X})^{-1}\boldsymbol{X}^{\mathrm{T}}\boldsymbol{y} \tag{3 - 8}$$

方差-协方差矩阵为

$$\mathrm{var}[\hat{\boldsymbol{\beta}}]=\sigma^2(\boldsymbol{X}^{\mathrm{T}}\boldsymbol{X})^{-1} \tag{3 - 9}$$

二阶模型估计中，对应的响应估计值和预测方差为

$$\hat{\boldsymbol{y}}(\boldsymbol{x})=\boldsymbol{x}_m^{\mathrm{T}}\hat{\boldsymbol{\beta}} \tag{3 - 10}$$

$$\mathrm{var}[\hat{\boldsymbol{y}}(\boldsymbol{x})]=\sigma^2\boldsymbol{x}_m^{\mathrm{T}}(\boldsymbol{X}^{\mathrm{T}}\boldsymbol{X})^{-1}\boldsymbol{x}_m^{\mathrm{T}} \tag{3 - 11}$$

当随机误差不满足正态分布或存在异常点或输入变量存在测量误差时，上述估计就会发生严重偏差，还会导致曲面模型的后续优化或预测结论错误。例如，化工、光电子等行业经常出现异常值、非正态及测量误差情况。

3.1.2　响应曲面优化与预测

当响应变量与输入变量之间的二阶模型确定后，试验者在此基础上，利用图

解法、分析法或优化方法找出自变量的设置使得响应变量达到最佳值，或者预测响应变量在下一状态或下一时刻的取值，以便今后参考。对于响应曲面模型的优化特别是多元优化及其稳健多元优化方面的研究，响应曲面方法在应用中应该注意下列条件。

（1）已经确定了显著性因子且显著性因子不是很多（最好不超过4个）。

（2）系统或过程的随机性误差比较小。

（3）线性拟合失拟显著，出现了非线性趋势。

（4）响应曲面方法采用试验设计、数据分析和模型拟合方法，具有严谨、科学的优点，同时具有较好的可靠性。

3.2　响应曲面设计的评价标准

3.2.1　设计优化准则

自从引进试验设计优化的概念之后，应用这种方法对试验设计改进和评价的研究大量展开。特别是随着计算机技术的迅猛发展，一些计算机软件包可以根据工程师对样本大小、模型形式和变量范围等的要求自动生成最优设计（Optimal Designs）。20世纪70—80年代，计算机生成设计（Computer-Generated Designs）得到了迅猛的发展，在实践应用中也是非常有效的方法。设计优化准则（Design Optimality Criteria）用“alphabet”的形式给出，后来也将其称为alphabet优化准则（Alphabet Optimality Criteria）。其中最常用的有D优化准则、A优化准则、G优化准则和I优化准则（或称Q优化准则）。

1. D优化准则

D优化准则是最常用也是最流行的准则，它的思想是使得回归系数方差达到最小。公式$\hat{\beta}=(\boldsymbol{X}^{\mathrm{T}}\boldsymbol{X})^{-1}\boldsymbol{X}^{\mathrm{T}}y$指出，二阶响应曲面模型回归系数方差是由矩阵$(\boldsymbol{X}^{\mathrm{T}}\boldsymbol{X})^{-1}$和$\sigma^2$来决定的，而$\sigma^2$为随机误差方差，很难在试验设计过程中控制。因此就要使得$(\boldsymbol{X}^{\mathrm{T}}\boldsymbol{X})^{-1}$达到最小，也就是使得如下矩阵达到最大：

$$\boldsymbol{M}=\frac{\boldsymbol{X}^{\mathrm{T}}\boldsymbol{X}}{n} \tag{3-12}$$

式中，n为样本试验次数，这里是为了对大样本设计的一种惩罚。由此可以看出，对于矩阵$\boldsymbol{M}$的控制就是对回归系数的方差-协方差的控制。为了量化评价准

则，对矩阵 $\boldsymbol{M}$ 取行列式得

$$|\boldsymbol{M}| = \frac{|\boldsymbol{X}^{\mathrm{T}}\boldsymbol{X}|}{n^p} \tag{3-13}$$

式中，p 为模型中参数的个数。当随机误差服从正态分布且相互独立方差相同，$\boldsymbol{X}^{\mathrm{T}}\boldsymbol{X}$ 的行列式与回归系数的置信区间的体积的平方成反比，而回归系数置信区间的体积反映了回归系数估计的性能。当 $\boldsymbol{X}^{\mathrm{T}}\boldsymbol{X}$ 的行列式的值比较小时，$|(\boldsymbol{X}^{\mathrm{T}}\boldsymbol{X})^{-1}| = 1/\boldsymbol{X}^{\mathrm{T}}\boldsymbol{X}$ 就比较大，那么回归模型中 β 的估计就会很差。如果一个设计是 D 优化设计，那么它应该满足如下条件：

$$\max_{\psi} |\boldsymbol{M}(\psi)| \tag{3-14}$$

式中，ψ 为所有可能取到的设计。对于任意一个设计 ψ^*，定义其 D 效率为

$$D_{\mathrm{eff}} = (|\boldsymbol{M}(\psi^*)| / \max_{\psi} |\boldsymbol{M}(\psi)|)^{1/p} \tag{3-15}$$

这里面的指数 $1/p$ 是考虑到在计算回归系数的方差-协方差矩阵的行列式时，有 p 个模型参数需要评估。从 D 效率的定义可以看出，在比较任意不同的响应曲面设计时，样本大小也被考虑进去了。对于不同设计的 D 效率的比较研究有很多文献，阿特伍德（Atwood）对于 D 优化准则给出非常详细的分析说明，纳里莫夫（Nalimov）对这个优化准则的实际应用价值进行了评述。

2. A 优化准则

A 优化准则不像 D 优化准则，它不考虑回归系数的协方差，只针对回归系数的方差，也就是说，考虑回归系数方差-协方差矩阵（$\boldsymbol{X}^{\mathrm{T}}\boldsymbol{X}$）$^{-1}$ 的对角线部分，令 tr 表示矩阵的迹，即对角线元素的和，则 A 优化定义为

$$\max_{\psi} \mathrm{tr}(\boldsymbol{M}(\psi))^{-1} \tag{3-16}$$

部分计算软件包经常使用 A 优化准则。

3. G 优化准则

G 优化准则强调的是设计区域内响应均值预测性能。1957 年，博克斯（Box）定义单位预测方差（Scaled Prediction Variance，SPV）为

$$v(x) = \left[\frac{n\mathrm{var}[\hat{y}(x)]}{\sigma^2}\right] = n\boldsymbol{x}_m^{\mathrm{T}}(\boldsymbol{X}^{\mathrm{T}}\boldsymbol{X})^{-1}\boldsymbol{x}_m \tag{3-17}$$

这里 var［$\hat{y}(x)$］为响应估计值的预测方差，详见式(3.10)，系数 n/σ^2 是为了考虑试验设计中试验成本问题。单位预测方差是试验设计比较中最常用的方法。G 优化设计就是使得设计区域 R 内单位预测方差的最大值达到最小，即

$$\min_{\xi}[\max_{x \in R} v(x)] \tag{3-18}$$

式中，ξ 为试验设计方案。通常而言，设计区域选择为立方体或者球体。迈尔斯（Myers）指出，当模型误差服从正态独立同分布时，单位预测方差有如下关系式：

$$\max_{x \in R} v(x) \geq p \tag{3-19}$$

对应的 G 效率为

$$G_{\mathrm{eff}} = p / \max_{x \in R} v(x) \tag{3-20}$$

4. I 优化准则（或称 Q 优化准则）

I 优化准则类似于 G 优化准则，同样考虑的是响应估计值的预测性能。但该准则不是考虑单位预测方差最大值，而是通过设计区域内单位预测方差的平均值达到最小来完成。令 R 为设计区域，Ω 为设计区域的体积，则 I 优化设计为

$$\min I(x) = \min_{\xi} \frac{1}{\Omega}\int_R v(x)\,\mathrm{d}x \tag{3-21}$$

将 $v(x)$ 的表达式代入，有

$$\min I(x) = \min_{\xi} \frac{1}{\Omega}\int_R n\boldsymbol{x}_m^{\mathrm{T}}(\boldsymbol{X}^{\mathrm{T}}\boldsymbol{X})^{-1}\boldsymbol{x}_m\,\mathrm{d}x \tag{3-22}$$

对 $I(x)$ 进一步分解，有

$$\begin{aligned} I(x) &= \frac{n}{\Omega}\int_R \boldsymbol{x}_m^{\mathrm{T}}(\boldsymbol{X}^{\mathrm{T}}\boldsymbol{X})^{-1}x_m\,\mathrm{d}x = \mathrm{tr}\left[\frac{n}{\Omega}\int_R \boldsymbol{x}_m^{\mathrm{T}}(\boldsymbol{X}^{\mathrm{T}}\boldsymbol{X})^{-1}\boldsymbol{x}_m\,\mathrm{d}x\right] \\ &= \frac{n}{\Omega}\int_R \mathrm{tr}\,[\boldsymbol{x}_m^{\mathrm{T}}(\boldsymbol{X}^{\mathrm{T}}\boldsymbol{X})^{-1}\boldsymbol{x}_m]\,\mathrm{d}x = \frac{n}{\Omega}\int_R \mathrm{tr}\,[(\boldsymbol{X}^{\mathrm{T}}\boldsymbol{X})^{-1}\boldsymbol{x}_m\boldsymbol{x}_m^{\mathrm{T}}]\,\mathrm{d}x \\ &= \mathrm{tr}\,[(\boldsymbol{X}^{\mathrm{T}}\boldsymbol{X})^{-1}]\left[\frac{n}{\Omega}\int_R \boldsymbol{x}_m\boldsymbol{x}_m^{\mathrm{T}}\,\mathrm{d}x\right] \end{aligned} \tag{3-23}$$

3.2.2 图形评价准则

正如前面介绍的，试验设计方法有很多种类，试验设计的评价准则也多种多样。但是，试验者选择试验之前还是要考虑到响应曲面设计所需的一些性质。博克斯（Box）和德雷珀（Draper）指出，在选择响应曲面的设计时，首先要考虑一些至关重要的标准。理想设计应该具备的特性如下。

（1）为模型的良好拟合提供数据。

（2）为检验模型失拟提供足够的信息。

(3) 考虑到高阶模型的构建问题，并具备序贯性。

(4) 可以估计试验的纯误差项。

(5) 对于数据中可能出现的异常点不敏感（稳健）。

(6) 对设计因子水平的误差稳健。

(7) 设计要经济实用。

(8) 可以进行分区组试验。

(9) 可以对同方差的假设进行检验。

(10) $\mathrm{var}\hat{y}(x)/\sigma^2$ 呈现出良好的分布。

很容易看出，以上这些特点有些是相互矛盾的，并不要求每个设计都能够完全满足以上要求。因此，在选择合适的设计时，常常要对这些特性加以权衡，即根据自己试验的条件选择关注的设计性质。比如，当响应数据中可能出现异常点时，那么第 5 项将作为重点考虑的响应曲面设计性质。第 10 项预测方差在衡量设计过程中非常重要，一个好的试验，其预测方差应具有合理的分布。在二阶设计中，正交性不如在一阶设计中那样重要，对单个系数估计的重要性也不如单位预测方差 $n\mathrm{var}\hat{y}(x)/\sigma^2$ 重要。这是由响应曲面方法中强调 $\hat{y}(x)$ 作为预测的质量或者说对预测均值的估计能力决定的。对于一个二阶设计，在设计域上 $n\mathrm{var}\hat{y}(x)/\sigma^2$ 拥有一个合理稳定的分布是相当重要的。因为一开始设计者并不知道设计空间的准确范围、预测方向及在设计空间中优化值的位置，而一个合理稳定的 $n\mathrm{var}\hat{y}(x)/\sigma^2$ 分布就保证了未来响应预测值的质量。

任何一个好的设计都是为了达到某些目的而作出的一种权衡。通常要考虑试验设计的大小、设计的预测性、设计中因子水平的限制等。设计因子数比较少时，很容易画出响应变量曲面图或者等高线图来描述响应曲面均值或者方差的状况。但当所研究的因子数超过 2 时，就需要通过降维的方式来描绘这些图像，这样就大大减低了从图片中所获得的信息量，同时也增加了解释难度。自优化准则提出以来，优化设计理论便成为试验设计开发的重要内容。

虽然优化准则为试验设计提供了非常有用的信息，但它只是通过 1 个指标来衡量设计方案，并没有捕获到设计的其他性能。例如，设计区域内响应方差的分布状况很难通过 alphabet 准则得到。通过可旋转性概念的引入，逐步提出距离设计中心相同距离的点的预测方差应该是稳定的，并且这一点对于设计的选择是非常重要的因素。与此同时，单一的准则或者数值作为试验设计选择的标准是非常危险的，一个好的设计要得到尽可能多的信息。自此之后，越来越多的设计将关注点投入到图像的方法去理解试验设计的性能。

因子数比较少时（2 个或 3 个），很容易画出响应均值或方差的图像。等高线图就是一种展现方差变化和分布的很好形式，该方法通过将三维图像转化为二维图像来反映三维变量之间的关系。但当试验的因子维数较高时，就需要一些其他的图像工具来描述对应响应的属性。方差分散图（Variance Dispersion Graphs）就是一个很好的工具，它通过描述球形设计区域内单位预测方差的稳定性，评价试验设计的预测性能，并将其直观地展示出来。由于试验设计方案的不同，设计区域逐渐由球形拓展到了立方体。方差分散图包括 3 方面内容：预测方差的最大值、最小值和平均值。具体内容如下。

（1）半径为 r 的球形设计区域内 $n\mathrm{var}\,\hat{y}(x)/\sigma^2$ 的最大值为

$$\max_R v(x)=\max_R \frac{n\mathrm{var}\,\hat{y}(x)}{\sigma^2} \tag{3-24}$$

（2）半径为 r 的球形设计区域内 $n\mathrm{var}\,\hat{y}(x)/\sigma^2$ 的最小值为

$$\min_R v(x)=\min_R \frac{n\mathrm{var}\,\hat{y}(x)}{\sigma^2} \tag{3-25}$$

（3）半径为 r 的球形设计区域表面的 $n\mathrm{var}\,\hat{y}(x)/\sigma^2$ 平均值为

$$\int_R v(x)\,\mathrm{d}x=\frac{n}{K\sigma^2}\int_R \mathrm{var}\,\hat{y}(x)\,\mathrm{d}x=\frac{n}{K}\int_R \boldsymbol{x}_m^{\mathrm{T}}(X^{\mathrm{T}}X)^{-1}\boldsymbol{x}_m\,\mathrm{d}x \tag{3-26}$$

式中，R 为半径为 r 的球面，K 为球面的面积。为了更好展示对不同的试验设计的评价，除了用上面 3 个图来反映单位预测方差的信息，通常还画一条水平直线 $v(x)=p$（p 为模型参数个数），目的是检验该设计与理想设计之间的差距。不难看出，如果一个设计是可旋转的，那么 $n\mathrm{var}\hat{y}(x)/\sigma^2$ 在球面上就是一个常数，即

$$\min_R v(x)=\max_R v(x)=\int_R v(x)\,dx \tag{3-27}$$

那么，3 条线就汇成 1 条线。图 3-1 给出了三因子三中心点的中心复合设计和 Box-Behnken 设计的方差分散图。由于这里中心复合设计为可旋转设计，所以单位预测方差相同半径的球面上的最大值、最小值和平均值相同，3 条线合为 1 条线。另外一个设计 Box-Behnken 设计不是可旋转的，所以图像出现了 3 条线，它们分别表示最大值、平均值和最小值。

方差分散图通过图像清晰地反映了响应曲面设计预测方差的性能，该方法用二维图形描绘了高维变量的预测性。然而，也正是因为这一点，高维数据进行了降维，丢失了部分数据信息，使得它无法提供特定球面上单位预测方差分布的其他信息。当两个设计的方差分散状况相同而分布不同时，该方法是无法区分这两

个设计的。库里（Khuri）等人于 1996 年提出了用于描述单位预测方差分布的分位图（Quantile Plots）。此图通过分析不同半径球体上单位预测方差的累积密度分布来比较不同的试验设计性能。似乎此图弥补了方差分散图的部分缺点，但是该方法要求大量的图形来反映设计区域内的特征，因此大大降低了它的实用性。方差分散图与分位图反映的是球表面上单位预测方差的分布状况，并没有考虑到球体上的分布状况，所以他们所提供的信息相对有限。

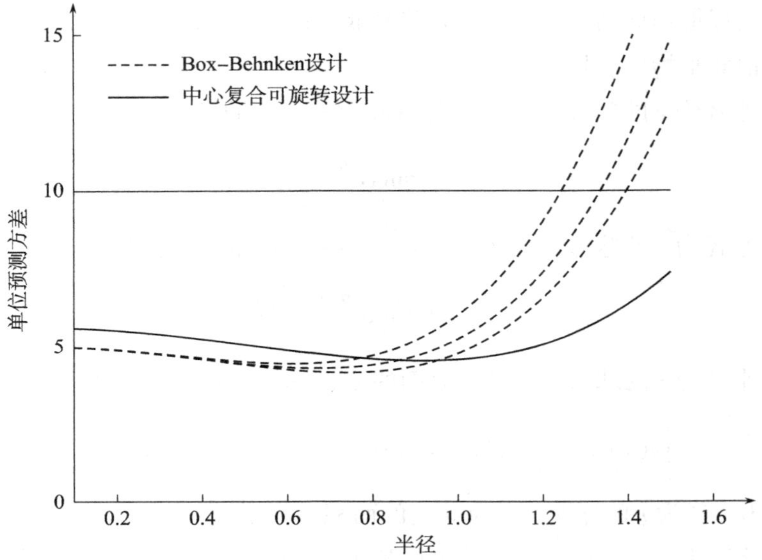

图 3-1　三因子中心复合设计和 Box-Behnken 设计的方差分散图

札赫兰（Zahran）、安德森-库克（Anderson-Cook）和迈尔斯（Myers）在 2003 年提出了设计空间比率图（Fraction of Design Space，FDS），通过设计空间的体积反映单位预测方差的分布状况，即单位预测方差小于或等于某个设定值的设计区域占整个设计空间的比率。令 v 为已设定的单位预测方差值，$A=\{(x_1, x_2, \cdots, x_k): v(x)<v\}$，$\Omega$ 为设计空间的体积，则设计空间比率定义为

$$\mathrm{FDS}=\frac{1}{\Omega}\int\cdots\int_A \boldsymbol{D}x_k\cdots\boldsymbol{D}x_1 \tag{3-28}$$

比值越大，则该设计的预测能力越强，反之则越差。由此，可提供设计区域内方差分布情形的信息。设计空间比率图包括了该设计单位预测方差的最大值、最小值和在整个设计区域内的变化趋势，同时它还可以描述多个设计单位预测方差的分布状况。与此同时，该图添加了 50% 和 100% 的 G 效率直线，反映不同设计的预测性能，从而对各设计的优劣进行比较。

为了使设计空间比率图更具有实用性，且方便计算，本书提供了一种近似的方法。令 M 为设计空间内的所有点的个数，m_A 为满足条件 A 的点的个数，则近似公式为

$$FDS \cong \frac{m_A}{M} \tag{3-29}$$

因为预测方差越小越好，所以对应的曲线越平缓则说明该设计越好。图 3-2 为三因子三中心点中心复合设计和 Box-Behnken 设计的设计空间比率图。在图中坐标 0 和 1 所对应的分别为单位预测方差的最小值与最大值。

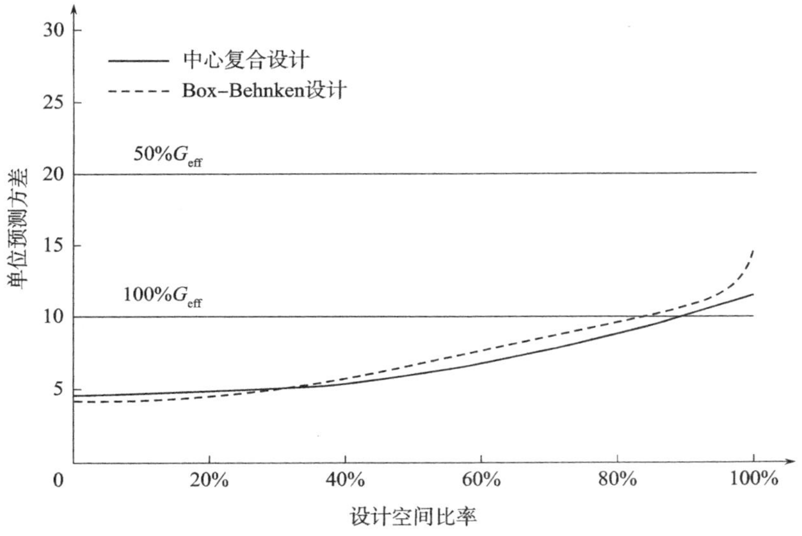

图 3-2　中心复合设计和 Box-Behnken 设计的设计空间比率图

设计空间比率图是方差分散图的有力补充，两者的合理应用能够充分反映不同设计的预测状况。读者可以参考本书所列文献。设计空间比率图通过一条简单的曲线直观反映出设计的预测能力，这一点是该方法非常有利的一方面，使得统计学家和工程师对不同设计预测方差分布状况的描述更加便捷。尽管如此，alphabetic 优化准则，特别是 G 优化准则、Q 优化准则和方差分散图对于设计的比较都是非常有用的工具。方差分散图直观给出了特定设计区域内的预测方差值的变化范围。设计空间比率图不仅应用到球形或立方体设计区域，还可以应用到混合设计或混合过程设计的比较中。方差分散图很难做到这一点。

空间设计比率图提出之后得到了广泛研究，同时其也是方差分散图的有力补充。方差分散图展示的是设计空间不同预测方差值的分布位置，空间设计比率图

给出了整个设计空间所有预测方差值的累积密度分布状况，能够清晰地反映出预测方差的最大值、最小值及不同分位点值。为了便于计算，学者们提出了设计空间比率图的样本计算方法。该方法在设计区域 R 内均匀地随机抽取 m（足够大）个样本，通过公式 $n\boldsymbol{x}_m^{\mathrm{T}}(\boldsymbol{X}^{\mathrm{T}}\boldsymbol{X})^{-1}\boldsymbol{x}_m$ 计算每个点的单位预测方差值，对这些预测值按照从小到大的顺序排列，以分位点 $1/m, 2/m, \cdots, 1$ 为横坐标、预测方差值为纵坐标画出图像。此图为该设计的设计空间比率图。通过这个图我们可以看出，这两个设计的最大和最小单位预测方差值及整个设计区域内二者的预测性能。

设计空间比率图的曲线的斜率反映单位预测方差到达最大值的速度。对于设计而言，设计区域内的单位预测方差越小越好，在设计空间比率图上表现为曲线越平坦则预测方差越稳健。应用设计空间比率图去比较不同设计的预测性能，曲线对应的值越小、斜率越平坦则该设计就越好。除此之外，可以借助设计空间比率图将整个设计空间上多个设计方差的分布情况在一张图表现出来，大大简化了方差分散图和分位点图所带来的多条曲线和多张图片的问题，具有比较强的实用性。

3.2.3 基于响应曲面方法的稳健性

自响应曲面方法于 1951 年被提出之后，经过许多学者多年的探讨和研究，已经比较成熟，并成为产品或过程设计、提高、优化和预测的一种重要的方法，同时也是质量改进的一个重要工具。本书的研究正是基于响应曲面方法的稳健性，最早的响应曲面方法稳健性主要由博克斯（Box）等人通过以下 3 篇文献给出：《选择响应曲面设计的一个基础》《选择一个二阶可旋转设计》和《稳健设计问题》。在稳健性的概念被引进到响应曲面设计后，响应曲面设计中稳健性问题被广泛讨论与研究。响应曲面设计稳健性包括以下几点。

（1）对数据中离群值的稳健性。

（2）对设计水平误差的稳健性。

（3）在模型被错误识别时设计外推的稳健性。

本书主要研究前两种响应曲面方法稳健性问题：当响应数据存在异常点时，二阶响应曲面设计与响应曲面模型的稳健性；当输入变量设计水平存在测量误差时，响应曲面设计的稳健性。对于响应曲面设计的评价，预测方差的稳健性将是一个非常重要的方面，因为很多设计在其设计区域的边界上，方差是很不稳定的，同时预测方差的分布也将是设计评价的重要指标之一，因为它反映了所预测模型在设计区域内的性能，实践中需要的是一个预测性能好的设计而非传统意义上的单值优化设计。大量的实践问题表明：以单值优化为目的的设计并不便应用，所以本书主要采用预测方差的性能作为响应曲面设计稳健性的评价指标，但对于维数比较低的响应曲面稳健性问题，也将采用响应变量曲面图和响应变量等高线图作为评价标准。

3.3 响应曲面的序贯性及其在质量改进方面的应用

3.3.1 响应曲面的序贯特征

响应曲面方法是一种序贯方法。首先考虑的是响应曲面模型中哪些因子或变量是显著且起主要作用的。通常的方法是选取一种试验设计考查各个因子的显著性进而剔除掉不显著的因子。这类试验称为筛选试验，主要用于当因子数较多时。它们的重要性无法在建模之前确定，同时考虑到成本和时间，在进行响应曲面建模之前先要通过筛选试验选出最重要的几个因子，这样可以大大减少之后的试验次数，保证试验有效、顺利地进行。筛选试验是响应曲面方法研究应用的第一个阶段。只有通过筛选试验选出产品或过程的主要因子，响应曲面的分析才能得以进行。

当确定主要因子之后，响应曲面研究就开始了。这一阶段试验的目的是确定输入变量的水平使得响应输出变量接近或者达到最优值。如果当前因子的设计水平距离响应最优值比较远，试验者可以调节因子水平以使得过程沿着最优值的方向进行。这一阶段主要考虑响应曲面的一阶模型，利用最速上升或最速下降优化方法进行寻找最优值的方向，直到在某试验点上响应值没有明显的改善，以该点为试验中心点继续运行试验，拟合一阶响应曲面模型。如果该模型出现明显的曲性效应，则表明需要二阶响应曲面模型来拟合，这也就是响应曲面的第二个阶段。这一阶段的运行也表明过程接近了最优值，此时试验者需要小范围的、更高精度的模型逼近真实的响应模型。

实践表明，真实的模型在最优值附近通常是有曲性效应的，所以需要二阶（或更高阶）响应曲面模型。一旦得到近似的响应曲面模型，就可以对其分析和优化，找到产品或过程的最佳状态。这种序贯的试验过程要保证在因子的操作区域内完成。响应曲面方法的序贯性就是使试验者通过不断研究分析过程，进而了解该过程或系统。在整个响应曲面方法的应用过程中，试验者要注意下面的问题。

（1）试验是否需要重复，如果需要，要重复多少次。

（2）响应最优值所在的位置。

（3）所需要的响应曲面模型的形式。

（4）试验设计的适当选择。

（5）是否需要响应或者输入变量的某种转化。

3.3.2 响应曲面方法在质量改进方面的应用

响应曲面方法在很多工业问题的处理方面发挥了非常重要的作用，通常这些问题具有3方面的特点。

（1）在一个特定的感兴趣的区域建立响应曲面。一般来说，任何一个过程的操作都是在某些特定的条件下进行的，如果稍微改变一下这些工艺条件，建立一个更加精确、合适的拟合响应曲面作为对未知的复杂响应函数的一种逼近形式，工程师就可以根据这个这种拟合响应预测下一步产出的变化。

（2）优化响应曲面。在很多工业生产中，确定操作条件并优化响应是非常重要的问题。在操作条件小的波动范围内，应用一个二阶响应曲面模型来近似表示实际的响应输出，并对该模型进行优化找到最优的操作条件。

（3）选择达到特定规格或消费者要求的操作条件。由于大部分的响应曲面问题都有多个响应，所以这就需要权衡考虑，同时达到优化的目的。

响应曲面在工业方面应用的主要目的就是提高产品的质量。很多的统计方法包括试验设计和统计过程控制都起到了重要的作用。响应曲面模型在产品或过程的质量改进方面是很有效的，例如，在半导体、航空、航天、电子和自动化等行业，试验设计方法可以大幅度提高产品的稳健性和可靠性，进而提高这个领域产品的性能，满足消费者的需求。

第4章

回归模型与分析

4.1 最小二乘回归

4.1.1 应用背景

在许多实际问题中，某个变量 Y 往往与其他一些变量 $x_1,x_2,\cdots,x_p$ 有关，但这种相关关系由于其机理不甚明确或者由于问题具有复杂性而不能确切表示，因此只能说由 $x_1,x_2,\cdots,x_p$ 的取值部分地决定 Y 的值[6]。这时，可以认为 Y 的取值由两部分构成：第一部分，$x_1,x_2,\cdots,x_p$ 通过某个函数关系 $m(x_1,x_2,\cdots,x_p)$ 确定；第二部分，由其他因素或不能控制的随机因素所产生的影响被看成是随机误差，记为 ε。于是，Y 与 $x_1,x_2,\cdots,x_p$ 的关系可表示为

$$Y = m(x_1,x_2,\cdots,x_p) + \varepsilon \tag{4-1}$$

式中，Y 与 $x_1,x_2,\cdots,x_p$ 之间的这种关系为回归关系，Y 称为因变量或响应变量，$x_1,x_2,\cdots,x_p$ 称为自变量或解释变量，$m(x_1,x_2,\cdots,x_p)$ 称为回归函数，ε 称为误差项，并且，假定 $E(\varepsilon)=0$。

如果回归函数的形式已知，只是其中含有某些未知参数，即

$$m(x_1,x_2,\cdots x_p) = g(x_1,x_2,\cdots x_p;\beta_1,\beta_2\cdots\beta_r) \tag{4-2}$$

式中，g 为已知函数，$\beta_1,\beta_2,\cdots,\beta_r$ 为未知参数，称式（4-1）为参数回归模型。特别地，如果回归函数是 $x_1,x_2,\cdots,x_p$ 的线性函数，即

$$m(x_1,x_2,\cdots,x_p) = \beta_0 + \beta_1 x_1 + \cdots + \beta_p x_p \tag{4-3}$$

则称式（4-1）为线性回归模型，否则称此参数回归模型为非线性回归模型。如果不假定回归函数 $m(x_1,x_2,\cdots,x_p)$ 的具体形式，只做一些连续性或光滑性的要求，则称式（4-1）为非参数回归模型。

上述各种回归模型的结合与推广可进一步产生诸如部分线性回归模型、变系

数模型、半变系数模型及广义变系数模型等一系列回归模型。

回归分析即利用 Y 与 $x_1,x_2,\cdots,x_p$ 的观测数据，在回归函数和误差项的某些假定之下估计回归函数 $m(x_1,x_2,\cdots,x_p)$，利用统计推断方法对所建立的回归关系的有效性及由此关系所揭示的变量之间的特征进行分析，进一步应用于预测、控制等实际问题。

设 $(Y_i;X_{i1},\cdots,X_{ip})(i=1,2,\cdots,n)$ 是 Y 与 $x_1,x_2,\cdots,x_p$ 的 n 组观测数据，称为样本，则式（4-1）的线性形式为

$$Y_i=\beta_0+\beta_1X_{i1}+\cdots+\beta_pX_{ip}+\varepsilon_i \qquad i=1,2,\cdots,n \tag{4-4}$$

其中，误差项满足如下条件。

（1）$E(\varepsilon_i)=0$。

（2）$\mathrm{Var}(\varepsilon_i)=\sigma^2>0$。

（3）$\mathrm{Cov}(\varepsilon_i,\varepsilon_j)=0,i\neq j$。

条件（1）说明观测误差无系统偏差；条件（2）说明各观测误差具有等方差；条件（3）说明各次观测是不相关的。

令

$$\boldsymbol{Y}=\begin{bmatrix}Y_1\\Y_2\\\vdots\\Y_n\end{bmatrix} \tag{4-5}$$

$$\boldsymbol{X}=\begin{bmatrix}1 & X_{11} & \cdots & X_{1p}\\1 & X_{21} & \cdots & X_{2p}\\\vdots & \vdots & & \vdots\\1 & X_{n1} & \cdots & X_{np}\end{bmatrix} \tag{4-6}$$

$$\boldsymbol{\beta}=\begin{bmatrix}\beta_0\\\beta_1\\\vdots\\\beta_p\end{bmatrix} \tag{4-7}$$

$$\boldsymbol{\varepsilon}=\begin{bmatrix}\varepsilon_1\\\varepsilon_2\\\vdots\\\varepsilon_n\end{bmatrix} \tag{4-8}$$

则式（4-2）的线性回归式可表示为如下的矩阵形式：

$$\boldsymbol{Y} = \boldsymbol{X\beta} + \boldsymbol{\varepsilon} \tag{4-9}$$

式中，$\boldsymbol{X\beta}$ 称为设计矩阵，并假定是列满秩的，即 $\mathrm{rank}(\boldsymbol{X}) = p+1$，误差向量 $\boldsymbol{\varepsilon}$ 满足如下条件。

（1）$E(\boldsymbol{\varepsilon}) = 0$。

（2）$\mathrm{Var}(\boldsymbol{\varepsilon}) = \sigma^2 \boldsymbol{I}$，后面用 Var(·)表示一个随机向量的方差-协方差矩阵。

4.1.2 参数的最小二乘估计

基于观测数据估计回归参数向量 β 是建立线性回归模型的第一步。为了解误差分布的分散性并对回归关系进行统计推断，需要对误差方差 σ^2 进行估计。下面介绍这些参数的最小二乘估计方法。

应用最小二乘估计确定参数 $\boldsymbol{\beta}$，使得误差向量 $\boldsymbol{\varepsilon} = \boldsymbol{Y} - \boldsymbol{X\beta}$ 各元素的平方和达到最小。记

$$Q(\boldsymbol{\beta}) = \sum_{i=1}^{n} \boldsymbol{\varepsilon}_i^2 = \boldsymbol{\varepsilon}^{\mathrm{T}}\boldsymbol{\varepsilon} = (\boldsymbol{Y} - \boldsymbol{X\beta})^{\mathrm{T}}(\boldsymbol{Y} - \boldsymbol{X\beta}) = \boldsymbol{Y}^{\mathrm{T}}\boldsymbol{Y} - 2\boldsymbol{\beta}^{\mathrm{T}}\boldsymbol{X}^{\mathrm{T}}\boldsymbol{Y} + \boldsymbol{\beta}^{\mathrm{T}}\boldsymbol{X}^{\mathrm{T}}\boldsymbol{X\beta} \tag{4-10}$$

令

$$\frac{\partial Q(\boldsymbol{\beta})}{\partial \boldsymbol{\beta}} = -2\boldsymbol{X}^{\mathrm{T}}\boldsymbol{Y} + 2\boldsymbol{X}^{\mathrm{T}}\boldsymbol{X\beta} = 0$$

则有如下的正规方程：

$$\boldsymbol{X}^{\mathrm{T}}\boldsymbol{X\beta} = \boldsymbol{X}^{\mathrm{T}}\boldsymbol{Y} \tag{4-11}$$

由 $\mathrm{rank}(\boldsymbol{X}^{\mathrm{T}}\boldsymbol{X}) = \mathrm{rank}(\boldsymbol{X}) = p+1$ 知 $\boldsymbol{X}^{\mathrm{T}}\boldsymbol{X}$ 为正定矩阵，从而 $(\boldsymbol{X}^{\mathrm{T}}\boldsymbol{X})^{-1}$ 存在且正规方程的解唯一，解正规方程式（4-4）可得

$$\hat{\boldsymbol{\beta}} = (\hat{\beta}_0, \hat{\beta}_1, \cdots, \hat{\beta}_p)^{\mathrm{T}} = (\boldsymbol{X}^{\mathrm{T}}\boldsymbol{X})^{-1}\boldsymbol{X}^{\mathrm{T}}\boldsymbol{Y} \tag{4-12}$$

进一步，$Q(\boldsymbol{\beta})$ 的 Hessian 矩阵

$$\frac{\partial^2 Q(\boldsymbol{\beta})}{\partial \boldsymbol{\beta}^{\mathrm{T}} \partial \boldsymbol{\beta}} = 2\boldsymbol{X}^{\mathrm{T}}\boldsymbol{X} \tag{4-13}$$

是正定矩阵，故 $\hat{\boldsymbol{\beta}}$ 是 $Q(\boldsymbol{\beta})$ 的唯一的最小值点，即式（4-12）为 $\boldsymbol{\beta}$ 的最小二乘估计。

将 $\hat{\boldsymbol{\beta}} = (\hat{\beta}_0, \hat{\beta}_1, \cdots, \hat{\beta}_p)^{\mathrm{T}}$ 代入线性回归模型式（4-1）并略去误差项，得经验回归方程

$$\hat{\boldsymbol{Y}} = \hat{\beta}_0 = \hat{\beta}_1 X_1 + \cdots + \hat{\beta}_p X_p \quad (4-14)$$

将自变量 $x_1, x_2, \cdots, x_p$ 的 n 组观测值依次代入经验回归方程式（4-14），可得因变量的估计值（或拟合值）为

$$\hat{Y}_i = \hat{\beta}_0 + \hat{\beta}_1 X_{i1} + \cdots + \hat{\beta}_p X_{ip} \qquad i = 1, 2, \cdots, n \quad (4-15)$$

记 $\hat{\boldsymbol{Y}} = (\hat{Y}_1, \hat{Y}_2, \cdots, \hat{Y}_n)^{\mathrm{T}}$，则有

$$\hat{\boldsymbol{Y}} = \boldsymbol{X}\hat{\boldsymbol{\beta}} = \boldsymbol{X}(\boldsymbol{X}^{\mathrm{T}}\boldsymbol{X})^{-1}\boldsymbol{X}^{\mathrm{T}}\boldsymbol{Y} = \boldsymbol{H}\boldsymbol{Y} \quad (4-16)$$

式中，$\boldsymbol{H} = \boldsymbol{X}(\boldsymbol{X}^{\mathrm{T}}\boldsymbol{X})^{-1}\boldsymbol{X}^{\mathrm{T}}$ 是对称幂等矩阵，在回归分析中通常称为“帽子”矩阵，其作用是将因变量 $\boldsymbol{Y}$ 的观测值向量转化为拟合值向量 $\hat{\boldsymbol{Y}}$。

因变量 $\boldsymbol{Y}$ 的观测值 Y_i 与拟合值 $\hat{y}_i$ 之差称为残差，记为 $\hat{\varepsilon}_i$，则

$$\hat{\varepsilon}_i = Y_i - \hat{Y}_i \qquad i = 1, 2, \cdots, n \quad (4-17)$$

记残差向量 $\hat{\boldsymbol{\varepsilon}} = (\hat{\varepsilon}_1, \hat{\varepsilon}_2, \cdots, \hat{\varepsilon}_n)^{\mathrm{T}}$，则

$$\hat{\boldsymbol{\varepsilon}} = \boldsymbol{Y} - \hat{\boldsymbol{Y}} = (\boldsymbol{I} - \boldsymbol{H})\boldsymbol{Y} \quad (4-18)$$

式中，$\boldsymbol{I}$ 为 n 阶单位矩阵，$\boldsymbol{I}-\boldsymbol{H}$ 仍是对称幂等矩阵。进一步，由于 $\hat{\boldsymbol{\beta}}$ 满足正规方程，即有 $\boldsymbol{X}^{\mathrm{T}}\boldsymbol{X}\hat{\boldsymbol{\beta}} = \boldsymbol{X}^{\mathrm{T}}\boldsymbol{Y}$，其中行式相加得

$$n\hat{\beta}_0 + \sum_{i=1}^{n} X_{i1}\hat{\beta}_1 + \cdots + \sum_{i=1}^{n} X_{ip}\hat{\beta}_p = \sum_{i=1}^{n} Y_i \quad (4-19)$$

或者有

$$\sum_{i=1}^{n} (Y_i - (\hat{\beta}_0 + X_{i1}\hat{\beta}_1 + \cdots + X_{ip}\hat{\beta}_p)) = \sum_{i=1}^{n} \hat{\varepsilon}_i = 0 \quad (4-20)$$

即线性模型式（4-3）的最小二乘估计的残差 $\hat{\varepsilon}_1, \hat{\varepsilon}_2, \cdots, \hat{\varepsilon}_n$ 之和恒为零。

4.1.3 误差方差 $\boldsymbol{\sigma}^2$ 的估计

误差 $\varepsilon_1, \varepsilon_2, \cdots, \varepsilon_n$ 是不可观测的、未知的，而残差 $\hat{\varepsilon}_1, \hat{\varepsilon}_2, \cdots, \hat{\varepsilon}_n$ 是可计算的，反映了 $\boldsymbol{Y}$ 的各观测值与其拟合值的差异。如果 $\boldsymbol{Y}$ 与 $x_1, x_2, \cdots, x_p$ 之间的线性回归关系为真，则对于每个 $i=1, 2, \cdots, n$，残差 $\hat{\varepsilon}_i$ 就是误差 ε_i 的一个合理的估计，因此度量残差的分散性指标的样本方差便能够反映误差的分散性。为此，令

$$\mathrm{SSE} = \sum_{i=1}^{n} \left((\hat{\varepsilon}_i - \frac{1}{n}\sum_{i=1}^{n} \hat{\varepsilon}_i \right)^2 = \sum_{i=1}^{n} \hat{\varepsilon}_i^2 = \hat{\boldsymbol{\varepsilon}}' \hat{\boldsymbol{\varepsilon}} = \boldsymbol{Y}'(\boldsymbol{I} - \boldsymbol{H})\boldsymbol{Y} \quad (4-21)$$

称 SSE 为残差平方和。基于 SSE，可导出 $\boldsymbol{\sigma}^2$ 的一个无偏估计。

首先，计算 SSE 的数学期望。注意到$(\boldsymbol{I}-\boldsymbol{H})\boldsymbol{X}=0$，故残差向量又可表示为

$$\hat{\boldsymbol{\varepsilon}}=(\boldsymbol{I}-\boldsymbol{H})\boldsymbol{Y}=(\boldsymbol{I}-\boldsymbol{H})(\boldsymbol{X\beta}+\boldsymbol{\varepsilon})=(\boldsymbol{I}-\boldsymbol{H})\boldsymbol{\varepsilon} \tag{4-22}$$

从而

$$\mathrm{SSE}=\boldsymbol{e}'(\boldsymbol{I}-\boldsymbol{H})\boldsymbol{\varepsilon} \tag{4-23}$$

故

$$\begin{aligned}E(\mathrm{SSE})&=E(\mathrm{tr}(\boldsymbol{\varepsilon}^{\mathrm{T}}(\boldsymbol{T}-\boldsymbol{H})\boldsymbol{\varepsilon}))\\&=E(\mathrm{tr}((\boldsymbol{I}-\boldsymbol{H})\boldsymbol{\varepsilon\varepsilon}^{\mathrm{T}}))\\&=\mathrm{tr}((\boldsymbol{I}-\boldsymbol{H})E(\boldsymbol{\varepsilon\varepsilon}^{\mathrm{T}}))\\&=\boldsymbol{\sigma}^2\mathrm{tr}(\boldsymbol{I}-\boldsymbol{X}(\boldsymbol{X}^{\mathrm{T}}\boldsymbol{X})^{-1}\boldsymbol{X}^{\mathrm{T}}))\\&=\boldsymbol{\sigma}^2(n-\mathrm{tr}((\boldsymbol{X}^{\mathrm{T}}\boldsymbol{X})^{-1}(\boldsymbol{X}^{\mathrm{T}}\boldsymbol{X})))\\&=\boldsymbol{\sigma}^2(n-p-1)\end{aligned} \tag{4-24}$$

式中，$\mathrm{tr}(\boldsymbol{A})$表示矩阵$\boldsymbol{A}$的迹。由式（4-17）可得

$$E\left(\frac{\mathrm{SSE}}{n-p-1}\right)=\sigma^2 \tag{4-25}$$

从而知

$$\hat{\boldsymbol{\sigma}}^2=\frac{\mathrm{SSE}}{n-p-1}=\frac{1}{n-p-1}\boldsymbol{Y}^{\mathrm{T}}(\boldsymbol{I}-\boldsymbol{H})\boldsymbol{Y} \tag{4-26}$$

为$\boldsymbol{\sigma}^2$的无偏估计，也称为$\boldsymbol{\sigma}^2$的最小二乘估计，这里$p+1$为线性回归模型中未知参数的个数。

［定理 4.1］对于线性回归模型式（4-9），其回归参数向量$\boldsymbol{\beta}$的最小二乘估计$\hat{\boldsymbol{\beta}}=(\boldsymbol{X}^{\mathrm{T}}\boldsymbol{X})^{-1}\boldsymbol{X}^{\mathrm{T}}\boldsymbol{Y}$满足：

(i) $E(\hat{\boldsymbol{\beta}})=\boldsymbol{\beta}$；

(ii) $\mathrm{Var}(\hat{\boldsymbol{\beta}})=\boldsymbol{\sigma}^2(\boldsymbol{X}^{\mathrm{T}}\boldsymbol{X})^{-1}$。

［定理 4.2］对于线性回归模型式（4-3），若设误差向量$\boldsymbol{\varepsilon}\sim N(0,\boldsymbol{\sigma}^2I)$，则

(i) $\hat{\boldsymbol{\beta}}\sim N(\boldsymbol{\beta},\boldsymbol{\sigma}^2(\boldsymbol{X}^{\mathrm{T}}\boldsymbol{X})^{-1})$；

(ii) $\mathrm{SSE}/\hat{\boldsymbol{\sigma}}^2\sim\chi^2_{n-p-1}$；

(iii) $\hat{\boldsymbol{\beta}}$与 SSE(或$\hat{\sigma}^2$)相互独立。

式中，$N(\mu,\Sigma)$表示均值向量为μ、方差-协方差矩阵为Σ的多元正态分布，χ^2_d表示自由度为d的χ^2分布。

4.2 极大似然估计

4.2.1 极大似然估计量

到目前为止，极大似然估计法是最为流行的求估计量的技术。设 $x_1, x_2, \cdots, x_n$ 是来自以 $f(x|\theta_1, \cdots, \theta_k)$ 为其概率密度函数或概率质量函数的总体同分布相互独立的样本，则其似然函数为

$$L(\theta \mid x) = L(\theta_1, \cdots, \theta_k \mid x_1, \cdots, x_n) = \prod_{i=1}^{n} (x_i \mid \theta_1, \cdots, \theta_k) \qquad (4-27)$$

[定义 4.1] 对每一个固定的样本点 x，令 $\hat{\theta}(x)$ 是参数 θ 的一个取值，它使得 $L(\theta|x)$ 作为 θ 的函数在该处达到最大值。那么，基于样本 X 的极大似然估计量（Maximum Likelihood Estimator，MLE）就是 $\hat{\theta}(X)$ 。

这个定义本身表明极大似然估计的值域与参数值域相符合。MLE 是一个良好的点估计量，具有某些优良的估计性质，这将在后面讨论。

一般求函数最大值的问题会有两个固有缺陷，在极大似然估计中也存在。第一个问题是怎样计算出全局最大值并且验证它确实为最大。很多情况下这个问题归结成一个求解微积分问题，但有的时候，即使对于简单的总体参数估计求解微积分也比较困难。第二个问题是数值敏感性，即对于数据的微小改变，估计值的敏感性。也就是说，作为一个涉及极大化过程的问题，不仅是统计问题，更是一个数学问题，因为 MLE 是通过极大化过程求解来得到参数估计值的。然而，有时样本一个微小的变化会使得 MLE 产生巨大的改变，导致对参数的估计不稳定或计算的较大偏差。下面介绍求 MLE。

如果似然函数是可微的（对于 θ_i），那么 MLE 的可能值满足

$$\frac{\partial}{\partial(\theta_i)} L(\theta \mid x) = 0 \qquad i = 1, \cdots, k \qquad (4-28)$$

的解 $\theta_1, \cdots, \theta_k$。式（4-21）的解仅是 MLE 的可能的选择，这是因为一阶导数为 0 只是成为极大值点的必要而非充分条件。另外，一阶导数的零点只处于函数定义域内部的极值点上。如果极值点出现在定义域的边界上，一阶导数未必是 0。因此，必须另外对边界进行核查以检验极值点。

一阶导数为 0 的点有可能是局部或全局的极小点、极大点，也可能是拐点。我们的工作是求全局最大值点，以例 4.1 加以展示。

[例4.1] 设 $x_1, x_2, \cdots, x_n$ 是独立同分布 $n(\theta,1)$ 的，用 $L(\theta|x)$ 记它的似然函数，则

$$L(\theta \mid x) = \sum_{i=1}^{n} \frac{1}{(2\pi)^{1/2}} \exp\left(-\frac{1}{2}(x_i-\theta)^2\right) = \frac{1}{(2\pi)^{n/2}} \exp\left(-\frac{1}{2}\sum_{i=1}^{n}(x_i-\theta)^2\right) \tag{4-29}$$

化简方程 $(d/d\theta)L(\theta|x)=0$ 得到

$$\sum_{i=1}^{n}(x_i-\theta)=0 \tag{4-30}$$

它有解 $\hat{\theta}=\bar{x}$ 。因此，$\bar{x}$ 是 MLE 的一个可能的选择。接下来验证 $\bar{x}$ 事实上就是似然函数的一个全局最大值点。我们首先得到 $\bar{x}$ 是 $\sum(x_i-\theta)=0$ 的唯一解，从而 $\bar{x}$ 就是一阶导数的唯一零点。其次，验证

$$\frac{d^2}{d\theta^2}L(\theta \mid x) \mid \theta=\bar{x} < 0 \tag{4-31}$$

这样，$\bar{x}$ 就是唯一的内部极值点而且是一个极大值点。最后，验证 $\bar{x}$ 是一个全局最大值点，这就需要我们核查两个边界。$\pm\infty$ 通过取极限易于得出似然函数在 $\pm\infty$ 处是 0。因此 $\bar{x}$ 是一个全局最大值点，从而是参数的极大似然估计。事实上，不必去核查 $\pm\infty$，因为 $\bar{x}$ 是唯一的内部值点而且是极大值点，那么边界点 $\pm\infty$ 就不会是最大值点。

另外一种找 MLE 的方法是不用微分法而直接极大化。这种方法通常在代数上更简单，特别是当求导很麻烦或者无法得出明确解的情况下。不过，有时候它是比较难施行的，因为没有固定的规则或者方法可以遵从。一般的技术是给似然函数找出一个全局的上界，然后确定一个唯一的点，该点达到了这个上界。

[例4.2] 对于任一个数 a，有

$$\sum_{i=1}^{n}(x_i-a)^2 \sum_{i=1}^{n}(x_i-\bar{x})^2 \tag{4-32}$$

当且仅当 $a=\bar{x}$ 等号成立。这蕴涵对于任何 θ，

$$e^{-\left(\frac{1}{2}\right)\sum(x_i-\theta)^2} \leqslant e^{-\left(\frac{1}{2}\right)\sum(x_i-\bar{x})^2} \tag{4-33}$$

当且仅当 $\theta=\bar{x}$ 等号成立。因此，$\bar{x}$ 是 MLE.

一般情况下，特别是使用微分法的时候，处理 $L(\theta|x)$ 的自然对数 $\log L(\theta|x)$（称为对数似然函数）比直接处理 $L(\theta|x)$ 来得容易。这是因为 log 函数是 $(0,\infty)$ 上的严格增函数，这蕴涵着 $L(\theta|x)$ 的极值点与 $\log L(\theta|x)$ 的极值点是一致的。

[例4.3] 设 $x_1, x_2, \cdots, x_n$ 是独立同分布的且服从 Bernoulli(p) 分布。似然函数为

$$L(p \mid x) = \prod_{i=l}^{n} p^{x_i}(1-p)^{1-x_i} = p^y(1-p)^{n-y} \tag{4-34}$$

这里 $y=\sum x_i$。尽管这个函数的微分并不是特别困难，但是对数似然函数

$$\log L(p \mid x)=y\log p+(n-y)\log(1-p) \tag{4-35}$$

的微分还是更加容易。如果 $0<y<n$，对 $\log L(p|x)$ 微分并令其结果等于 0，就得到解 $\hat{p}=y/n$，验证 y/n 是全局最大值比较简单。而如果 $y=0$ 或 $y=n$，则

$$\log L(p \mid x)=\begin{cases} n\log(1-p) & y=0 \\ n\log p & y=n \end{cases} \tag{4-36}$$

这时，不论哪种情况，$L(p|x)$ 都是 p 的单调函数，同样容易验证每种情况下都是 $\hat{p}=y/n$。这样我们就证明了 $\sum X_i/n$ 是 p 的极大似然估计。

此例中我们假定参数空间是 $0\leqslant p\leqslant 1$，值 $p=0$ 和 1 在参数空间中分别对应于 $y=0$ 和 n，则 $\hat{p}=y/n$ 为极大似然估计。此外，在求极大似然估计量的时候，极大化只能在参数取值范围内产生，这在某些情况下起着重要的作用。

［例 4.4］设 $x_1,x_2,\cdots,x_n$ 是独立同分布且服从 $N(\theta,1)$ 分布，其中 θ 为非负值。对于 θ 没有约束的情况，我们已看到 θ 的极大似然估计是 $\bar{x}$。但如果 $\bar{x}$ 为负，那将落入参数值域的外边。

若 $\bar{x}$ 为负，容易校验似然函数在 $\theta\geqslant 0$ 上对 θ 是下降的并且在 $\hat{\theta}=0$ 取到最大值。因此，在此情况下，θ 的 MLE 是

$$\begin{cases} \hat{\theta}=\bar{x} & \bar{x}\geqslant 0 \\ \hat{\theta}=0 & \bar{x}<0 \end{cases} \tag{4-37}$$

如果不能解析地极大化 $L(\theta|x)$，那就可能要利用计算机通过数值方法求 $L(\theta|x)$ 的极大值，这也是 MLE 的最重要特征之一。如果一个模型（似然）可以被写出来，就有希望用数值方法来求其最大值，从而求得参数的极大似然估计。这之后还有一个问题，即找到的解是局部极大还是全局最大。所以，尽可能地分析似然函数，在进行数值极大化之前找出局部的极大个数与特性始终是很重要的事。

［例 4.5］设 $x_1,x_2,\cdots,x_n$ 是来自二项分布总体 binomial(k,p) 的一个随机样本，这里 p 已知而 k 未知。例如，我们抛一枚均匀的硬币并观察正面向上的次数 x_i，但是我们不知道抛了多少次。似然函数是

$$L(k \mid x,\ p)=\prod_{i=1}^{n}\binom{k}{x_i}p^{x_i}(1-p)^{k-x_i} \tag{4-38}$$

由于含有阶乘的原因，同时 k 必须是整数，所以用微分法求 $L(k|x,p)$ 的极值比较困难。因此我们试用一种不同的方法。

若 $k<\max x_i$，则 $L(k|x,p)=0$。因此，k 的极大似然估计是一个整数且 $k\geqslant$

$\max x_i$，满足 $L(k|x,p)/L(k-1|x,p)\geqslant 1$ 与 $L(k+1|x,p)/L(k|x,p)<1$。下面我们要证明这样的 k 只有一个。由于似然比是

$$\frac{L(k \mid x,\ p)}{L(k-1 \mid x,\ p)}=\frac{(k(1-p))^n}{\prod_{i=1}^{n}(k-x_i)} \tag{4-39}$$

于是，极大值点的条件就是

$$(k(1-p))^n \geqslant \prod_{i=1}^{n}(k-x_i) \tag{4-40}$$

与

$$(k+1)(1-p)^n < \prod_{i=1}^{n}(k+1-x_i) \tag{4-41}$$

对于式（4-40），等号部分两边同除以 k^n，并令 $z=1/k$，可以得到

$$(1-p)^n=\prod_{i=1}^{n}(1-x_i z) \tag{4-42}$$

式中，$0\leqslant x<1/\max\limits_i x_i(i=1,2,\cdots,n)$，在 z 的取值范围内，方程的右边显然是 z 的严格递减函数，而在 $z=0$ 处取 1，在 $z=1/\max\limits_i x_i$ 处取 0，因此存在一个唯一的 z（称之为 $\hat{z}$）满足方程。$1/\hat{z}$ 有可能不是整数，但是作为小于或等于 $1/\hat{z}$ 的最大整数 $\hat{k}$ 却是满足上面两个不等式的，从而是极大似然估计。这样，这个分析就证明了似然函数存在唯一的极大值而且可以通过数值方法求解一个 n 次多项式方程找到它。

极大似然估计量的一个有用的性质是不变性。假定一个分布以一个参数 θ 作为指标，而人们的兴趣在于找到 θ 的某个函数（记为 $\tau(\theta)$）的估计量。在一定条件下，θ 的极大似然估计函数也是 θ 函数的极大似然估计，即如果 $\hat{\theta}$ 是 θ 的极大似然估计，则 $\tau(\hat{\theta})$ 就是 $\tau(\theta)$ 的极大似然估计。例如，如果 $\bar{X}$ 是正态分布的均值，那么 $\sin(\theta)$ 的极大似然估计就是 $\sin(\bar{X})$，这就是极大似然估计的不变性。

接下来介绍极大似然估计不变性的数学表达式。如果映射 $\theta\rightarrow\tau(\theta)$ 是 1 对 1 的（即对每个 θ 的值，有唯一的 $\tau(\theta)$，反之亦然），则不会有问题。这种情况下容易看到，不论把似然函数当作 θ 还是 $\tau(\theta)$ 的函数进行最大化，都是没有关系的，每种情况都得到相同的解答。如果令 $\eta=\tau(\theta)$，则反函数 $\tau^{-1}(\eta)=\theta$ 是定义明确的，而且 $\tau(\theta)$ 的似然函数可写成关于 η 的函数：

$$L^*(\eta \mid x)=\prod_{i=1}^{n}f(x_i \mid \tau^{-1}(\eta))=L(\tau^{-1}(\eta \mid x)) \tag{4-43}$$

并且有

$$\sup_{\eta} L^*(\eta \mid x)=\sup_{\eta} L(\tau^{-1}(\eta) \mid x)=\sup_{\theta} L(\theta \mid x) \tag{4-44}$$

这样，$L^*(\eta|x)$ 的最大值在 $r=\tau(\theta)=\tau(\hat{\theta})$ 处达到，这就证明了 $\tau(\theta)$ 的极大似然

估计是 $\tau(\hat{\theta})$ 。

在很多情况下，这种关于极大似然估计的不变性的简单说法是没有用途的，因为很多我们感兴趣的函数不是一对一的。例如，欲估计正态均值的平方 θ^2，映射 $\theta \to \theta^2$ 就不是一对一的。这样，我们就需要一个更一般的定理，这实际上是一个 $\tau(\theta)$ 的似然函数的更一般的定义。

若 $\tau(\theta)$ 不是一对一的，则对 η 的一个给定值，可能有多于一个的 θ 满足 $\tau(\theta)=\eta$。在这个情况下，关于 η 的最大化与关于 θ 的最大化之间的对应可能被破坏。例如，若 $\hat{\theta}$ 是 θ 的极大似然估计，则有可能有 θ 的另一个值，记作 θ_0，它使得 $\tau(\hat{\theta})=\tau(\theta_0)$ 。

为了避免这个困难，我们先给 $\tau(\theta)$ 定义一个诱导似然函数（Induced Likelihood Function）L^*：

$$L^*(\eta \mid x)=\sup_{\{\theta: \tau(\theta)=\eta\}} L(\theta \mid x) \tag{4-45}$$

使 $L^*(\eta|x)$ 达到最大的值的 $\hat{\eta}$ 即被称为 $\eta=\tau(\theta)$ 的极大似然估计，并且可以看出 L^* 的极大值与 L 的极大值是一致的。

［定理4.3］ 极大似然估计的不变性。若 $\hat{\theta}$ 是 θ 的极大似然估计，则对于 θ 的任何函数 $\tau(\theta)$，$\tau(\hat{\theta})$ 是 $\tau(\theta)$ 的极大似然估计。

证明：令 $\hat{\eta}$ 表示使 $L^*(\eta|x)$ 达极大的值，必须证明 $L^*(\hat{\eta} \mid x)= L^*[\tau(\hat{\theta}) \mid x]$。根据上面所讲，$L$ 的极大值与 L^* 的极大值是一致的，因此有

$$\begin{aligned} L^*(\hat{\eta} \mid x) &= \sup_{\eta} \sup_{\{\theta:\tau(\theta)=\tau(\hat{\theta})\}} L(\theta \mid x) \\ &= \sup_{\theta} L(\theta \mid x) \\ &= L(\hat{\theta} \mid x) \end{aligned} \tag{4-46}$$

这里等式成立的理由是累次极大化等于 θ 上的无条件极大化，而后者在 $\hat{\theta}$ 达到。而且

$$\begin{aligned} L(\hat{\theta} \mid x) &= \sup_{\{\theta:\ \tau(\theta)=\tau(\hat{\theta})\}} L(\theta \mid x) \\ &= L^*(\tau(\hat{\theta} \mid x) \end{aligned} \tag{4-47}$$

于是，以上等式就证明了 $L^*(\hat{\eta} \mid x)=L^*[\tau(\hat{\theta}) \mid x]$ 和 $\tau(\hat{\theta})$ 是 $\tau(\theta)$ 的 MLE。

使用这个定理可看到正态均值平方 θ^2 的 MLE 是 $\bar{x}^2$。在离开求极大似然估计量这个题目之前，还有几点要提到。

极大似然估计的不变性在多元情况下也成立。在定理 4.3 的证明中完全没有

排除 θ 是向量。如果$(\theta_1,\cdots,\theta_k)$的 MLE 是 $(\hat{\theta}_1,\cdots,\hat{\theta}_k)$，而$\tau(\theta_1,\cdots,\theta_k)$是参数的任意一个函数，则 $\tau(\theta_1,\cdots,\theta_k)$的 MLE 就是 $\tau(\hat{\theta}_1,\cdots,\hat{\theta}_k)$。

如果 $\theta=(\theta_1,\cdots,\theta_k)$是多维的，那么寻找极大似然估计的问题就是一个多变量函数的求极大问题。如果似然函数是可微的，那么一阶偏导数等于 0 就是在区域内部达到极值的一个必要条件。然而，在多维情况下，用二阶导数的条件去核验极大值是一项冗长的事，可以先尝试其他的方法。下面首先举例说明一种技术，它用起来往往比较简单，这就是逐次极大化。

[例 4.6] 设 $x_i,\cdots x_n$ 是独立同分布服从 $n(\theta,\sigma^2)$分布，参数 θ 和 σ^2 都未知。则

$$L(\theta,\ \sigma^2\mid x)=\frac{1}{(2\pi\sigma^2)^{n/2}}e^{-(1/2)\sum_{i=1}^{n}(x_i-\theta)^2/\sigma^2} \tag{4-48}$$

于是

$$\log L(\theta,\ \sigma^2\mid x)=-\frac{n}{2}\log2\pi-\frac{n}{2}\log\sigma^2-\frac{1}{2}\sum_{i=1}^{n}(x_i-\theta)^2/\sigma^2 \tag{4-49}$$

关于 θ 和 σ^2 的偏导数为

$$\frac{\partial}{\partial\theta}\log L(\theta,\ \sigma^2\mid x)=\frac{1}{\sigma^2}\sum_{i=1}^{n}(x_i-\theta)^2 \tag{4-50}$$

和

$$\frac{\partial}{\partial\sigma^2}\log L(\theta,\ \sigma^2\mid x)=-\frac{n}{2\sigma^2}+\frac{1}{2\sigma^4}\sum_{i=1}^{n}(x_i-\theta)^2 \tag{4-51}$$

令这些偏导数等于 0，然后求解，可以得到解是 $\hat{\theta}=\bar{x}$，$\hat{\sigma}^2=n^{-1}\sum_{i=1}^{n}(x_i-\bar{x})^2$。为了验证这个解实际上就是一个全局最大值点，我们首先设 $\theta\neq\bar{x}$，则有

$$\sum(x_i-\theta)^2>\sum(x_i-\bar{x})^2 \tag{4-52}$$

因此，对任意的 σ^2 值，有

$$\frac{1}{(2\pi\sigma^2)^{n/2}}e^{-(1/2)\sum_{i=1}^{n}(x_i-\bar{x})^2/\sigma^2}\geqslant\frac{1}{(2\pi\sigma^2)^{n/2}}e^{-(1/2)\sum_{i=1}^{n}(x_i-\theta)^2/\sigma^2} \tag{4-53}$$

因此，验证极大似然估计现在简化成一个一维问题，即验证

$$(\sigma^2)^{-n/2}\exp(-1/2\sum(x_i-\bar{x})^2/\sigma^2)\ 在\ \sigma^2=n^{-1}\sum(x_i-\bar{x})^2 \tag{4-54}$$

达到它的全局最大值。而这只要通过一元微积分就易得证，于是估计量($\bar{X}$，$n^{-1}\sum(X_i-\bar{X}^2)$)就是$(\theta,\sigma^2)$极大似然估计。

4.2.2 似然原理

本小节介绍一种似然函数的特殊统计量，它同样可以用于概括样本中的信息。

［定义 4.2］设$f(x|\theta)$为样本$X=(x_1,x_2,\cdots,x_n)$的联合概率密度函数，如果观测到$X=x$，则称θ的函数

$$L(x \mid \theta)=f(x \mid \theta) \tag{4-55}$$

为似然函数。

如果X是离散随机向量，则$L(\theta|x)=P\theta(X=x)$。比较似然函数在不同参数点处的取值，可发现

$$P_{\theta 1}(X=x)=L(_{\theta 1} \mid x)>L(_{\theta 2} \mid x)=P_{\theta 2}(X=x) \tag{4-56}$$

则当$\theta=\theta_1$时观测到$X=x$的可能性大于$\theta=\theta_2$，换言之，即θ_1比θ_2更像是θ的真实值。我们可以有许多不同的方式来应用这些信息，不过最自然的莫过于考察当θ取值不同时观测到指定样本的概率，这也正是似然函数提供的信息。

如果X是连续的实值随机变量且概率密度函数关于x连续，则对于充分小的ε，$P\theta(x-\varepsilon<X<x+\varepsilon)$近似于$2\varepsilon f(x|\theta)=22\varepsilon L(\theta|x)$。于是

$$\frac{P\theta_1(x-\varepsilon<X<x+\varepsilon)}{P\theta_2(x-\varepsilon<X<x+\varepsilon)} \approx \frac{L(\theta_1 \mid x)}{L(\theta_2 \mid x)} \tag{4-57}$$

即似然函数在两参数点取值之比约等于观测到指定样本x的概率之比。

看起来似乎将似然函数定义成了概率密度函数，实则不然。它们的区别在于哪些变量是固定的，哪些变量是变化的。当考察似然函数$L(\theta|x)$时，我们指定观测到的样本点为x让θ在参数空间上任意取值。

［例 4.7］负二项似然函数。设X是参数为$(r=3,p)$的负二项分布，如果观测到$x=2$，则似然函数是$0 \leqslant p \leqslant 1$上的5次多项式：

$$L(p \mid 2)=P_p(X=2)=\binom{4}{2} p^3(1-p)^2 \tag{4-58}$$

一般地，如果观测到$X=x$，则似然函数为$3+x$次多项式：

$$L(p \mid x)=\binom{3+x-1}{x} p^3(1-p)^x \tag{4-59}$$

似然原理揭示了似然函数实现数据简化的原理。

［定义 4.3］似然原理。设样本点x和y满足$L(\theta|x)$与$L(\theta|y)$成正比，即存在某常数$C(x,y)$使得对任意θ有

$$L(\theta \mid x)=C(x, y) L(\theta \mid y) \tag{4-60}$$

则由x和y出发所作的关于θ的推断完全相同。

注意，对于不同的样本对(x,y)，式（4-60）中的常数$C(x,y)$不一定相同，但$C(x,y)$始终与θ无关。

特别地，若$C(x,y)=1$，如果两样本点导出相同的似然函数，则它们所包含的关于θ的信息完全相同。似然原理本质上揭示了似然函数可以用于比较不同参数值的似真程度。如果$L(\theta_2|x)=2L(\theta_1|x)$，则从某种意义上说，$\theta_2$的似真性是$\theta_1$的两倍。如果例4.3中似然原理成立，则$L(\theta_2|y)=2L(\theta_1|y)$，因此，不论观测到的是$x$还是$y$，都可以认为$\theta_2$的似真性是$\theta_1$的两倍。

考虑到θ是一个定值（虽然其值未知），在上述论述中使用“似真性”而非“可能性”。此外，需要注意的是，尽管$f(x|\theta)$作为x的函数是一个概率密度函数，但并不能保证$L(\theta|x)$作为θ的函数也是概率密度函数。

4.3 稳健估计方法

在产品质量改进与可靠性提高的统计分析中，最小二乘方法是最常见的估计方法，也是建模回归的主要工具。然而，最小二乘回归要达到有效无偏估计，其前提条件是：回归模型误差满足正态且独立同分布。如果误差项不服从正态分布或者不是同分布，即样本数据有异常点，最小二乘估计的结果就会严重脱离现实，估计的精度也会很差。这种情况需要采用稳健的回归方法以消除响应曲面建模中最小二乘估计对异常数据的敏感性。稳健估计的基本思想是：在残差非正态或异常点不可避免的情况下，通过选择稳健的估计方法，使参数的估值尽可能避免非正态或异常点的影响，得到正常模式下的最佳估值。稳健估计的原则是要充分利用观测数据（或样本）中的有效信息，充分利用可用信息，排除有害信息。由于事先不能准确知道观测数据中有效信息和有害信息所占比例以及它们具体包含在哪些观测数据中，从抗干扰的目标来看，要冒损失一些效率的风险去获得较可靠的、具有实际意义的、较有效的估值。稳健估计主要是进行异常点的寻找以及消除和减弱异常点对参数估计的影响。在假定模型基本正确的情况下，稳健估计具有抵抗大量随机误差和少量异常点的能力，可使所估计的参数达到最优或者接近最优。稳健估计不追求绝对意义上的最优，而是在存在异常点的前提下追求最优或者接近最优。衡量标准是抗差性和估计效率。抗差性指的是使得估计模型无限制地远离目标值的异常点占总数据点的比例，比例越大说明该估计方法所承受的异常点个数越多，方法越稳健。效率指的是当误差服从正态分布时，稳健估计方法对参数的估计相对于最小二乘的估计的能力，效率越高，说明该估计越好。下面介绍几种稳健回归估计方法。

4.3.1 稳健 M 估计

Laplace 方法（L_1 回归）就是最早的稳健估计方法之一，它通过使残差绝对值的和达到最小，求得回归系数，其估计式为

$$\min_{\beta}\left\{\sum_{i=1}^{n}|y_i - y(x_i)|\right\} \tag{4-61}$$

其中，β 为回归系数。这种方法在一定程度上降低了异常点对拟合模型的影响，从有效性和抗差性（Breakdown Point）来看，并没有有效地改善模型对异常点的敏感性。当一个异常点足够大时，回归模型将会严重偏离实际模型。

对于线性模型

$$y_l = \beta_0 + \sum_{i=1}^{k}\beta_i x_{li} + \varepsilon_l = X_l'\beta + \varepsilon_l \qquad l = 1,2\cdots n \tag{4-62}$$

M 估计就是满足

$$\min_{\hat{\beta}}\left\{\sum_{l=1}^{n}\rho(r_l)\right\} = \min_{\hat{\beta}}\left\{\sum_{l=1}^{n}\rho(y_l - X_l'\beta)\right\} \tag{4-63}$$

的 $\hat{\boldsymbol{\beta}}$ 值。其中，$\rho(\cdot)$满足以下几点。

（1）$\rho(0)=0$。

（2）$\rho(r)\geqslant 0$。

（3）$\rho(-r)=\rho(r)$。

（4）对 $\forall\ |r_j|>|r_k|$，有 $\rho(r_j)\geqslant\rho(r_k)$。

当 $\rho(r_l)=r_l^2$ 时，则 M 估计就是最小二乘估计。为了使上面讨论的 M 估计方法直接应用到实际中，需要对残差 r 进行单位化，令 MAD = median(|r_l−median(r_l)|)，s = 1.482 6MAD。其中，median(·)表示取中值，s 是一个稳健的尺度估计。常数 1.482 6 是一个偏差调整系数，为了保证当随机误差服从正态分布时尺度 s 与标准差相等，对残差进行标准化得 $u=r/s$。

令 $\psi(\cdot)=\rho'(\cdot)$为函数 $\rho(\cdot)$的导函数，定义权重函数 $\omega(u)=\psi(u)/u$，则上述过程相当于给残差加权，这就变成了一个加权最小二乘问题。这个权重依赖于残差的大小，残差又依赖于估计系数，估计系数又依赖于权重的大小，这样就形成了迭代加权最小二乘方法，所以也有一些学者将其称为迭代加权最小二乘 IRLS（Iteratively Reweighted Least Squares）。

根据稳健估计思想，可以通过选择权重函数让导致残差大的异常点的权重变小，残差小的数据权重增大，减少异常点的干扰。而不同的权重函数对异常点的作用是不一样的，例如，Huber 权函数为

$$\omega_H(u)=\min\left\{1,\ \frac{c}{|u|}\right\} \tag{4-64}$$

其中，参数 $c=1.345$。这种估计相当于赋予大残差数据一个小的权重，进而有效地降低异常点的影响。图基（Tukey）提出了一种双权（Biweight）函数，这种估计后来被广泛流传，其估计的权函数为

$$\omega_B(u)=\left(1-\left(\frac{u}{c}\right)^2\right)^2 I_{[-1,\ 1]}\left(\frac{u}{c}\right) \tag{4-65}$$

其中，$I_{[-1,1]}(u/c)$是个符号函数，当自变量在［-1，1］区间范围内时，函数值为1，否则为0。这里常数 c 的值为4.685。该估计方法对于大的残差值赋予0权重，彻底消除异常点的影响。除此之外，柯西（Cauchy）推荐了另一种稳健M-估计方法，这种方法对于异常点相对比较稳健，其权函数为

$$\omega_C(u)=\left(1+\left(\frac{u}{c}\right)^2\right)^{-1} \tag{4-66}$$

这里，常数 c 的取值为2.385。1982年，韦尔施（Welsch）提出了一种非常流行的权重：

$$\omega_W(u)=e^{-(u/c)^2} \tag{4-67}$$

这里的常数 $c=2.985$。上述估计方法分别称为Huber估计、Tukey估计、Cauchy估计和Welsch估计。图4-1~图4-4分别给出了上述4种估计的权函数和 $\psi(\cdot)$ 函数的图像。

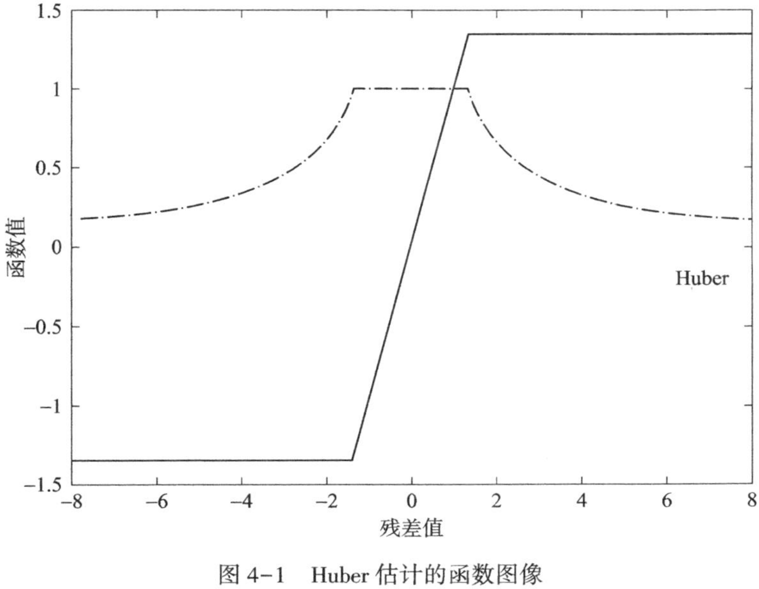

图4-1 Huber估计的函数图像

注：虚线部分为权函数，实线部分为 $\psi(\cdot)$ 函数部分

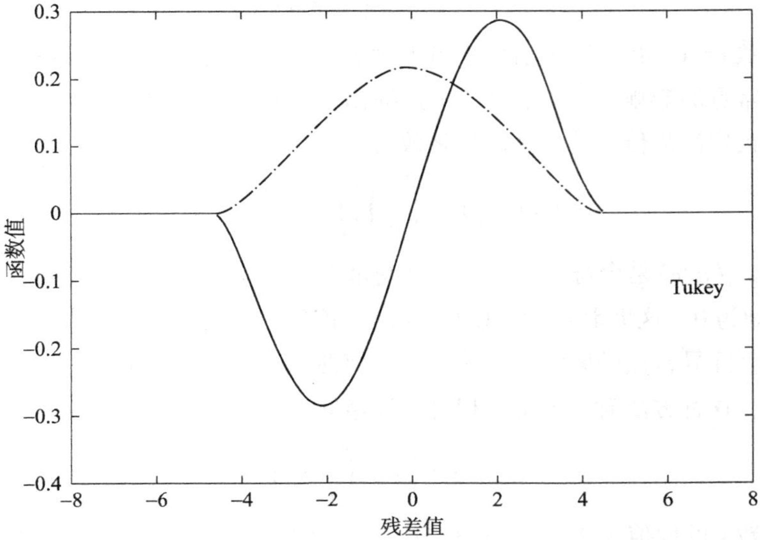

图 4-2　Tukey 估计的函数图像

注：虚线部分为权函数，实线部分为 $\psi(\cdot)$ 函数部分

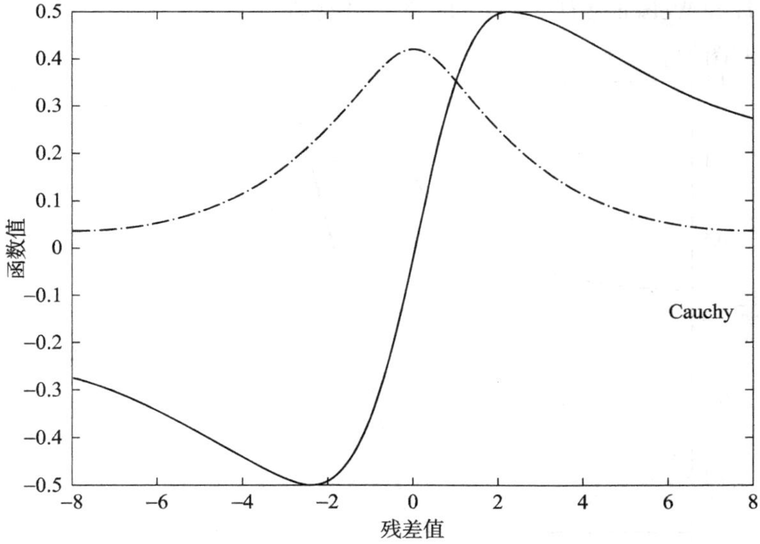

图 4-3　Cauchy 估计的函数图像，虚线部分为权函数

注：实线部分为 $\psi(\cdot)$ 函数部分

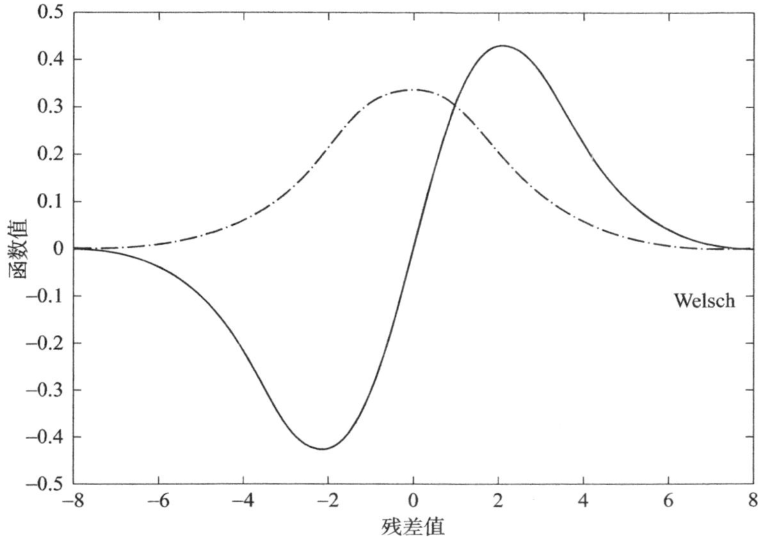

图 4-4 Welsch 估计的函数图像，虚线部分为权函数

注：实线部分为 $\psi(\cdot)$ 函数部分

在上面这些稳健 M 估计的权重函数的表达式中，常数 c 是阈值，c 的取值决定可接受影响点的范围及异常点的权重。c 越大，模型可接受的异常点的范围越大，异常点的权重越大。当 c 值固定时，估计的残差值越大，对应的权重越小。通过 Huber 估计的权重函数和 ψ 函数图像可以得出，当残差的绝对值小于阈值时，权重函数为 1，对应的 ψ 函数值为残差本身，反之为阈值（符号与残差符号相同）。通过 Tukey 估计的权重函数和 ψ 函数图像可以得出，当残差绝对值大于阈值时，其权重为零，对应的 ψ 函数值也为零，反之，离阈值越远权重越大，ψ 函数值越接近残差本身。在 Welsch 估计中，权重函数随着残差绝对值的增大将以指数速度下降。上述阈值的选择是为了保证稳健估计在随机误差服从正态分布时，该估计方法具有最优的估计效率。除了上面提到的稳健 M 估计，广义 M 估计（Generalized M-Estimators）在稳健估计中也得到了广泛研究，目的是为了抑制杠杆点（Leverage Points）对模型估计的影响。但在严格安排好的响应曲面设计中不会出现杠杆点。因此，本节对此类方法将不做研究。

4.3.2 具有高抗差的稳健估计

稳健 M 估计方法能有效地降低异常点的影响，并且具有较高的效率，但是此类方法的抗差性较低，当异常点较多时，估计的结果将会很差。因此，很多学者开始研究具有高抗差的稳健估计。

最小中值平方估计方法表达式为

$$\min_{\beta}\{\text{median}[y_i - y(x_i)]^2 \qquad i = 1,2,\cdots,n\} \tag{4-68}$$

该方法对于异常点的估计是非常稳健的，但是它的效率比较低。另一种相对效率比较高的估计是最小截平方估计方法，该方法被认为是最小中值平方估计方法的一种拓展，表达式为

$$\min_{\beta}\left\{\sum_{i=1}^{h}(y_i - \hat{y}(x_i))^2_{i:\,n}\right\} \tag{4-69}$$

其中，h 的最大整数为 $(n+p)/2+1$。这个表达式中的求和符号表示取 h 个最小的残差平方和。该方法的稳健性很好，最高抗差性可以达到 0.5。但是，最小截平方估计方法要求的计算量达到 $o(n\log n)$ 步，并且它的效率尽管比最小中值平方估计方法高一些，但总体来说还是比较低的。为了找到既具有较高抗差性又有好的效率的估计方法，S 估计（S-Estimator）方法被引入回归分析中。该方法的抗差较高，但效率只达到 28.7%，并不是很高。

从前面的描述可以看出，上述估计方法要么高效率低抗差，要么高抗差低效率。为了将两者有效地结合起来，提出 MM 估计（MM-Estimator）方法来解决这个问题。解决过程主要由 3 个阶段来完成。

（1）选择具有高抗差的估计作为初始估计。

（2）选择 M 估计对初始估计残差进行计算。

（3）用稳健 M 估计对模型参数进行估计。

上述估计方法在化工行业有着广泛的应用，但是在响应曲面建模方面的研究还比较少。

4.3.3 误差变量模型

大部分模型估计方法通常假设输入变量是没有测量误差的，在回归模型中被认为是常数。但在实际生产实践中，输入变量通常很难不受误差的影响。例如，在检测烘烤锅炉中温度的影响作用时，观测到的温度值与锅炉中的真实温度值有很大的差别。在农作物生产的研究中，植物果实的重量与不同营养成分之间关系中输入变量营养成分的测量就受到测量误差的影响。尽管如此，在很多统计模型中，测量误差经常被忽略，特别是在最常用也是最普遍的最小二乘估计中。

对于误差变量（Errors-In-Variables）模型，输入变量的真正值常常受到测量误差的影响。输入变量的真值 z_i 与输入变量的观测值 x_i 之间的关系为

$$x_i = z_i + u_i \tag{4-70}$$

其中，u_i 为测量误差，通常假定均值为零，方差为 σ_u^2。令 v_i 为均值为零、方差为 σ_v^2 的独立的随机误差，则响应变量与输入变量真值之间的关系为

$$y_i = c + \beta z_i + v_i \tag{4-71}$$

在测量误差存在时，模型系数的估计通常建立在观测值的基础上，使用的回归模型为

$$y_i = c + \beta x_i + \varepsilon_i \tag{4-72}$$

基于观测值的模型回归系数 β 的估计值为

$$\hat{\beta} = \sum x_i y_i / \sum x_i^2 = \beta\left[\frac{\sum z_i^2 + \sum z_i u_i}{\sum z_i^2 + 2\sum z_i u_i + \sum u_i^2}\right] + \frac{\sum x_i v_i}{\sum x_i^2} \tag{4-73}$$

在上述公式中，如果输入变量没有测量误差，即 $u_i = 0$，则第一项就变成了 β，第二项的均值为 0，所以 $\hat{\beta}$ 就是 β 的无偏估计。反之，$\hat{\beta}$ 就是 β 的一个有偏估计。针对 $\hat{\beta}$ 的不同情况有如下结论。

（1）如果输入变量的真值 z_i 服从独立正态分布 $N(0,\sigma_z^2)$，测量误差 u_i 也是独立的正态分布 $N(0,\sigma_u^2)$，且与输入变量相互独立，则

$$E(\hat{\beta})\beta\left[\frac{\sigma_z^2}{\sigma_z^2 + \sigma_u^2}\right] = \beta\left[\frac{1}{1 + \sigma_u^2/\sigma_z^2}\right] \tag{4-74}$$

（2）如果输入变量的真值 z_i 不是随机变量，为确定的值，则 $\hat{\beta}$ 的均值为

$$E(\hat{\beta}) \cong \beta\left[\frac{1}{1 + n\sigma_u^2/\sum z_i^2}\right] \tag{4-75}$$

上面两式中的分母总是大于 1 的，所以在测量误差存在的情况下，$\hat{\beta}$ 总是有偏估计。但当测量误差的方差 σ_u^2 与 σ_z^2 或 $\sum z_i^2$ 相比较小时，偏差也会比较小。也就是说，如果输入变量测量误差的波动远远小于变量自身真值的波动，模型回归系数就会越接近系数本身。上述式中的变量均为中心化变量。

对于输入变量存在测量误差的情况，有很多种方法估计模型的系数 β，但是都需要一些额外的条件。

（1）已知比率 $\sigma_z^2/(\sigma_z^2 + \sigma_u^2)$。如果我们假设输入变量也是随机变量 z_i 且服从正态分布 $N(0,\sigma_z^2)$，测量误差也服从正态分布 $N(0,\sigma_u^2)$，且这两个随机变量是相互独立的，则有

$$\tilde{\beta}_r = \left[\frac{\sigma_z^2 + \sigma_u^2}{\sigma_z^2}\right]\hat{\beta} \tag{4-76}$$

此时$\tilde{\beta}$是β的无偏估计。

（2）已知测量误差的方差为σ_u^2。在很多种情况下，科学工作者可以通过历史数据计算出测量误差的方差σ_u^2的值。例如，在条件允许的情况下，通过大量的重复测量可以确定σ_u^2的大小为

$$\tilde{\beta}_u = \frac{\sum x_i y_i}{\sum x_i^2 - (n-1)\sigma_u^2} \tag{4-77}$$

通过大量的计算机仿真研究上述模型系数估计的一些性质，可分别给出这些系数估计的一些结论，总结如下。

（1）当测量误差的方差σ_u^2比较大时，$\tilde{\beta}_u$的值就会很不稳定。

（2）$\tilde{\beta}_r$是β的无偏估计，然而，当$\tilde{\sigma}_u^2$和$\tilde{\sigma}_z^2$应用估计值代入公式计算模型系数时，$\tilde{\beta}_r$的估计值是一个高度偏态的分布。

上述对于误差变量的研究都是对于一维变量而言的。在高维变量的情况下，令$\boldsymbol{x}=(x_1,\cdots x_k)^{\mathrm{T}}$为输入变量的观测向量，$\boldsymbol{z}=(z_1,\cdots z_k)^{\mathrm{T}}$为输入变量的真值向量，$\boldsymbol{u}=(u_1,\cdots u_k)^{\mathrm{T}}$为测量误差，并且假设$E(\boldsymbol{u})=0$，$\mathrm{var}(u)=\sum_u$，则测量模型与回归方程为

$$\boldsymbol{x} = \boldsymbol{z} + \boldsymbol{u} \tag{4-78}$$

$$\boldsymbol{y} = c\boldsymbol{1}_n + \boldsymbol{Z\beta}' + \boldsymbol{v} \tag{4-79}$$

其中

$$\boldsymbol{y} = \begin{bmatrix} y_1 \\ y_2 \\ \vdots \\ y_n \end{bmatrix},\ \boldsymbol{v} = \begin{bmatrix} v_1 \\ v_2 \\ \vdots \\ v_n \end{bmatrix},\ \boldsymbol{1}_n = \begin{bmatrix} 1 \\ 1 \\ \vdots \\ 1 \end{bmatrix} \tag{4-80}$$

这里测量误差$\boldsymbol{u}$与随机误差$\boldsymbol{v}$相互独立，$\boldsymbol{Z}$为输入变量向量所对应的矩阵形式。建立在观测值基础上的回归模型为

$$\boldsymbol{y} = c\boldsymbol{1}_n + \boldsymbol{X\beta}' + \boldsymbol{\varepsilon} \tag{4-81}$$

这里$\boldsymbol{\varepsilon}$为模型基于观测值的随机误差的矩阵形式。令$\boldsymbol{U}$为测量误差$\boldsymbol{u}$的矩阵形式，应用最小二乘对上面误差变量模型进行估计：

$$\hat{\boldsymbol{\beta}} = [(\boldsymbol{Z}^{\mathrm{T}}\boldsymbol{Z})^{-1}(\boldsymbol{X}+\boldsymbol{U})^{\mathrm{T}}\boldsymbol{X}]\boldsymbol{\beta} + (\boldsymbol{Z}^{\mathrm{T}}\boldsymbol{Z})^{-1}\boldsymbol{Z}^{\mathrm{T}}\boldsymbol{\varepsilon} \tag{4-82}$$

这里假设逆矩阵是存在的，对于$\hat{\boldsymbol{\beta}}$与$\boldsymbol{\beta}$之间的关系如同一维的分析，即当测

量误差存在时，回归模型系数的估计将会严重偏离实际值。由此可以看出，在响应曲面方法中，测量误差将会严重影响响应曲面模型的回归估计，那么，对于后续模型的优化和预测将会有更大的影响。然而，通过调整试验设计矩阵 $\boldsymbol{X}$ 的值，可以降低回归系数估计 $\hat{\boldsymbol{\beta}}$ 对 $\boldsymbol{\beta}$ 的偏离程度，也就是说，为了降低测量误差对响应曲面的影响，选择稳健的响应曲面设计方案将起到非常重要的作用。

[例 4.8] 烟道阻力损失数据分析。该数据来自工厂通过氨氧化来制取硝酸，见表 4-1。数据的普通最小二乘拟合为

$$\hat{y}=-39.9+0.72x_1+1.30x_2-0.15x_3 \tag{4-83}$$

表 4-1 烟道阻力损失数据

观测值序号	烟道阻力损失 y	空气流量 x_1	冷水进口处温度 x_2	硝酸浓度 x_3
1	42	80	27	89
2	37	80	27	88
3	37	75	25	90
4	28	62	24	87
5	18	62	22	87
6	18	62	23	87
7	19	62	24	93
8	20	62	24	93
9	15	58	23	87
10	14	58	18	80
11	14	58	18	89
12	13	58	17	88
13	11	58	18	82
14	12	58	19	93
15	8	50	18	89
16	7	50	18	86
17	8	50	19	72
18	8	50	19	79
19	9	50	20	80
20	15	56	20	82
21	15	70	20	91

该模型的残差见表4-2的第2列，21号点的残差异常大，会对回归系数产生相当大的影响。在深入分析之后，删去了数据中的1、3、4、21共4个点，对剩余数据进行最小二乘回归拟合，得到

$$\hat{y} = -37.6 + 0.80x_1 + 0.58x_2 - 0.07x_3 \tag{4-84}$$

该模型的残差见表4-2的第3列，而其对应的正态概率图如图4-5所示。该图表明残差不存在任何异常行为。

表4-2　烟道阻力损失数据的两种拟合的残差

观测值	残差			
	最小二乘		Andrew稳健拟合	
	(1)	(2)	(3)	(4)
	所有21个点	剔除1、3、4、21共4个点	所有21个点	剔除1、3、4、21共4个点
1	3.24	6.08	6.11	6.11
2	-1.92	1.15	1.04	1.04
3	4.56	6.44	6.31	6.31
4	5.70	8.18	8.24	8.24
5	-1.71	-0.67	-1.24	-1.24
6	-3.01	-1.25	-0.71	-0.71
7	-2.39	-0.42	-0.33	-0.33
8	-1.39	0.58	0.67	0.67
9	-3.14	-1.06	-0.97	-0.97
10	1.27	0.35	0.14	0.14
11	2.64	0.96	0.79	0.79
12	2.78	0.47	0.24	0.24
13	-1.43	-2.51	-2.71	-2.71
14	-0.05	-1.34	-1.44	-1.44
15	2.36	1.34	1.33	1.33
16	0.91	0.14	0.11	0.11
17	-1.52	-0.37	-0.42	-0.42
18	-0.46	0.10	0.08	0.08
19	-0.6	0.59	0.63	0.63
20	1.41	1.93	1.87	1.87
21	-7.24	-8.63	-8.91	-8.91

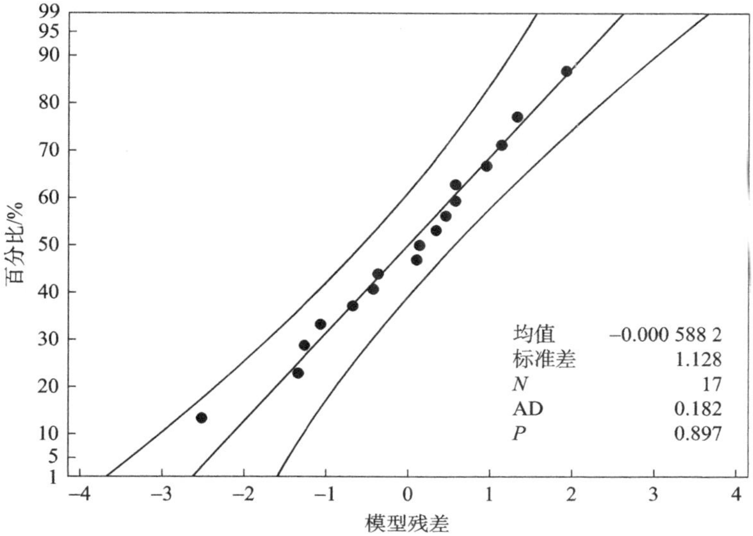

图 4-5 烟道阻力损失数据的最小二乘回归残差正态概率

及其正太-95% 置信区间

所拟合的模型包括 3 个原始回归变量 x_1、x_2、x_3，如果选择剔除 x_3 并添加 x_1^2，虽然会产生更小的模型方差，但整体结论是相同的。

在实际应用中，大多数回归使用者都缺乏稳健估计的技能，他们更习惯应用最小二乘估计来完成对数据的分析。其实，稳健估计可以自动识别可疑点，利用 Andrew 稳健估计对烟道阻力损失数据进行回归，分析结果残差见表 4-2 第 4 列。剔除异常值后的分析结果见表 4-2 的第 5 列示。使用稳健回归与最小二乘回归产生等价的结果，烟道阻力损失数据的稳健回归方程为

$$\hat{y} = -37.2 + 0.82x_1 + 0.52x_2 - 0.07x_3 \qquad (4-35)$$

分别移除 1、3、4、21 共 4 个疑点的数据进行稳健拟合，所得到的方程与使用所有 21 个点时的稳健方程是一致的。由此可以看出，稳健回归能够自动地识别出可疑异常点。因此，可以将稳健回归方法看作会隔离异常点的回归。对于稳健估计的计算，很多统计软件包都可以实现，例如 S-PLUS、STATA 和 SAS 都有计算稳健估计值的能力。

4.4 多元线性模型

回归分析是数量分析中应用非常广泛的一种方法，主要针对事物间的相关性，考察变量之间的数量变化规律，通过回归方程的形式描述和反映这种关系，

帮助人们准确把握变量受其他变量影响的程度。[7]

最小二乘法可以用于估计回归方程 $y=\beta_0+\beta_1x_1+\beta_2x_2+\cdots+\beta_kx_k+\varepsilon$ 中的回归系数。假设可以获得 $n>k$ 个观测值，且令 y_i 表示第 i 个所观测的响应变量，x_{ij} 表示回归变量 x_j 第 i 个水平值。其数据见表 4-3。假设模型中的误差项 ε 有 $E(\varepsilon)=0$，$\mathrm{Var}(\varepsilon)=\sigma^2$，且误差是不相关的。

表 4-3　多元线性回归的数据

观测值 i	响应变量 y	回归变量			
		x_1	x_2	…	x_k
1	y_1	x_{11}	x_{12}	…	x_{1k}
2	y_2	x_{21}	x_{22}	…	x_{2k}
⋮	⋮	⋮	⋮		⋮
n	y_n	X_{n1}	X_{n2}	…	x_{nk}

这里假设回归变量 $x_1,x_2,\cdots,x_k$ 为没有测量误差的固定（即数值的、非随机的）变量。对于简单线性回归模型的讨论结果，对回归变量为随机变量的情形仍然有效。这一点当然是重要的，这是因为当回归数据由观测性研究产生时，某些或大部分回归变量将是随机变量，而当数据由试验设计产生时，x 则可能是固定变量。当 x 是随机变量时，必要的仅是每个回归变量的观测值独立，且分布不依赖回归系数 β 或 σ^2。当进行假设检验或构造置信区间时，必须假设由 $x_1,x_2,\cdots,x_k$ 给定的 y 的条件分布是正态分布，其中均值为 $\beta_0+\beta_1x_1+\beta_2x_2+\cdots+\beta_kx_k$，而方差为 σ^2。

可以将方程 $y=\beta_0+\beta_1x_1+\beta_2x_2+\cdots+\beta_kx_k+\varepsilon$ 所对应的样本回归模型写为

$$y_i=\beta_0+\beta_1x_{i1}+\beta_2x_{i2}+\cdots+\beta_kx_{ik}+\varepsilon_i=\sum_{j=1}^{k}\beta_jx_{ij}+\varepsilon_i\qquad i=1,2,\cdots n \tag{4-86}$$

最小二乘函数为 $S(\beta_0,\beta_1,\cdots\beta_k)=\sum_{i=1}^{n}\varepsilon_i^2=\sum_{i=1}^{n}(y_i-\beta_0-\sum_{j=1}^{k}\beta_jx_{ij})^2$。必须对函数 S 做关于 $\beta_0,\beta_1,\cdots,\beta_k$ 的最小化。$\beta_0,\beta_1,\cdots,\beta_k$ 的最小二乘估计量满足

$$\left.\frac{\partial S}{\partial\beta_0}\right|_{\hat\beta_0,\hat\beta_1,\cdots,\hat\beta_k}=-2\sum_{j=1}^{n}(y_i-\hat\beta_0-\sum_{j=1}^{k}\hat\beta_jx_{ij})=0 \tag{4-87}$$

以及

$$\left.\frac{\partial S}{\partial\beta_j}\right|_{\hat\beta_0,\hat\beta_1,\cdots,\hat\beta_k}=-2\sum_{j=1}^{n}(y_i-\hat\beta_0-\sum_{j=1}^{k}\hat\beta_jx_{ij})x_{ij}=0\qquad j=1,2,\cdots,k \tag{4-88}$$

化简式（4-87）和式（4-88），可得最小二乘正规方程为

$$\begin{cases} n\hat{\beta}_0 + \hat{\beta}_1 \sum_{i=1}^{n} x_{i1} + \hat{\beta}_2 \sum_{i=1}^{n} x_{i2} + \cdots + \hat{\beta}_k \sum_{i=1}^{n} x_{ik} = \sum_{i=1}^{n} y_i \\ \hat{\beta}_0 \sum_{i=1}^{n} x_{i1} + \hat{\beta}_1 \sum_{i=1}^{n} x_{i1}^2 + \hat{\beta}_2 \sum_{i=1}^{n} x_{i1}x_{i2} + \cdots + \hat{\beta}_k \sum_{i=1}^{n} x_{i1}x_{ik} = \sum_{i=1}^{n} x_{i1}y_i \\ \hat{\beta}_0 \sum_{i=1}^{n} x_{ik} + \hat{\beta}_1 \sum_{i=1}^{n} x_{ik}x_{i1} + \hat{\beta}_2 \sum_{i=1}^{n} x_{ik}x_{i2} + \cdots + \hat{\beta}_k \sum_{i=1}^{n} x_{ik}^2 = \sum_{i=1}^{n} x_{ik}y_i \end{cases} \quad (4-89)$$

式中有 $p=k+1$ 个正规方程，每个正规方程对应一个未知的回归系数。正规方程的解将是最小二乘估计值 $\hat{\beta}_0, \hat{\beta}_1, \cdots, \hat{\beta}_k$。

在统计分析中，为了统计模型表达，常使用矩阵记号。矩阵记号能够使模型、数据与结果的形式更为紧凑。在矩阵记号中，模型 $\boldsymbol{y}=\boldsymbol{X\beta}+\boldsymbol{\varepsilon}$ 的变量可以写成如下形式：

$$\boldsymbol{y} = \begin{bmatrix} y_1 \\ y_2 \\ \vdots \\ y_n \end{bmatrix}, \quad \boldsymbol{X} = \begin{bmatrix} 1 & x_{11} & x_{12} & \cdots & x_{1k} \\ 1 & x_{21} & x_{22} & \cdots & x_{2k} \\ \vdots & \vdots & \vdots & & \vdots \\ 1 & x_{n1} & x_{n2} & \cdots & x_{nk} \end{bmatrix}, \quad \boldsymbol{\beta} = \begin{bmatrix} \beta_0 \\ \beta_1 \\ \vdots \\ \beta_k \end{bmatrix}, \quad \boldsymbol{\varepsilon} = \begin{bmatrix} \varepsilon_1 \\ \varepsilon_2 \\ \vdots \\ \varepsilon_n \end{bmatrix} \quad (4-90)$$

一般而言，$\boldsymbol{y}$ 为观测值的 $n\times1$ 向量，$\boldsymbol{X}$ 为回归变量水平的 $n\times p$ 矩阵，$\boldsymbol{\beta}$ 为回归系数的 $p\times1$ 向量，而 $\boldsymbol{\varepsilon}$ 为随机误差的 $n\times1$ 向量。

希望通过最小二乘法最小化残差平方和

$$S(\boldsymbol{\beta}) = \sum_{i=1}^{n} \varepsilon_i^2 = \boldsymbol{\varepsilon}^{\mathrm{T}}\boldsymbol{\varepsilon} = (\boldsymbol{y} - \boldsymbol{X\beta})'(\boldsymbol{y} - \boldsymbol{X\beta}) \quad (4-91)$$

得出模型系数向量的估计值 $\hat{\boldsymbol{\beta}}$。$S(\boldsymbol{\beta})$ 可以表达为

$$S(\boldsymbol{\beta}) = \boldsymbol{y}^{\mathrm{T}}\boldsymbol{y} - \boldsymbol{\beta}^{\mathrm{T}}\boldsymbol{X}^{\mathrm{T}}\boldsymbol{y} - \boldsymbol{y}^{\mathrm{T}}\boldsymbol{X\beta} + \boldsymbol{\beta}^{\mathrm{T}}\boldsymbol{X}^{\mathrm{T}}\boldsymbol{X\beta} = \boldsymbol{y}^{\mathrm{T}}\boldsymbol{y} - 2\boldsymbol{\beta}^{\mathrm{T}}\boldsymbol{X}^{\mathrm{T}}\boldsymbol{y} + \boldsymbol{\beta}^{\mathrm{T}}\boldsymbol{X}^{\mathrm{T}}\boldsymbol{X\beta} \quad (4-92)$$

这是由于 $\boldsymbol{\beta}^{\mathrm{T}}\boldsymbol{X}^{\mathrm{T}}\boldsymbol{y}$ 为 1×1 矩阵，是一个标量，与它的逆矩阵 $(\boldsymbol{\beta}^{\mathrm{T}}\boldsymbol{X}^{\mathrm{T}}\boldsymbol{y})^{-1} = \boldsymbol{y}^{\mathrm{T}}\boldsymbol{X\beta}$ 是相同的标量。最小二乘估计量满足

$$\left.\frac{\partial S}{\partial \boldsymbol{\beta}}\right|_{\hat{\beta}} = -2\boldsymbol{X}^{\mathrm{T}}\boldsymbol{y} + 2\boldsymbol{X}^{\mathrm{T}}\boldsymbol{X}\hat{\boldsymbol{\beta}} = 0 \quad (4-93)$$

将其化简可得

$$\boldsymbol{X}^{\mathrm{T}}\boldsymbol{X}\hat{\boldsymbol{\beta}} = \boldsymbol{X}^{\mathrm{T}}\boldsymbol{y} \quad (4-94)$$

上式是最小二乘正规方程，为求解正规方程，在式（4-94）的两边同时乘以 $\boldsymbol{X}^{\mathrm{T}}\boldsymbol{X}$ 的逆。因此，$\hat{\boldsymbol{\beta}}$ 的最小二乘估计量为

$$\hat{\boldsymbol{\beta}} = (\boldsymbol{X}^{\mathrm{T}}\boldsymbol{X})^{-1}X\boldsymbol{y} \tag{4-95}$$

当回归变量线性无关时，也就是说，当 X 矩阵的所有列都不是其他列的线性组合时，逆矩阵($\boldsymbol{X}^{\mathrm{T}}\boldsymbol{X}^{-1}$)唯一存在。

式（4-94）的矩阵形式为

$$\begin{bmatrix} n & \sum_{i=1}^{n} x_{i1} & \sum_{i=1}^{n} x_{i2} & \cdots & \sum_{i=1}^{n} x_{ik} \\ \sum_{i=1}^{n} x_{i1} & \sum_{i=1}^{n} x_{i1}^2 & \sum_{i=1}^{n} x_{i1}x_{i2} & \cdots & \sum_{i=1}^{n} x_{i1}x_{ik} \\ \vdots & \vdots & \vdots & & \vdots \\ \sum_{i=1}^{n} x_{ik} & \sum_{i=1}^{n} x_{ik}x_{i1} & \sum_{i=1}^{n} x_{ik}x_{i2} & \cdots & \sum_{i=1}^{n} x_{ik}^2 \end{bmatrix} \begin{bmatrix} \hat{\beta}_0 \\ \hat{\beta}_1 \\ \vdots \\ \hat{\beta}_k \end{bmatrix} = \begin{bmatrix} \sum_{i=1}^{n} y_i \\ \sum_{i=1}^{n} x_{i1}y_i \\ \vdots \\ \sum_{i=1}^{n} x_{ik}y_i \end{bmatrix} \tag{4-96}$$

由这一矩阵表示看到，$\boldsymbol{X}^{\mathrm{T}}\boldsymbol{X}$ 为 $p\times p$ 对称矩阵，而 $\boldsymbol{X}^{\mathrm{T}}\boldsymbol{y}$ 为 $p\times 1$ 列向量。注意矩阵 $\boldsymbol{X}^{\mathrm{T}}\boldsymbol{X}$ 的特殊结构。$\boldsymbol{X}^{\mathrm{T}}\boldsymbol{X}$ 的对角线元素是 $\boldsymbol{X}$ 列中元素的平方和，而 $\boldsymbol{X}^{\mathrm{T}}\boldsymbol{X}$ 的非对角线元素是 $\boldsymbol{X}$ 列中元素的叉积和。进一步来说，注意 $\boldsymbol{X}^{\mathrm{T}}\boldsymbol{y}$ 的元素是 $\boldsymbol{X}$ 的列与观测值 y_i 的叉积和。

对应回归变量 $x^{\mathrm{T}}=[1,x_1,x_2,\cdots,x_k]$ 水平的回归估计模型为

$$\hat{\boldsymbol{y}} = \boldsymbol{x}^{\mathrm{T}}\hat{\boldsymbol{\beta}} = \hat{\beta}_0 + \sum_{j=1}^{k}\hat{\beta}_j x_j \tag{4-97}$$

对应观测值 y_i 的拟合值 $\hat{y}_i$ 组成的向量为

$$\hat{\boldsymbol{y}} = \boldsymbol{X}\hat{\boldsymbol{\beta}} = \boldsymbol{X}(\boldsymbol{X}^{\mathrm{T}}\boldsymbol{X})^{-1}\boldsymbol{X}^{\mathrm{T}}\boldsymbol{y} = \boldsymbol{H}\boldsymbol{y} \tag{4-98}$$

$n\times n$ 矩阵 $\boldsymbol{H}=\boldsymbol{X}(\boldsymbol{X}^{\mathrm{T}}\mathbf{X})^{-1}\boldsymbol{X}^{\mathrm{T}}$ 为帽子矩阵，将观测值向量映射为拟合值向量，观测值 y_i 与对应拟合值 $\hat{y}_i$ 之间的差值是残差 $e_i = y_i - \hat{y}_i$。为方便起见，将 n 个残差写为矩阵形式，有

$$\boldsymbol{e} = \boldsymbol{y} - \hat{\boldsymbol{y}} \tag{4-99}$$

除此之外，还有其他的方式表达残差向量：

$$e = y - X\hat{\beta} = y - Hy = (I - H) \tag{4-100}$$

［例 4-9］送货时间数据。

饮料分装经理通过分析配货体系中自动售货机的服务流程，预测普通送货员在零售网点检修自动售货机所需要的时间。这一检修活动包括将饮料产品装入机器，并做少量维护或勤杂事物。负责这项研究的工业工程师建议，影响送货时间

y 的两个最重要的变量是装货箱数 x_1 与普通送货员所走的距离 x_2。这位工程师收集了送货时间的 25 组观测值，见表 4-4。可用多元线性模型 $y=\beta_0+\beta_1x_1+\beta_2x_2+\varepsilon$ 拟合表 4-4 中的送货时间数据。

表 4-4 送货时间数据

观测序号	送货时间 y/min	箱数 x_1	距离 x_2/f_t	观测序号	送货时间 y/min	箱数 x_1	距离 x_2/f_t
1	16.68	7	560	14	19.75	6	462
2	11.50	3	220	15	24.00	9	448
3	12.03	3	340	16	29.00	10	776
4	14.88	4	80	17	15.35	6	200
5	13.75	6	150	18	19.00	7	132
6	18.11	7	330	19	9.50	3	36
7	8.00	2	110	20	35.10	17	770
8	17.83	7	210	21	17.90	10	140
9	79.24	30	1 460	22	52.32	26	810
10	21.50	5	605	23	18.75	9	450
11	40.33	16	688	24	19.83	8	635
12	21.00	10	215	25	10.75	4	150
13	13.50	4	255	—	—	—	—

散点图是多元回归模型拟合分析中非常有用的描述性统计工具。点图矩阵是散点图的二维阵列，其中（除对角线外）每个图框包含一个散点图，每个散点图可以清楚地显示出一对变量之间的关系。通过给出变量间线性或非线性的可视化表示，散点图矩阵可让我们直观地认识到单个数据点在区域上的分布。图 4-6 为送货时间与观测次序之间的散点图，展示了送货时间的变化趋势。所以，散点图矩阵对变量关系的汇总通常比数值的汇总（比如显示每对变量之间的相关系数）更直观。

当有两个回归变量时，三维散点图可以对响应变量与回归变量之间关系进行可视化展示。图 4-7 显示了送货时间与观测次序之间的三维散点图。很多统计软件包提供了图形旋转功能，进而可以得到不同视角的“点云”。三维散点图可以通过图形展示用多元线性回归模型进行数据拟合的合理性。

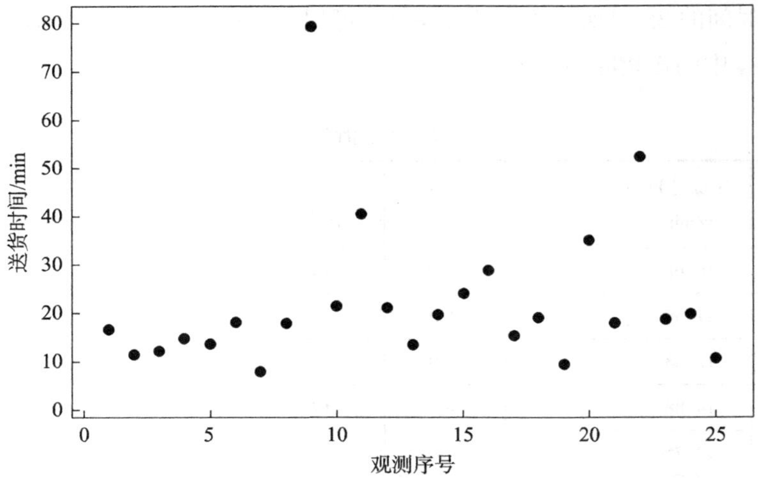

图 4-6　送货时间数据的散点图矩阵

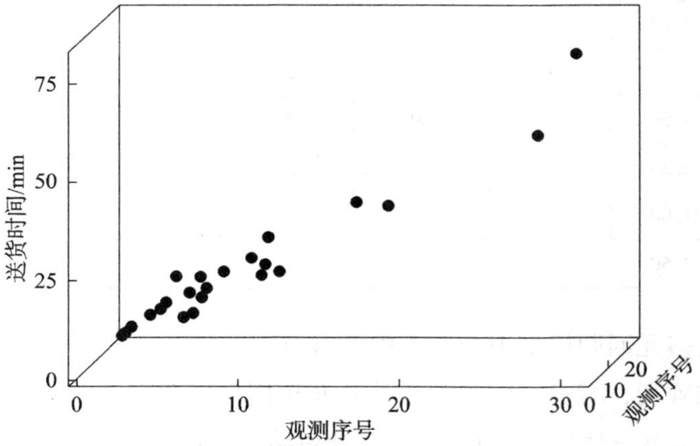

图 4-7　送货时间数据的三维散点图

为了拟合多元回归模型，首先形成矩阵 $\boldsymbol{X}$ 与向量 $\boldsymbol{y}$，分别为

$$
X=\begin{bmatrix}1 & 7 & 560\\1 & 3 & 220\\1 & 3 & 340\\1 & 4 & 80\\1 & 6 & 150\\1 & 7 & 330\\1 & 2 & 110\\1 & 7 & 210\\1 & 30 & 1\,460\\1 & 5 & 605\\1 & 16 & 688\\1 & 10 & 215\\1 & 4 & 255\\1 & 6 & 462\\1 & 9 & 448\\1 & 10 & 776\\1 & 6 & 200\\1 & 7 & 132\\1 & 3 & 36\\1 & 17 & 770\\1 & 10 & 140\\1 & 26 & 810\\1 & 9 & 450\\1 & 8 & 635\\1 & 4 & 150\end{bmatrix},\quad y=\begin{bmatrix}16.68\\11.50\\12.03\\14.88\\13.75\\18.11\\8.00\\17.83\\79.24\\21.50\\40.33\\21.00\\13.50\\19.75\\24.00\\29.00\\15.35\\19.00\\9.50\\35.10\\17.90\\52.32\\18.75\\19.83\\10.75\end{bmatrix} \tag{4-101}
$$

$X^{T}X$ 矩阵为

$$
X^{T}X=\begin{bmatrix}1 & 1 & \cdots & 1\\7 & 3 & \cdots & 4\\560 & 220 & \cdots & 150\end{bmatrix}\begin{bmatrix}1 & 7 & 560\\1 & 3 & 220\\\vdots & \vdots & \vdots\\1 & 4 & 150\end{bmatrix}=\begin{bmatrix}25 & 219 & 10\,232\\219 & 3\,055 & 133\,899\\10\,232 & 133\,899 & 672\,568\,8\end{bmatrix} \tag{4-102}
$$

而向量 $\boldsymbol{X}^{\mathrm{T}}\boldsymbol{y}$ 为

$$\boldsymbol{X}^{\mathrm{T}}\boldsymbol{y}=\begin{bmatrix}1&1&\cdots&1\\7&3&\cdots&4\\560&220&\cdots&150\end{bmatrix}\begin{bmatrix}16.68\\11.50\\\vdots\\10.75\end{bmatrix}=\begin{bmatrix}559.60\\7\,375.44\\337\,072.00\end{bmatrix} \tag{4-103}$$

$\boldsymbol{\beta}$ 的最小二乘估计量为

$$\hat{\boldsymbol{\beta}}=(\boldsymbol{X}^{\mathrm{T}}\boldsymbol{X})^{-1}\boldsymbol{X}^{\mathrm{T}}\boldsymbol{y} \tag{4-104}$$

即

$$\begin{bmatrix}\hat{\beta}_0\\\hat{\beta}_1\\\hat{\beta}_2\end{bmatrix}=\begin{bmatrix}25&219&10\,232\\219&3\,055&133\,899\\10\,232&133\,899&672\,568\,8\end{bmatrix}^{-1}\begin{bmatrix}559.60\\7\,375.44\\337\,072.00\end{bmatrix}$$

$$=\begin{bmatrix}0.113\,215\,18&-0.004\,448\,59&-0.000\,083\,67\\-0.004\,448\,59&0.002\,743\,78&-0.000\,047\,86\\-0.000\,083\,67&-0.000\,047\,86&0.000\,001\,23\end{bmatrix}\begin{bmatrix}559.60\\7\,375.44\\337\,072.00\end{bmatrix}$$

$$=\begin{bmatrix}2.341\,231\,15\\1.615\,907\,12\\0.014\,384\,83\end{bmatrix} \tag{4-105}$$

最小二乘回归方程为

$$\hat{y}=2.341\,23+1.615\,91x_1+0.014\,38x_2 \tag{4-106}$$

表 4-5 显示了模型的观测值 y_i 及对应的拟合值 $\hat{y}_i$ 、残差 e_i。表 4-6 和表 4-7 分别展示了简单线性回归模型的回归分析结果和方差分析结果。

表 4-5　送货时间数据的观测值拟合值与残差

观测值序号	y_i	$\hat{y}_i$	$e_i=y_i-\hat{y}_i$	观测值序号	y_i	$\hat{y}_i$	$e_i=y_i-\hat{y}_i$
1	16.68	21.708 1	−5.028 1	7	8.00	7.155 4	0.844 6
2	11.50	10.353 6	1.146 4	8	17.83	16.673 4	1.156 6
3	12.03	12.079 8	−0.049 8	9	79.24	71.820 3	7.419 7
4	14.88	9.955 6	4.924 4	10	21.50	19.123 6	2.376 4
5	13.75	14.194 4	−0.444 4	11	40.33	38.092 5	2.237 5
6	18.11	18.399 6	−0.289 6	12	21.00	21.593 0	−0.593 0

续表

观测值序号	y_i	$\hat{y}_i$	$e_i=y_i-\hat{y}_i$	观测值序号	y_i	$\hat{y}_i$	$e_i=y_i-\hat{y}_i$
13	13.50	12.473 0	1.027 0	20	35.10	40.888 0	−5.788 0
14	19.75	18.682 5	1.067 5	21	17.90	20.514 2	−2.614 2
15	24.00	23.328 8	0.671 2	22	52.32	56.006 5	−3.686 5
16	29.00	29.662 9	−0.662 9	23	18.75	23.357 6	−4.607 6
17	15.35	14.913 6	0.436 4	24	19.83	24.402 8	−4.572 8
18	19.00	15.551 4	3.448 6	25	10.75	10.962 6	−0.212 6
19	9.50	7.706 8	1.793 2	—	—	—	—

表 4-6 送货时间数据的回归分析结果

预测变量	系数估计值	系数标准差	T	P 值
常数	2.341 000	1.097 000	2.13	0.044
箱数	1.615 900	0.170 700	9.46	0.000
距离	0.014 385	0.003 613	3.98	0.001

判定系数 $R^2=96.0\%$

调整后的判定系数 $R^2=95.6\%$

表 4-7 方差分析结果

方差来源	自由度	平方和	均方和	F	P 值
回归分析	2	5 550.8	2 775.4	261.24	0.000
残差	22	233.7	10.6	—	—
总计	24	5 784.5	—	—	—

容易论证最小二乘估计量 $\hat{\boldsymbol{\beta}}$ 的统计性质。首先考虑偏倚，假设模型是正确的：

$$E(\hat{\boldsymbol{\beta}})=E[(\boldsymbol{X}^{\mathrm{T}}\boldsymbol{X})^{-1}\boldsymbol{X}^{\mathrm{T}}\boldsymbol{y}]=E[(\boldsymbol{X}^{\mathrm{T}}\boldsymbol{X})^{-1}\boldsymbol{X}^{\mathrm{T}}(\boldsymbol{X}\boldsymbol{\beta}+\boldsymbol{\varepsilon})]$$
$$=E[(\boldsymbol{X}^{\mathrm{T}}\boldsymbol{X})^{-1}\boldsymbol{X}^{\mathrm{T}}\boldsymbol{X}\boldsymbol{\beta}+(\boldsymbol{X}^{\mathrm{T}}\boldsymbol{X})^{-1}\boldsymbol{X}^{\mathrm{T}}\boldsymbol{\varepsilon}]=\boldsymbol{\beta} \tag{4-107}$$

由于 $E(\boldsymbol{\varepsilon})=0$ 且 $(\boldsymbol{X}^{\mathrm{T}}\boldsymbol{X})^{-1}\boldsymbol{X}^{\mathrm{T}}\boldsymbol{X}=\boldsymbol{I}$，因此，当模型正确时，$\hat{\boldsymbol{\beta}}$ 是 $\boldsymbol{\beta}$ 的无偏估计量。

$\hat{\boldsymbol{\beta}}$ 方差的性质由协方差矩阵表达：

$$\mathrm{Cov}(\hat{\boldsymbol{\beta}})=E\{[\hat{\boldsymbol{\beta}}-E(\hat{\boldsymbol{\beta}})][\hat{\boldsymbol{\beta}}-E(\hat{\boldsymbol{\beta}})]^{\mathrm{T}}\} \tag{4-108}$$

这是一个 $p\times p$ 对称矩阵，它的第 j 个对角线元素是 $\hat{\beta}_j$ 的方差，而它的第 (i,j)

个非对角线元素是$\hat{\beta}_i$与$\hat{\beta}_j$之间的协方差。$\hat{\boldsymbol{\beta}}$的协方差矩阵由将方差算子应用到$\hat{\boldsymbol{\beta}}$求出，即

$$\mathrm{Cov}(\hat{\boldsymbol{\beta}}) = \mathrm{Var}(\hat{\boldsymbol{\beta}}) = \mathrm{Var}[(\boldsymbol{X}^{\mathrm{T}}\boldsymbol{X})^{-1}\boldsymbol{X}^{\mathrm{T}}\boldsymbol{y}] \tag{4-109}$$

现在，$(\boldsymbol{X}^{\mathrm{T}}\boldsymbol{X})^{-1}\boldsymbol{X}^{\mathrm{T}}$为常数矩阵，而$\boldsymbol{y}$的方差为$\sigma^2\boldsymbol{I}$，所以

$$\begin{aligned}\mathrm{Var}(\hat{\boldsymbol{\beta}}) &= \mathrm{Var}[(\boldsymbol{X}^{\mathrm{T}}\boldsymbol{X})^{-1}\boldsymbol{X}^{\mathrm{T}}\boldsymbol{y}] = (\boldsymbol{X}^{\mathrm{T}}\boldsymbol{X})^{-1}\boldsymbol{X}^{\mathrm{T}}\mathrm{Var}(\boldsymbol{y})[(\boldsymbol{X}^{\mathrm{T}}\boldsymbol{X})^{-1}\boldsymbol{X}^{\mathrm{T}}]^{\mathrm{T}} \\ &= \sigma^2(\boldsymbol{X}^{\mathrm{T}}\boldsymbol{X})^{-1}\boldsymbol{X}^{\mathrm{T}}\boldsymbol{X}(\boldsymbol{X}^{\mathrm{T}}\boldsymbol{X})^{-1} = \sigma^2(\boldsymbol{X}^{\mathrm{T}}\boldsymbol{X})^{-1}\end{aligned} \tag{4-110}$$

因此，如果令$C=(\boldsymbol{X}^{\mathrm{T}}\boldsymbol{X})^{-1}$，那么$\hat{\beta}_j$的方差为$\sigma^2 C_{jj}$，而$\hat{\beta}_i$与$\hat{\beta}_j$之间的协方差为$\sigma^2 C_{ij}$。

最小二乘估计量$\hat{\boldsymbol{\beta}}$是$\boldsymbol{\beta}$的最佳线性无偏估计量（高斯-马尔可夫定理）。如果进一步假设误差ε_i为正态分布，则$\hat{\boldsymbol{\beta}}$为$\boldsymbol{\beta}$的极大似然估计量，极大似然估计量是$\boldsymbol{\beta}$的最佳无偏估计量。

在方差的估计中，可以通过残差平方和

$$SS_{残} = \sum_{i=1}^{n}(y_i - \hat{y}_i)^2 = \sum_{i=1}^{n}e_i^2 = \boldsymbol{e}^{\mathrm{T}}\boldsymbol{e} \tag{4-111}$$

研究σ^2的估计量，代入$\boldsymbol{e} = \boldsymbol{y} - \boldsymbol{X}\hat{\boldsymbol{\beta}}$，有

$$\begin{aligned}SS_{残} &= (\boldsymbol{y} - \boldsymbol{X}\hat{\boldsymbol{\beta}})^{\mathrm{T}}(\boldsymbol{y} - \boldsymbol{X}\hat{\boldsymbol{\beta}}) = \boldsymbol{y}^{\mathrm{T}}\boldsymbol{y} - \hat{\boldsymbol{\beta}}^{\mathrm{T}}\boldsymbol{X}^{\mathrm{T}}\boldsymbol{y} - \boldsymbol{y}^{\mathrm{T}}\boldsymbol{X}\hat{\boldsymbol{\beta}} + \hat{\boldsymbol{\beta}}^{\mathrm{T}}\boldsymbol{X}^{\mathrm{T}}\boldsymbol{X}\hat{\boldsymbol{\beta}} \\ &= \boldsymbol{y}^{\mathrm{T}}\boldsymbol{y} - 2\hat{\boldsymbol{\beta}}^{\mathrm{T}}\boldsymbol{X}^{\mathrm{T}}\boldsymbol{y} + \hat{\boldsymbol{\beta}}^{\mathrm{T}}\boldsymbol{X}^{\mathrm{T}}\boldsymbol{X}\hat{\boldsymbol{\beta}}\end{aligned} \tag{4-112}$$

由于$\boldsymbol{X}^{\mathrm{T}}\boldsymbol{X}\hat{\boldsymbol{\beta}} = \boldsymbol{X}^{\mathrm{T}}\boldsymbol{y}$，那么上式变为

$$SS_{残} = \boldsymbol{y}^{\mathrm{T}}\boldsymbol{y} - \hat{\boldsymbol{\beta}}^{\mathrm{T}}\boldsymbol{X}^{\mathrm{T}}\boldsymbol{y} \tag{4-113}$$

可以证明，由于回归模型估计了p个参数，所以残差平方和有与之相关的$n-p$个自由度。残差均方为

$$MS_{残} = \frac{SS_{残}}{n-p} \tag{4-114}$$

4.5 广义线性混合模型

广义线性混合模型服从自由度为$n-p$的卡方分布。

传统线性模型用于分析服从正态分布的连续型响应变量与自变量之间的数量关系。然而，在实际应用中有很多问题所研究的响应变量是一个分类变量，需要分析自变量与分类响应变量之间的影响关系。例如：研究吸烟、性别、年龄等对

肺癌的影响时，是否患肺癌（如1表示患病、0表示未患病）作为响应变量，是二分类型变量；分析消费者对某种商品品牌的选择取向时，品牌作为被解释变量，是一个多分类型变量；投保人一年申请的理赔次数受哪些因素的影响；一个月内交通事故的发生次数与哪些因素有关；等等。这些响应变量都是分类问题。上述问题采用传统线性回归模型研究时，已经不再满足线性回归模型对响应变量取值和分布的要求。为解决这类问题，直观的做法是对响应变量进行变换处理，使其满足线性模型的假定，然后再建模分析。那么，如何对不同类型的响应变量进行变换才能确保所建立的回归模型的回归系数仍具有实际意义，就成为广义线性模型所解决的问题。[8]

4.5.1 广义线性模型

广义线性模型（Generalized Linear Model）是对传统线性模型的拓展，重点要解决分类响应变量的变换处理，即应选择响应变量的哪种变换函数，使得变换之后的变量满足传统线性模型的条件。

广义线性模型中响应变量的变换函数称为连接函数，记为 $L(y)$。连接函数的作用是连接响应变量与自变量。找到一个恰当的 $L(y)$，将响应变量和自变量（解释变量）联系起来，且有 $L(y)=\beta_0+\beta_1x_1+\beta_2x_2+\cdots+\beta_px_p+\varepsilon$，这就是广义线性模型的一般形式。其中，被响应变量 y 可以不服从正态分布，只需服从指数型分布族中的二项分布、多项分布、泊松分布等分布即可。

传统线性模型 $y=\beta_0+\beta_1x_1+\beta_2x_2+\cdots+\beta_px_p+\varepsilon$ 的目的是研究给定解释变量 $x=(x_1,x_2,\cdots,x_p)$ 条件下响应变量 y 的均值。当响应变量 y 为二分类变量时，只有0和1两个取值，传统线性模型中的响应变量的期望是以 x 为条件 $y=1$ 的概率 $p(y=1|x)$，即 $E(y|x)=p(y=1|x)=\beta_0+\beta_1x_1+\beta_2x_2+\cdots+\beta_px_p$，该模型也称为线性概率模型。在这个模型中，响应变量服从二项分布，而非正态分布，且以 x 为条件的误差项的方差 $\mathrm{Var}(\varepsilon|x)=\mathrm{Var}(y|x)=p(y=1|x)[1-p(y=1|x)]$，除非概率 p 与 x 不相关，否则一定不是常数方差，不满足独立同分布的假设要求。所以，对于分类响应变量线性概率模型是不合适的。但如果响应变量的概率分布属于指数型分布族，可以考虑采用广义线性模型，即 $L[p(y=1|x)]=\beta_0+\beta_1x_1+\beta_2x_2+\cdots+\beta_px_p+\varepsilon$。这里，变换函数 $L(y)$ 的选择还应考虑模型中回归系数的可解释性问题。所以，不同问题应采用不同的连接函数。

[定义4.3] 设 $(Y_i;X_{i1},X_{i2},\cdots,X_{ip})$ $(i=1,2,\cdots,n)$ 为因变量 Y 和自变量 $X_1,X_2,\cdots,X_p$ 的观测值，若

(i) $Y_1,Y_2,\cdots,Y_n$ 相互独立，且对每个 i，Y_i 服从指数分布，即

$$Y_i \sim f(y;\ \theta_i,\ \varphi_i) = \exp(\frac{y\theta_i - b(\theta_i)}{\alpha(\varphi_i)} + c(y,\ \varphi_i)) \qquad (4-115)$$

(ii) $g(\mu_i) = \sum_{j=1}^{p} X_{ij}\beta_j$，其中 $\mu_i = E(Y_i)(i=1,2,\cdots,n)$。

则称 Y 与 $X_1,X_2,\cdots,X_p$ 服从广义线性模型。

广义线性模型在实践中有着十分广泛的应用，下面通过两个例子进行展示。

(1) 对人类某种疾病的发病率 μ 与人类的性别（X_1）、年龄（X_2）、家庭经济状况（X_3）、职业（X_4）、自然环境状况（X_5）之间关系的研究中，随机调查 n 个人，记录各人的患病情况及性别、年龄、职业等数据。令

$$Y_i = \begin{cases} 1，第\ i\ 个人患病 \\ 0，第\ i\ 个人未患病 \end{cases} \qquad (4-116)$$

则 $Y_i \sim B(1,\mu_i)$，其中 μ_i 为第 i 个人患病的概率。利用 Logit 连接函数构建广义线性回归模型：

$$\ln(\frac{\mu_i}{1-\mu_i}) = \sum_{j=1}^{p} X_{ij}\beta_j \qquad i = 1,2,\cdots,n \qquad (4-117)$$

通过观测数据估计变量系数 $\beta_j(j=1,2,\cdots,p)$，建立发病率 μ 与因素 X_1，$X_2,\cdots,X_p$ 之间的关系模型，通过检验 β_j 是否显著为零，掌握哪些因素是影响该疾病发病率的主要因素，并通过变量系数标准化后的值了解各因素对发病率影响的强度。这个模型就是广义线性模型中应用非常广泛的 Logistic 模型。

(2) 在研究某时段矿难发生次数与矿山类型 X_1、企业类型（国有、私营或合资）X_2、企业管理水平 X_3、企业规模 X_4、安全资金投入 X_5 等因素关系的过程中，随机调查了 n 家企业，令 Y_i 为第 i 家企业在该时段内发生矿难的次数($i=1$，$2\cdots,n$)。假定 $Y_i \sim P(\mu_i)$，其中 μ_i 为泊松分布参数。利用观测值 Y_i 和 $X_{i1},X_{i2},\cdots$，X_{ip} 建立广义线性模型：

$$\ln(\mu_i) = \sum\nolimits_{j=0}^{p} X_{ij}\beta_j \qquad i = 1,2,\cdots,n \qquad (4-118)$$

通过上述模型可以分析该地区矿难平均发生次数与各因素 $X_1,X_2,\cdots,X_p$ 的关系，并可以得出导致矿难发生的主要因素。这个模型为广义线性模型的另一个广泛应用的 Poisson 模型，也称为对数线性模型。

4.5.2 广义线性混合模型

线性混合模型是在线性模型的基础上扩展而来的。传统线性模型通常假设模

型中的某定量变量的系数或某变量影响的截距是确定的（可能未知）。然而，很多实际情况下，这些变量系数或截距未必如此。例如，研究不同生长环境（两种环境 $I_i=1$ 和 $I_i=2$）对儿童（第 i 个）认知能力的影响时，收集 4 个变量数据，分别是个体、时间、条件和认知能力 4 个变量。令 y_{ij} 代表第 i 个儿童在第 j 个时间 t_{ij} 时的认知能力。当不考虑环境因素影响时，对于每个儿童在某一时间的认知能力，可以构建如下模型：

$$y_{ij} = \theta_i + \pi_i t_{ij} + \varepsilon_{ij} \qquad i=1,\cdots,n,\ j=1,\cdots,m \tag{4-119}$$

这是最简单的线性回归模型。在这个模型中，参数 θ_i 和 π_i 为固定但未知的参数，因此这种线性模型也称为固定效应模型。这个模型隐含假设每个儿童是相互独立的。通过对观测值的拟合，可以得到 n 条以 θ_i 为截距、以 π_i 为斜率的直线。但是这些儿童有共性，并非完全独立，而是与环境相互影响。这种相关性最简单的表示方式是随机误差项不独立，通过方差-协方差矩阵的非对角型来体现。但有时共同的环境会通过模型的截距或斜率影响儿童的认知能力，这也就产生了截距和斜率各自依赖两种环境的带有相关误差的线性模型，如下所示：

$$\theta_i = \gamma_{00} + \gamma_0 I_i + \tau_{0i} \tag{4-120}$$

$$\pi_i = \gamma_{11} + \gamma_1 I_i + \tau_{1i} \tag{4-121}$$

其中，τ_{0i} 和 τ_{1i} 都是随机的，I_i 是固定的。将式（4-120）和式（4-121）带入式（4-119），可得

$$y_{ij} = [\gamma_{00} + \gamma_0 I_i + \gamma_{11} t_{ij} + \gamma_1 I_i \times t_{ij}] + [\tau_{0i} + \tau_{1i} t_{ij} + \varepsilon_{ij}] \tag{4-122}$$

第 1 个中括号为非随机部分，也称固定效应。第 2 个中括号包括无法观测到的随机部分，也称随机效应。这两部分的综合，称为混合效应。不论是固定效应部分还是随机效应部分，都是变量的线性形式，因此称为线性混合模型。在质量改进与可靠性提高方面的研究中，固定效应主要是对数据的均值进行建模，随机效应是对方差-协方差矩阵进行控制。混合模型通过选择适当的固定效应和随机效应对复杂的设计进行分析，如区组设计、裂区设计和重复测量设计。

设 $\boldsymbol{X}$ 是固定效应的已知模型矩阵，$\boldsymbol{\beta}$ 是固定效应向量，$\boldsymbol{Z}$ 是随机效应的已知模型矩阵，$\boldsymbol{u}$ 是随机效应向量，混合模型可以写为

$$E(\boldsymbol{y} \mid \boldsymbol{u}) = \boldsymbol{X\beta} + \boldsymbol{Zu} \tag{4-123}$$

其中，$\boldsymbol{u}$ 为随机变量，对其概率进行属性赋值。常见的假设是 $\boldsymbol{u} \sim N(0,\boldsymbol{D})$，即 $E(\boldsymbol{u})=0$ 和 $\mathrm{Var}(\boldsymbol{u})=\boldsymbol{D}$。从式（4-122）可以看出，随机变量 $\boldsymbol{u}$ 的概率分布决定了 $\boldsymbol{y}$ 的分布。因此，响应变量 $\boldsymbol{y}$ 的分布为

$$\boldsymbol{y} \sim N(\boldsymbol{XB}, \boldsymbol{ZDZ}^{\mathrm{T}} + \boldsymbol{R}) \tag{4-124}$$

其中，$R=\mathrm{Var}(\boldsymbol{y}|\boldsymbol{u})$。注意，固定效应只影响均值，随机效应只影响方差。

广义线性混合模型是广义线性模型和线性混合模型的延伸，在广义线性混合建模中，随机因素可以与非正态响应相结合，广义线性混合模型的模型设定概述为

$$y_i \mid u \sim \text{indep.} f(y_i \mid u) \tag{4-125}$$

其中，$f(y_i|u)$来自指数分布。y_i 的条件均值为

$$E(y_i \mid u) = u_i \tag{4-126}$$

条件均值与固定因素和随机因素的连接函数为

$$g(\boldsymbol{u}_i) = \boldsymbol{X}_i^{\mathrm{T}}\boldsymbol{\beta} + \boldsymbol{Z}_i^{\mathrm{T}}\boldsymbol{u} \tag{4-127}$$

模型设定通过选择响应和随机效应的分布来完成，并用极大似然估计对广义线性混合模型的似然函数进行优化。假设任意分布的似然函数为

$$L(\beta,\mu) = \int \prod_{i=1} f(y_i \mid u) f(u)\,\mathrm{d}u \tag{4-128}$$

注意，这里的假设是，对于随机变量的某一给定值，观测值是独立的，但在随机因素的不同水平之间并不一定是独立的，这使得更复杂的试验误差结构得以建模。

广义线性混合模型是非线性混合模型的子集，因为非线性混合模型允许随机效应通过任何一个模型参数进入模型，而不仅是均值。例如，可靠性寿命数据常用的威布尔分布的均值是两个模型参数的组合，非线性混合模型方法在其研究中被证明是特别有用的。因此，通过一个模型参数而不是均值来引入随机效应对威布尔分布更为直观。

求非线性混合模型的极大似然函数有 3 种常用方法：马尔可夫链蒙特卡罗（MCMC）方法、拟似然推断和数值积分。其中，数值积分技术已被大量研究并广泛应用于广义线性混合模型和非线性混合模型。本书在求解随机效应可靠性试验设计模型时，主要考虑数值积分技术。

第 5 章

考虑异常点存在时响应曲面设计的稳健性与稳健估计性能

5.1 基于异常点的响应曲面设计的稳健性

5.1.1 不同异常点时响应曲面设计稳健性分析

二阶球形响应曲面设计主要包括中心复合设计和 Box-Behnken 设计，本小节主要讨论异常点对于响应曲面模型的影响，采用响应变量曲面图和等高线图来评价包含异常点的二阶响应曲面设计。所考虑的模型为二阶响应曲面模型，其中包含所有主因子，以及主因子之间的交互作用和平方项。所研究的设计中输入变量的个数为 3 个。下面分别对 3 种响应曲面设计在异常点存在情况下的稳健性进行数据分析。

1. 中心复合设计和 Box-Behnken 设计的试验数据

本小节使用的中心复合设计研究 3 个操作因子封口温度 x_1、冷却棒温度 x_2 和聚乙烯添加剂百分比 x_3 对每平方英寸上面包装纸的强度 y 的影响。对每个因子采用编码数据。本次试验的目的是通过确定上述 3 个因子水平的组合给出最优的响应预测值。表 5-1 给出了所有因子水平及其对应的响应值。为了得到响应曲面设计中不同因子水平分布位置上异常数据，选取试验 8、14 和 20 的响应值加上 5 倍的模型标准差作为异常响应值（黑体所示），此响应曲面设计及初始观测值（无异常点观测值）和带有异常点的观测值见表 5-2。其中，原始数据模型的标准差 $s = \hat{\sigma} = \sqrt{\text{MSE}} = 0.996$。每个因子水平的定义为

$$x_1 = \frac{\text{封口温度真实值} - 255}{30} \quad (5-1)$$

$$x_2 = \frac{\text{冷却棒温度真实值} - 55}{9} \quad (5-2)$$

$$x_3 = \frac{\text{聚乙烯添加剂百分比真实值} - 1.1}{0.6} \tag{5-3}$$

表 5-1 因子与因子水平

因子	水平				
	−1.682	−1	0	1	1.682
封口温度 x_1/°F	204.5	225.0	255.0	285.0	305.5
冷却棒温度 x_2/°F	39.9	46.0	55.0	64.0	70.1
聚乙烯添加剂百分比 x_3/%	0.09	0.50	1.10	1.70	2.11

表 5-2 试验数据表

试验次序	输入变量			无异常点响应 y	异常点数据		
	x_1	x_2	x_3		角点异常	轴线点异常	中心点异常
1	−1	−1	−1	6.6	6.6	6.6	6.6
2	1	−1	−1	6.9	6.9	6.9	6.9
3	−1	1	−1	7.9	7.9	7.9	7.9
4	1	1	−1	6.1	6.1	6.1	6.1
5	−1	−1	1	9.2	9.2	9.2	9.2
6	1	−1	1	6.8	6.8	6.8	6.8
7	−1	1	1	10.4	10.4	10.4	10.4
8	1	1	1	7.3	**11.37**	7.3	7.3
9	−1.682	0	0	9.8	9.8	9.8	9.8
10	1.682	0	0	5.0	5.0	5.0	5.0
11	0	−1.682	0	6.9	6.9	6.9	6.9
12	0	1.682	0	6.3	6.3	6.3	6.3
13	0	0	−1.682	4.0	4.0	4.0	4.0
14	0	0	1.682	8.6	8.6	**13.70**	8.6
15	0	0	0	10.1	10.1	10.1	10.1
16	0	0	0	9.9	9.9	9.9	9.9
17	0	0	0	12.2	12.2	12.2	12.2
18	0	0	0	9.7	9.7	9.7	9.7
19	0	0	0	9.7	9.7	9.7	9.7
20	0	0	0	9.6	9.6	9.6	**15.09**

Box-Behnken 设计数据探究了聚酰胺树脂产量中胺的添加量问题，认为胺的添加量对于树脂的分子量分布有着非常重要的作用。在这个过程中，3 个因子起着非常重要的作用。它们分别是：胺添加时的温度 x_1、转数 x_2 和添加的比率 x_3。由于前两个变量的水平很难变动，所以选择三水平 Box-Behnken 设计，以树脂的黏度作为响应变量。因子的自然水平和编码水平及其对应的响应观测值和 Box-Behnken 设计见表 5-3。选取 12 和 15 号试验作为异常点（黑体所示），获得方式和中心复合设计一样，该设计的标准差 $s=3$。

表 5-3 因子水平及其 Box-Behnken 设计的试验数据及其异常点

因子水平	温度/°F	转数	比率/%	x_1	x_2	x_3
高水平	200	10.0	25	1	1	1
中心水平	175	7.5	20	0	0	0
低水平	150	5.0	15	−1	−1	−1
序号	x_1	x_2	x_3	原始观测数据 y	含异常点数据	
1	−1	−1	0	53	53	53
2	1	−1	0	58	58	58
3	−1	1	0	59	59	59
4	1	1	0	56	56	56
5	−1	0	−1	64	64	64
6	1	0	−1	45	45	45
7	−1	0	1	35	35	35
8	1	0	1	60	60	60
9	0	−1	−1	59	59	59
10	0	1	−1	64	64	64
11	0	−1	1	53	53	53
12	0	1	1	65	**77.25**	65
13	0	0	0	65	65	65
14	0	0	0	59	59	59
15	0	0	0	62	77	**77**

2. 结果与分析

众所周知，每种设计的不同位置都起到不同的作用。下面将研究前一节描述的中心复合设计和 Box-Behnken 设计中不同位置出现异常点时因子效应的变化情况。通过对因子效应（或模型估计系数）的分析，找到响应曲面设计对模型的影响机理，进而帮助工程师或研究者寻求稳健的响应曲面设计方案。

1）中心复合设计的分析结果

中心复合设计的 4 种响应（原始数据、异常点在角点、轴线点和中心点）对 3 个输入变量的回归系数及标准差见表 5-4。通过 4 个系数列的估计值的比较可以看出：当异常点在角点位置时，模型的所有系数项都受到了影响；轴线位置异常点影响到响应曲面模型纯二次项和与异常点相关变量 x_3 的一次项的估计；中心点位置的异常点只影响到模型纯二次项的估计。对于标准差而言，角点和轴线点位置的异常点增大了模型所有项系数的方差，然而中心点位置异常点使回归模型系数方差增加得更大。这一点也进一步印证了在条件允许的情况下，提高中心点试验的重复次数可以有效地改善模型效应估计稳健性。上面的讨论都是对于模型的估计而言，下面从模型优化的角度观察异常点的影响。

表 5-4　异常点存在和不存在时中心复合设计下模型估计系数与标准差计算结果

回归项	无异常点情况		异常点存在情况					
			角点部分		轴线点部分		中心点部分	
	系数	标准差	系数	标准差	系数	标准差	系数	标准差
x_1	-1.11	0.32	-0.80	0.44	-1.11	0.42	-1.11	0.50
x_2	0.09	0.32	0.40	0.44	0.09	0.42	0.09	0.50
x_3	1.03	0.32	1.34	0.44	1.65	0.42	1.03	0.50
x_1^2	-0.74	0.32	-0.62	0.45	-0.97	0.42	-1.06	0.50
x_2^2	-1.05	0.32	-0.93	0.45	-1.27	0.42	-1.36	0.50
x_3^2	-1.16	0.32	-1.04	0.45	-0.42	0.42	-1.48	0.50
x_1x_2	-0.35	0.41	0.17	0.57	-0.35	0.54	-0.35	0.64
x_1x_3	-0.50	0.41	0.02	0.57	-0.50	0.54	-0.50	0.64
x_2x_3	0.15	0.41	0.67	0.57	0.15	0.54	0.15	0.64

图 5-1 和图 5-2 分别给出了 4 种响应与变量 x_2（冷却棒温度）和变量 x_3（聚乙烯添加剂百分比）的曲面图，其中变量 x_1（因子 A）位于中心水平位置。通过这 4 幅图的对比可以看出，异常点的存在引起了响应的变化，但是对于不同位置的异常点所引起的变化程度是不同的。当异常点位于角点特别是轴线点时，响应变量的曲面图发生了严重的扭曲，这表明响应受到了严重的干扰。当异常点

位于中心点位置时，响应的变化不是很大，但是从表 5-4 最后一列的标准差来看，响应的的稳健性和预测性将会变得很差。对于变量 x_1 位于其他的水平，如 -1.682、-1、1.682，响应的变化与上面的分析结果类似。除变量 x_2 和 x_3 之外，我们还考虑了变量 x_1 和 x_2 与 4 种响应的关系。如图 5-3 至图 5-4 的等高线图所示，第 3 个变量 x_3 位于中心点位置。通过这 4 个图可以清晰地看出，当异常点位于中心点时，最优值点的范围被扩大了很多，这也说明了估计模型的方差变大了很多，这样就增加了模型的波动性，大大加大了模型的预测难度。对于其他两个位置，范围并没有太大的变化，最优值的位置有小幅的移动。对于变量 x_3 的其他水平的分析结果与此类似，这里不再详细阐述。

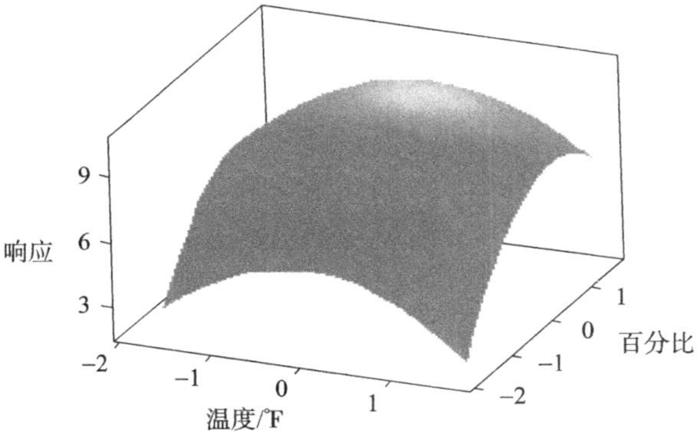

a）无异常点

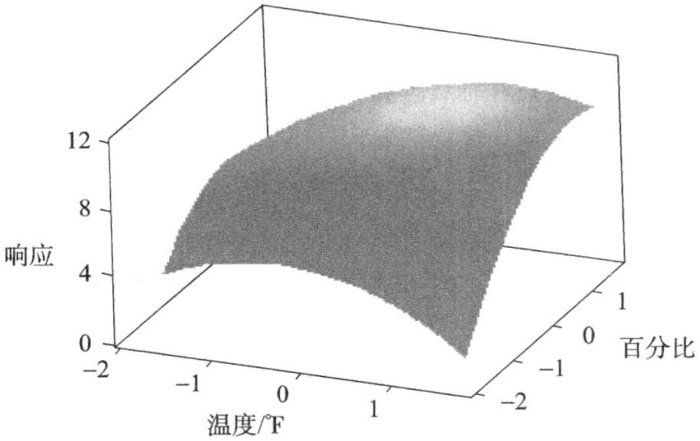

b）异常点在角点

图 5-1　无异常点和异常点在角点时响应、冷却棒温度 x_2 和聚乙烯添加剂百分比 x_3 的曲面图

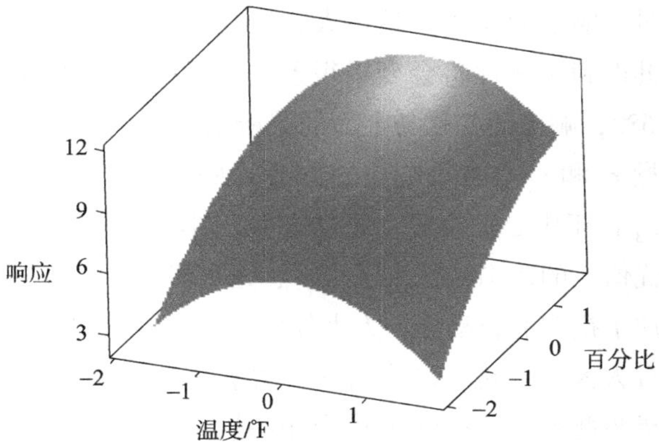

a）异常点在轴线点

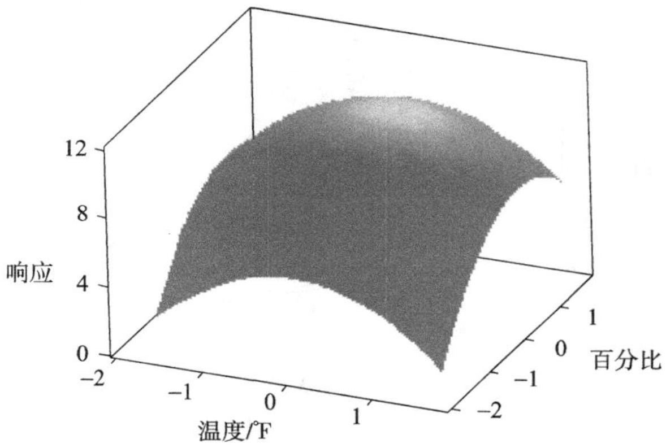

b）异常点在中心点

图 5-2　异常点在轴线点和中心点时响应、冷却棒温度 x_2 和聚乙烯添加剂百分比 x_3 的曲面图

2）Box-Behnken 设计的分析结果

类似于表 5-4，表 5-5 给出了 Box-Behnken 设计中异常点位于区组和中心点位置时模型回归系数及其标准差的值。可以看出，异常点在区组位置时，除对变量 x_1 的估计没有影响外，其他的效应都发生了变化，与中心复合设计的角点和轴线点位置影响相比，程度更大些。对于中心点位置异常点，整个 Box-Behnken 设计的系数标准差的影响类似于中心复合设计，但从影响的程度来看，要比该中心复合设计大很多。从这一点来看，Box-Behnken 设计对异常点更敏感。在最优值方面的影响，图 5-5 和图 5-6 给出了 3 种情况的响应与前两个因子温度 x_1 和转数 x_2 的等高线，其中第 3 个因子比率的值设置在中心水平，由图可以看出，

区组位置异常点改变了响应最优值（鞍点）的位置，而中心点位置异常值明显增加了响应值的波动范围，这一点与前面设计的分析是一致的。当第 3 个因子存在异常点时，分析结果与前两个因子的分析结果一致。

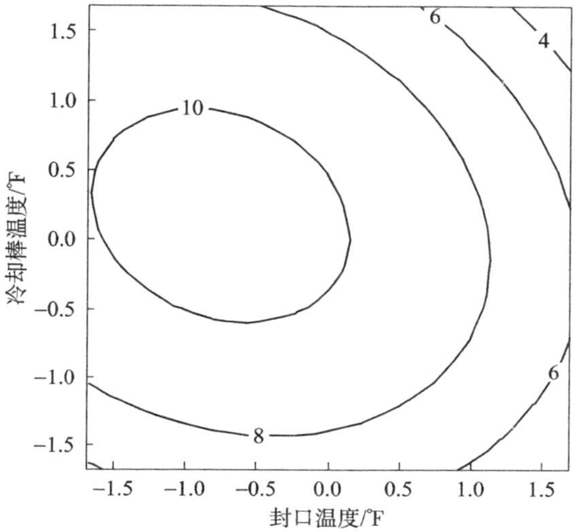

a）无异常点

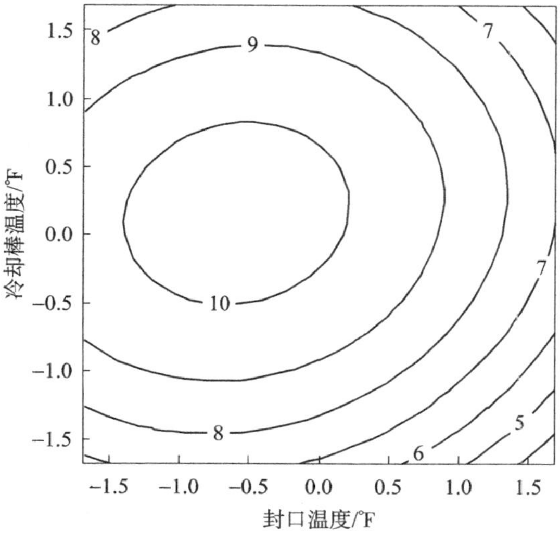

b）异常点在角点

图 5-3 无异常点和异常点在角点时响应与封口温度 x_1、冷却棒温度 x_2 的等高线图

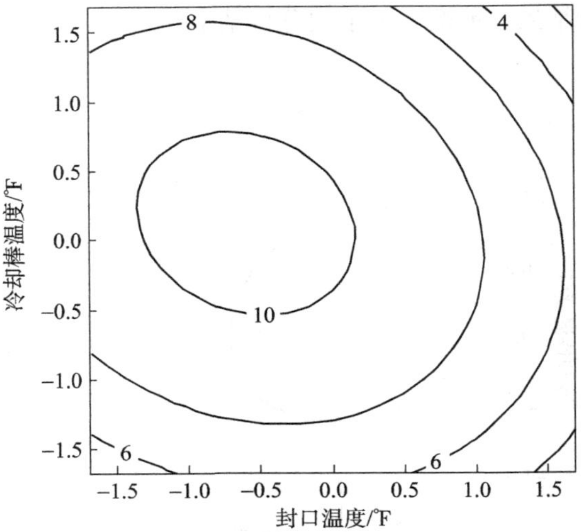

a）异常点在轴线点

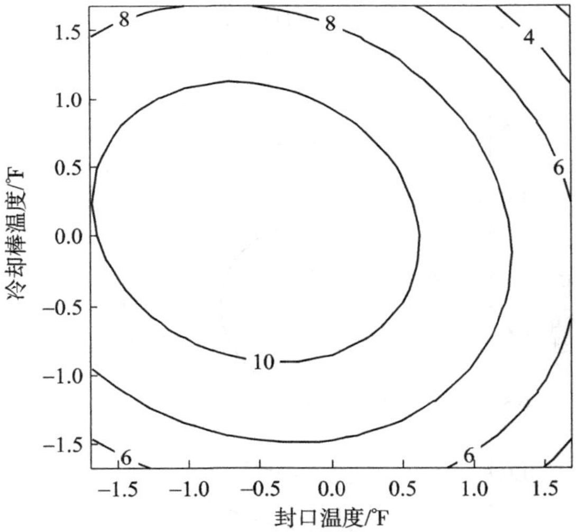

b）异常点在中心点

图 5-4　异常点在轴线点和中心点时响应与封口温度 x_1、冷却棒温度 x_2 的等高线图

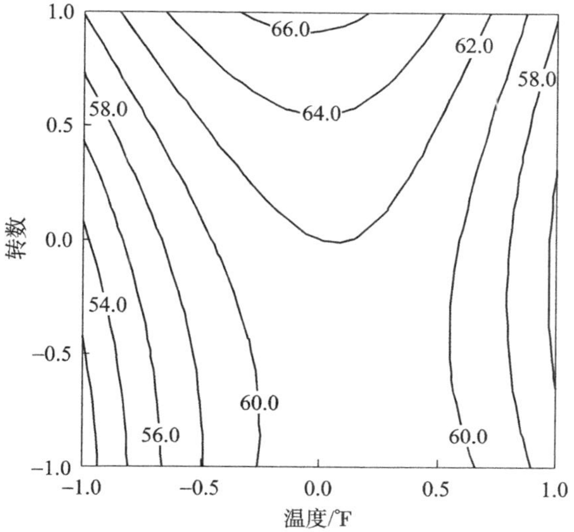

a）无异常点

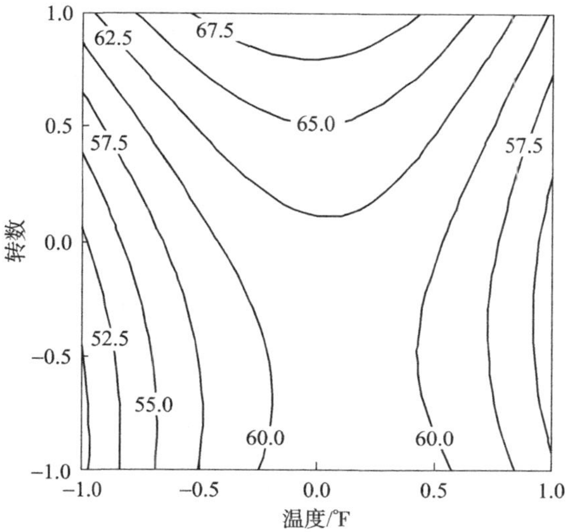

b）异常点在区组位置

图5-5　无异常点和异常点在区组位置时响应与温度 x_1、转数 x_2 的等高线

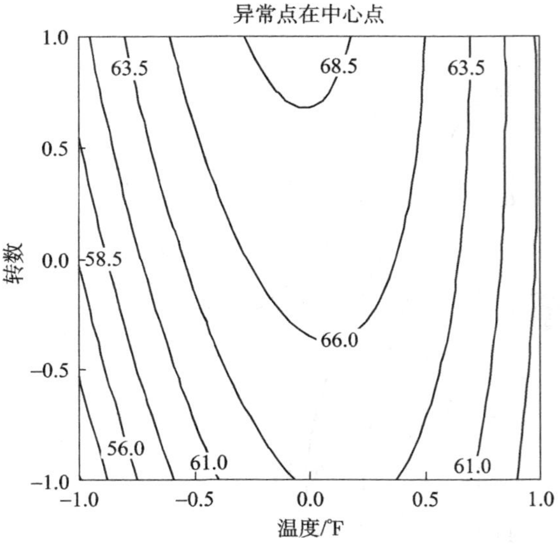

图 5-6　异常点在中心点位置的响应与温度 x_1、转数 x_2 的等高线图

表 5-5　异常点存在和不存在时 Box-Behnken 设计下模型估计系数与标准差计算结果

回归项	无异常点情况		异常点存在情况			
			区组部分		中心点部分	
	系数	标准差	系数	标准差	系数	标准差
x_1	1.000	1.132	1.000	1.976	1.000	2.243
x_2	2.625	1.132	4.156	1.976	2.625	2.243
x_2	-2.375	1.132	-0.844	1.976	-2.375	2.243
x_1^2	-7.375	1.666	-8.906	2.908	-9.875	3.302
x_2^2	1.875	1.666	3.406	2.908	-0.625	3.302
x_3^2	-3.625	1.666	-2.094	2.908	-6.125	3.302
x_1x_2	-2.000	1.601	-2.000	2.794	-2.000	3.172
x_1x_3	11.000	1.601	11.000	2.794	11.000	3.172
x_2x_3	1.750	1.601	4.8125	2.794	1.750	3.172

5.1.2　基于稳健思想的响应曲面设计的步骤和技术路线

结合稳健性的思想可得响应曲面设计和建模的技术路线，如图 5-7 所示。基本步骤如下。

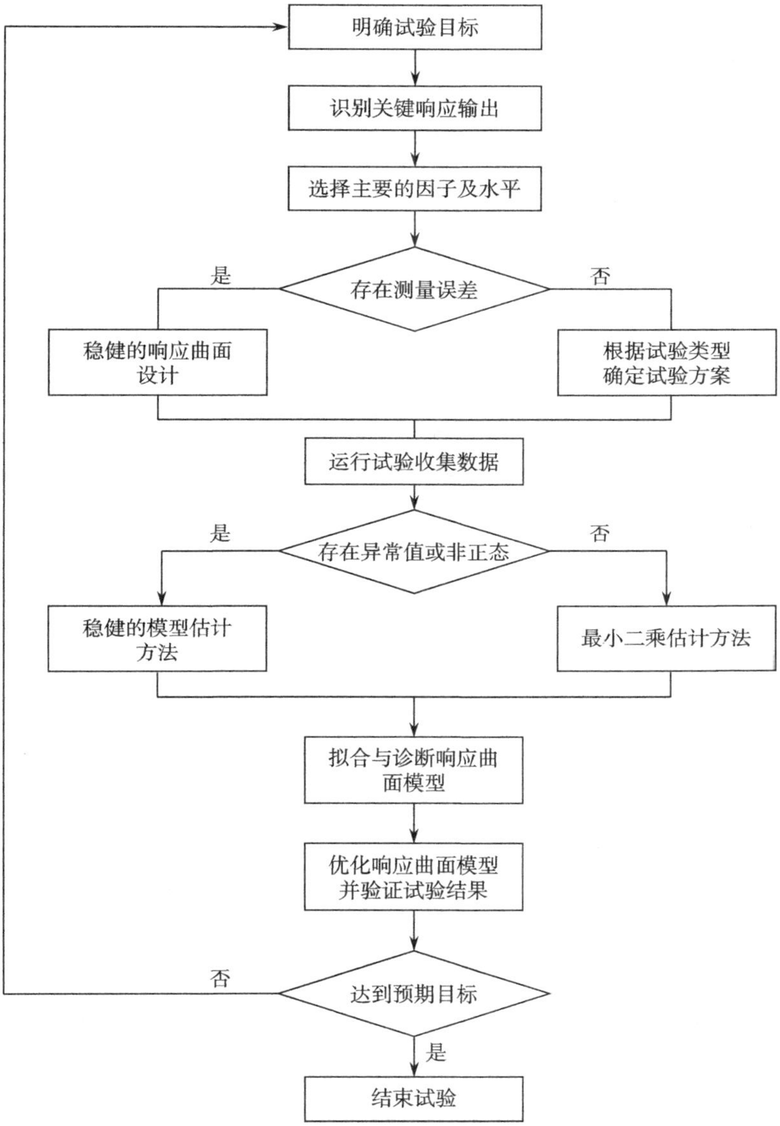

图 5-7　稳健的响应曲面设计和建模的技术路线

（1）明确试验目标。企业团队中的成员根据企业的生产流程及其要求，选择试验设计的对象，阐明试验设计的目的。

（2）确定响应输出。在一个试验中会有多个响应，要选择出起着关键作用的。如果能用连续型指标度量的响应变量，尽量不用离散型的指标度量。

（3）确定影响因素。应用流程图或者鱼骨图选出所有可能对响应变量有影响的因子，然后根据数据和相关工程知识进行分析和初步筛选。

（4）选择试验类型，确定试验方案。根据试验的目的和要求，选择、制订正确的试验计划，确定区组状况和试验次数，并按照试验随机化的原则安排试验顺序。当因子水平存在测量误差时，需要选择稳健的试验设计方案，为模型的拟合和预测提供更可靠的数据。

（5）确定试验策略、运行试验、记录结果和试验数据检查。

（6）模型拟合和诊断：建立响应输出与因子的二阶响应曲面拟合模型，检查模型的拟合情况，删除模型中的不显著因子项，计算模型的残差图和观测值图，同时检验拟合模型的正态性、异常差和相应的独立性等。如果模型存在非正态或异常点情况，需要采取稳健的模型估计方法消除或者降低它们对模型的影响。

（7）解释模型并验证结果。根据工艺中的设计或生产中的状况对模型进行解释并进行验证试验，检查试验结果是否达到预期的目标值。

5.2 不同稳健回归方法的性能分析

响应曲面建模中最常用的方法是最小二乘回归，该估计方法假定随机误差项服从正态分布、相互独立且方差相同。但是在实际生产中，误差项并不是都服从正态分布的，这时最小二乘回归就无法达到最优无偏估计，估计的模型严重偏离真实状态，因此需要稳健的估计方法抑制异常点对模型估计的拉动作用。第2章介绍了几种稳健估计方法，在此基础上，本章主要分析稳健估计方法在响应曲面方法中对异常点或非正态响应数据中的作用。对于二阶响应曲面模型对异常点的稳健性，本节采用回归系数的变异程度作为二阶响应模型稳健性的评价标准，即在不同稳健估计方法的比较中，利用回归系数与模型真实系数（正态分布下最小二乘估计结果）的差值的平方和（下面称为偏差平方和）作为评价标准，给出不同稳健估计的在中心复合设计下的稳健性。

5.2.1 试验数据

在进行试验分析之前，首先介绍不同估计方法系数间偏差平方和。令$\hat{\beta}_0$，$\hat{\beta}_i$，$\hat{\beta}_{ii}$和$\hat{\beta}_{ij}$分别表示随机误差服从正态分布且相互独立没有异常点时最小二乘估计的一次项、二次项和交叉项的系数，$\hat{\beta}'_0$，$\hat{\beta}'_i$，$\hat{\beta}'_{ii}$和$\hat{\beta}'_{ij}$为非正态或异常点存在时稳健估计出的对应系数值，模型系数估计的偏差平方和定义为

$$(\hat{\beta}'_0-\hat{\beta}_0)^2+\sum_{i=1}^{k}(\hat{\beta}'_i-\hat{\beta}_i)^2+\sum_{i=1}^{k}(\hat{\beta}'_{ii}-\hat{\beta}_{ii})^2+\sum_{i>j=1}(\hat{\beta}'_{ij}-\hat{\beta}_{ij})^2 \quad (5-4)$$

4.3 节介绍了不同的稳健估计方法。稳健估计在化工中有着广泛的应用，但在响应曲面方法中的应用并不是很多。下面以 $k=3$ 个因子的中心复合设计为例，给出了在中心复合设计中不同稳健估计方法在响应曲面建模中对异常点的作用。中心复合设计详细内容见 3.1 节。为了检测不同稳健估计方法对响应曲面设计中多个异常点的稳健性，选择了 3 个异常点，分别是试验点 8、14 和 20，它们的偏差程度为 5 倍标准差的偏离。异常点的比例占到了 30%。此响应曲面设计及初始观测值（无异常点观测值）和带有异常点的观测值见表 5-6。

表 5-6 中心复合设计的试验数据及其异常点

试验次序	试验因子			原观测值	含异常点观测值
	x_1	x_2	x_3		
1	-1	-1	-1	6.6	6.6
2	1	-1	-1	6.9	6.9
3	-1	1	-1	7.9	7.9
4	1	1	-1	6.1	6.1
5	-1	-1	1	9.2	9.2
6	1	-1	1	6.8	6.8
7	-1	1	1	10.4	10.4
8	1	1	1	7.3	**11.37**
9	-1.682	0	0	9.8	9.8
10	1.682	0	0	5.0	5.0
11	0	-1.682	0	6.9	6.9
12	0	1.682	0	6.3	6.3
13	0	0	-1.682	4.0	4.0
14	0	0	1.682	8.6	**13.70**
15	0	0	0	10.1	10.1
16	0	0	0	9.9	9.9
17	0	0	0	12.2	12.2
18	0	0	0	9.7	9.7
19	0	0	0	9.7	9.7
20	0	0	0	9.6	**15.09**

不同回归方法对含异常点的观测值的模型参数估计结果见表 5-7。初始观测值（无异常点）的回归系数为［10.17 -1.10 0.09 1.02 -0.76 -1.04 -1.15 -0.35 -0.50 0.15］。通过表中各系数的估计值与无异常点估计值的比较，可以看出 3 个异常点对模型的系数估计值产生了显著的影响。在高抗差估计中，与第 3 个因子相关的系数的估计如 $\hat{\beta}_3$、$\hat{\beta}_3^2$、$\hat{\beta}_{13}$ 和 $\hat{\beta}_{23}$ 受到较大影响，这些系数估计值的严重偏离主要是因为第 3 个因子的轴线点位置出现了异常点，由此可以看出，高抗差估计对于中心复合设计中轴线点上的异常点是比较敏感的。对于稳健 M 估计，Tukey 估计和 Welsch 估计的结果几乎是一样的，只有常数系数估计值有略微不同，Cauchy 估计的回归系数是最接近无异常点时的结果，Huber 估计的结果与最小二乘对含异常点的估计结果相同。由此可以看出，对于中心复合设计在 5 倍的标准差偏离情况下，稳健 M 估计方法中 Cauchy 估计方法对于异常点是比较稳健的，其次是 Tukey 估计和 Welsch 估计，Huber 估计的稳健性略差一些。对于高抗差估计，特别是稳健 MM 估计容易受边界点影响。

表 5-7　不同估计方法的回归结果

回归方法	系数									
	$\hat{\beta}_0$	$\hat{\beta}_1$	$\hat{\beta}_2$	$\hat{\beta}_3$	$\hat{\beta}_1^2$	$\hat{\beta}_2^2$	$\hat{\beta}_3^2$	$\hat{\beta}_{12}$	$\hat{\beta}_{13}$	$\hat{\beta}_{23}$
最小二乘	11.09	-0.81	0.39	1.95	-1.15	-1.44	-0.64	0.16	0.01	0.66
Huber 估计	11.09	-0.80	0.39	1.94	-1.15	-1.44	-0.64	0.16	0.01	0.66
Cauchy 估计	10.92	-0.80	0.39	1.94	-1.10	-1.39	-0.56	0.18	0.01	0.66
Tukey 估计	10.99	-0.80	0.39	1.94	-1.12	-1.41	-0.59	0.18	0.01	0.66
Welsch 估计	10.97	-0.80	0.39	1.94	-1.12	-1.40	-0.58	0.18	0.01	0.66
MM 估计	9.85	-1.29	-0.10	0.44	-0.86	-1.14	1.12	0.99	0.84	1.49

通过上面的分析可以得出，稳健 MM 估计对于响应曲面设计中边界点的稳健性能比较弱。这一点对于高抗差估计方法尤为显著。尽管如此，高抗差估计特别是稳健 MM 估计有其自身的优势，很多学者展示了 MM 估计在双响应曲面问题中得到非常好的结果。除此之外，随着试验运行次数的增加，MM 估计对于边界上的异常点也会给出更加稳健的估计结果。对于应用 MM 估计提高模型的稳健性，增加中心点的试验次数是最简单有效的方法。

5.2.2　不同估计方法比较研究及其结果分析

5.2.1 小节通过一个实例给出了不同稳健估计方法对于中心复合设计中存在

5 倍标准差偏离的异常点情况下模型回归系数估计值，通过对不同稳健估计结果与初始观测值回归系数的比较，可以得出在以样本量少而著称的响应曲面设计——中心复合设计下，稳健高抗差估计对于边界点比较敏感，当出现异常点时估计性能将会变差。对于稳健 M 估计方法，主要是通过赋予较大残差数据以较小的权重，抑制大残差数据对回归模型的拉动作用，达到建立稳健的响应曲面模型的目的。从 5.2.1 小节不同估计方法对二阶响应曲面模型回归系数的估计结果和分析可得出，除去与第 3 个因子相关的估计系数外，MM 估计将是最好的估计，然而从总体来看，Welsch 估计的准确性要好一些。下面通过模拟仿真的形式，研究分析不同程度异常点存在或非正态情况下，不同稳健估计方法对模型估计的稳健性。

首先介绍两种常见的非正态重尾分布：Cauchy 分布和 logistic 分布。它们的概率分布密度函数分别是

$$p(x) = \frac{\beta}{\pi}\frac{1}{\beta^2 + (x - \mu)^2} \quad \text{(Cauchy)} \qquad (5-5)$$

$$p(x) = \frac{1}{2\beta[1 + \cosh\{(x - \mu)/\beta\}]} \quad \text{(logistic)} \qquad (5-6)$$

在下面的模拟研究中所选择的设计方案、异常点的位置如 5.2.1 小节所示，模拟中为了比较不同偏离程度的异常点对稳健模型的影响，选取原观测值加上 3 倍标准差和 5 倍标准差偏离作为异常点。模拟的均值函数为

$$\mu(x) = 40 - (x_1^2 + x_2^2 + x_3^2) \qquad (5-7)$$

方差为 $\sigma^2 = 36$，重复数为 100 次，两个重尾分布的位置参数为 0，尺度参数为 6。采用二阶响应曲面模型作为回归估计模型，采用稳健估计与最小二乘估计的回归系数的偏差平方和作为评价标准。

表 5-8 给出了不同稳健估计对 Cauchy 与 logistic 分布和异常点存在情况下，模型估计系数最小偏差平方和。可以看出，当异常点的偏离程度较小时（3 倍标准差），稳健估计方法对模型系数的估计没有显著的差异，并没有有效地改善异常点对模型的不利影响，反之，当偏离程度较大时（5 倍标准差），MM 估计展现出比较优越的性能，而稳健 M 估计相对于最小二乘估计也有一定程度的改善，特别是 Tukey 估计方法。对于重尾 Cauchy 分布，MM 估计仍然表现出良好的稳健性能。在 Logistic 分布中最小二乘估计表现出好的估计效果，这表明在非常态小尺度的偏态估计中，最小二乘估计仍然是最佳的估计方法选择。为了进一步分析稳健估计方法对于重尾数据的估计状况，图 5-8 和图 5-9 给出了达到最小偏差平

方和的 logistic 偏态数据和 Cauchy 偏态数据的直方图。这两个图表明，对于接近正态并且在 3σ 之内的数据，最小二乘仍然是较好的估计方法。对于有严重拖尾情况的数据，MM 估计方法将是比较好的估计方法，具有较好的稳健性。

表 5-8　不同估计方法的响应模型系数偏差平方和

估计方法	分布			
	Cauchy 分布	logistic 分布	异常点（3s）	异常点（5s）
最小二乘	28.28	13.88	20.29	78.59
Huber 估计	28.28	25.87	20.29	78.58
Tukey 估计	26.80	24.36	20.09	74.32
Cauchy 估计	25.69	21.10	20.17	75.90
Welsch 估计	26.50	23.22	20.15	75.42
MM 估计	13.46	43.65	20.29	32.69

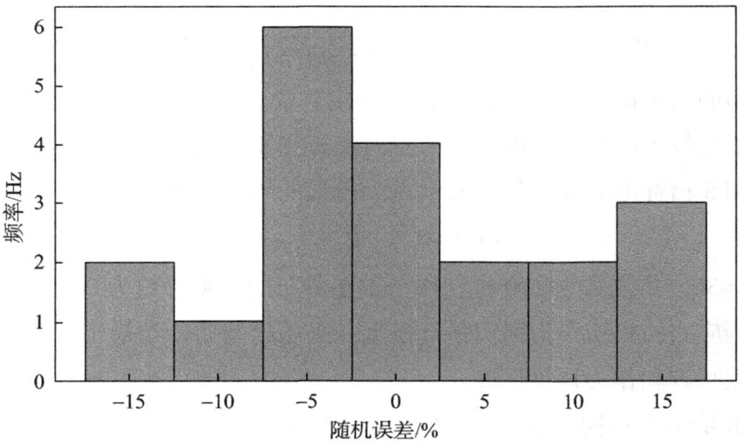

图 5-8　logistic 数据直方图

本小节通过实例和模拟仿真的形式比较分析了不同稳健估计方法：Huber 估计、Tukey 估计、Cauchy 估计、Welsch 估计和具有高抗差的 MM 估计。结果表明，MM 估计对于偏离程度较大的异常点数据有较好的稳健性，对于偏差程度较小的异常点并无显著优势。对于非正态重尾分布、Cauchy 和 logistic 分布，MM 估计方法对于有明显拖尾的数据的估计较好，能够显著改善尾部数据对模型的拉动影响。但对于无显著拖尾数据的观测值，最小二乘估计将是很好的估计方法，可给出较好的模型估计。通过实例分析，可得出当异常点位于中心复合设计的临界点位置时，MM 估计对其所在因子的估计变得很差，稳健 M 估计特别是 Tukey、Cauchy 和 Welsch 估计将是比较好的选择。

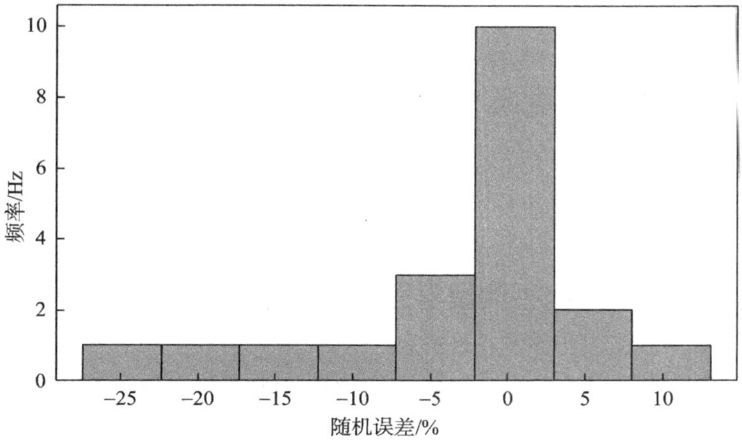

图 5-9 Cauchy 数据直方图

第6章

基于误差变量模型的响应曲面设计稳健性

6.1 不同水平测量误差下响应曲面设计的稳健性

传统的响应曲面设计过程中，输入变量被认为是可以取到真值的，一旦确定就是固定的常数，没有考虑测量误差的影响。然而，在实际生产过程中，测量误差是很普遍的，当输入变量存在测量误差时，响应曲面设计就会失去原有的优良性质，使响应模型的预测严重偏离实际值。本章针对输入变量存在误差的情况，提出了两种响应曲面模型预测评价指标，并针对常见的响应曲面设计——中心复合序贯设计、中心复合表面设计和 Box-Behnken 设计的预测性、稳健性进行了比较和评价。这里的稳健性指的是响应的预测方差对输入变量的微小变化不敏感。对于不同水平的测量误差，可通过比较两个评价指标得到稳健的响应曲面设计。

6.1.1 测量误差对响应曲面影响

第 3 章介绍了响应曲面方法，它作为一种常用的产品或过程优化和预测方法，在很多领域得到了广泛的应用，在很多软件中得到了实现，如 Minitab、JMP、Design-Expert、S-Plus 等。但是，该方法假设输入变量是没有测量误差的。在很多情况下，这个假设是不能被满足的，这将会导致应用该方法会得到错误的结论。在化工领域这种情况是很常见的。目前，对于响应曲面方法很少考虑到这一点，即使考虑，大部分也只是停留在统计意义上的证明推导方面。

在实际生产过程中，由于一些测量误差的存在，输入变量的真实值并不能被观测到，响应估计的优化值和预测值可能会与目标相差很大，此时的过程或系统变得不准确。如何在响应曲面设计中权衡，寻找对测量误差不敏感的设计方案，将是一个行之有效的方法。

下面通过一个例子来说明当响应曲面方法没有考虑测量误差时，响应估计的回归系数、最优值及其位置与目标值的偏差。这里应用的试验设计仍然是2.1.2小节所介绍的中心复合设计。该设计有3个因子和1个响应输出，目的就是优化响应，使其达到最大值。为了检测测量误差对响应估计的干扰，每一因子在原有水平基础上加上均值为0、方差为0.2的正态随机数作为实际生产中输入变量的数值。该试验的设计方案及其试验数据见表6-1。

表6-1 中心复合设计及其试验数据

序号	无测量误差的试验因子			存在测量误差的试验因子			观测值
	z_1	z_2	z_3	x_1	x_2	x_3	
1	−1	−1	−1	0.121	−2.335	−0.526	6.6
2	1	−1	−1	0.927	−0.259	−0.323	6.9
3	−1	1	−1	−0.912	1.473	−1.595	7.9
4	1	1	−1	1.540	1.166	0.633	6.1
5	−1	−1	1	0.145	−0.782	1.355	9.2
6	1	−1	1	3.436	−1.176	0.951	6.8
7	−1	1	1	−0.142	1.531	1.299	10.4
8	1	1	1	0.309	−0.215	0.990	7.3
9	−1.682	0	0	−0.617	−0.475	0.952	9.8
10	1.682	0	0	3.037	0.998	1.222	5.0
11	0	−1.682	0	−0.533	−2.148	0.219	6.9
12	0	1.682	0	−0.279	−0.147	−1.027	6.3
13	0	0	−1.682	1.333	0.511	−2.677	4.0
14	0	0	1.682	0.607	1.599	1.473	8.6
15	0	0	0	−1.983	−0.050	1.040	10.1
16	0	0	0	−0.073	0.908	0.624	9.9
17	0	0	0	−1.265	−0.228	−1.641	12.2
18	0	0	0	−0.038	−0.513	−0.290	9.7
19	0	0	0	−0.040	−1.526	0.152	9.7
20	0	0	0	−0.104	1.365	−1.039	9.6

首先，拟合出原始数据的二阶响应模型：

$$\hat{y} = 10.165 - 1.104x_1 + 0.087x_2 + 1.020x_3 - 0.760x_1^2 - 1.042x_2^2 - 1.148x_3^2 - 0.350x_1x_2 - 0.500x_1x_3 + 0.150x_2x_3 \tag{6-1}$$

计算出最大值坐标点［-1.011，0.260，0.681］，最大值11.08。该模型的可决系数 R^2 是85.56%，调整的可决系数 $R_{adj}^2 = 72.56\%$ 。为了与测量误差存在时的响应模型相比较，将二阶标准响应曲面模型作为参考模型。

误差存在时的二阶响应模型为

$$\hat{y} = 10.172 - 1.181z_1 + 0.035z_2 + 0.698z_3 - 0.766z_1^2 - 0.941z_2^2 - 1.314z_3^2 - 0.632z_1z_2 - 0.491z_1z_3 + 0.537z_2z_3 \quad (6-2)$$

为了便于比较，表6-2给出了上述模型的方差分析表。原模型的回归项的 F 值为7.87，通过回归项中 F 值的比较，两个模型有显著不同。测量误差存在的情况下，模型可决系数为78.46%，调整的可决系数为59.07%，这两个值明显小于无测量误差情况下的值，也就是说测量误差降低了模型拟合与预测能力。

表6-2　存在测量误差的响应模型方差分析表

来源	平方和	自由度	调整平方和	调整均方	F	P
回归	64.470	9	64.470	7.163	4.05	0.02
线性	26.638	3	28.621	9.540	5.39	0.02
平方	30.334	3	34.342	11.447	6.47	0.01
交互作用	7.498	3	7.498	2.500	1.41	0.30
残差误差	17.700	10	17.700	1.770	—	—
总和	82.170	19	—	—	—	—

注：$R^2 = 78.46\%$，$R_{adj}^2 = 59.07\%$

测量误差存在的情况下，响应模型的最大值对应的坐标 z=［-1.208，0.597，0.609］，最大值为10.94。很显然，最大值的坐标及其最大值都偏离了目标值。这就说明在测量误差存在时要考虑不同的响应曲面设计对误差的敏感性，寻求比较稳健的设计方案。

这个例子说明，传统的响应曲面方法没有考虑到输入变量存在误差的情况，通常假定是固定值，这样给响应模型的估计带来了偏差。本书提出了两种响应曲面设计评价标准，评价测量误差存在时不同设计的稳健性，寻求比较稳健的试验设计。

6.1.2　基于预测方差的响应曲面设计稳健性

中心复合设计和Box-Beheken设计是响应曲面设计中最常见、使用最广泛的二阶响应曲面设计。本小节将考虑两类中心复合设计：中心复合序贯设计和中心复合表面设计。中心复合序贯设计是可旋转的设计，轴线点 α 的取值是因子点数的4次方根；中心复合表面设计所有的点（中心点除外）位于立方体的表面。Box-Behnken 设计是基于平衡不完全区组设计而构造的。对于二阶响应曲面模型，如式（3-3），预测方差经常被应用于反映响应曲面设计的预测性能，这也是响应曲面设计所研究的重要方法之一，反映了设计预测性能的好坏。

本小节主要研究输入变量存在误差情况下，不同响应曲面设计的预测性能，考虑包含3个变量的响应曲面设计和 Box-Behnken 设计，应用仿真方法比较它们的预测稳健性。模拟研究中采用1 000次重复随机样本，对于中心复合设计每次重复运行20次试验，Box-Behnken 设计运行15次，试验设计中所涉及的输入变量均为编码数据。

为了调查测量误差对不同设计的性能的影响，提出两种统计量作为响应曲面设计性能的评价标准。

第一个是测量误差存在时试验设计的最大预测方差与没有测量误差时试验设计的最大预测方差的差值（以下简称“差值”），表示为

$$\frac{1}{N}\sum_{N}\left(\max_{m} V(x_m)\right) - \max V(z_m) \tag{6-3}$$

式中，误差存在时响应曲面设计的最大预测方差在模拟仿真中采用的是1 000次仿真的平均值。式（6-3）中的 $V(x_m)$ 为存在测量误差的响应曲面设计的预测方差，x_m 为测量误差下设计区域内对应于二阶响应曲面模型的设计点的值，N 为模拟的重复次数，本次模拟 $N=1\ 000$，m 为试验运行次数，两类中心复合设计中 $m=20$，Box-Behnken 设计中 $m=15$。式中的第一部分是仿真中测量误差存在时最大预测方差的均值，另一部分为无测量误差情况下设计的最大单位预测方差。这个差值反映的是测量误差对响应模型预测性能影响的一种度量，值越小说明该设计对测量误差越不敏感。

第二个评价准则是均方偏差，即测量误差存在情况下响应曲面设计最大预测方差与其模拟均值的偏差平方和的均值：

$$\frac{1}{N}\sum_{N}\left(\max_{m} V(x_m) - \frac{1}{N}\sum_{N}\left(\max_{m} V(x_m)\right)\right)^2 \tag{6-4}$$

这个准则评价的是测量误差对预测方差本身波动的影响。均方偏差值越小说明该设计对测量误差越稳健，反之则越敏感。我们希望通过仿真比较，找到对于实际中常见的小波动测量误差下稳健的响应曲面设计方案。

上述两种评价准则对于输入变量存在测量误差时比较二阶响应曲面设计预测

性能的稳健性比较是非常有用的，同时，它们也是误差变量模型中选择设计方案的重要方面。实际生产中的测量误差会有不同的波动水平，所以本小节根据测量误差的每一种水平，计算了3种设计预测方差的偏差值和均方偏差值，通过图像展示了不同设计预测性能的稳健性。不同水平测量误差下，中心复合序贯设计、中心复合表面设计和Box-Behnken设计最大预测方差的差值如图6-1所示，该图给出的是对于测量误差的方差 $0<\sigma_u<0.3$ 时差值的变化情况。类似地，图6-2给出了3种设计的均方偏差图。

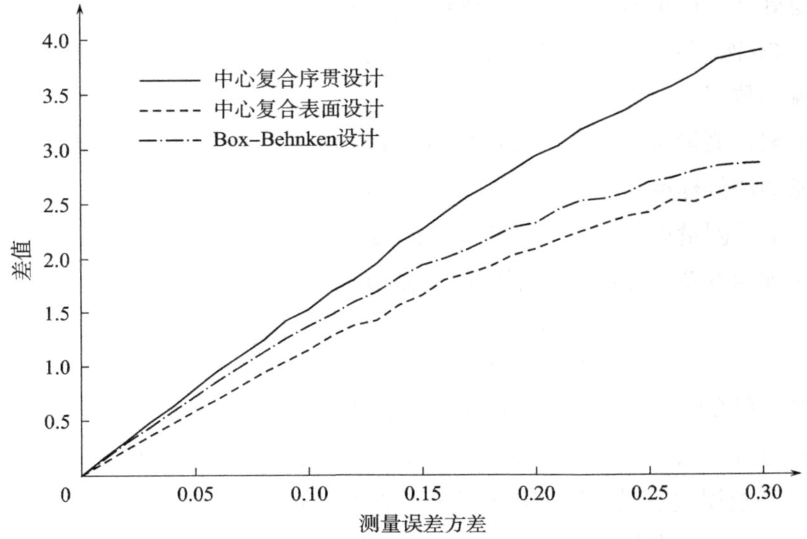

图6-1　中心复合序贯设计、中心复合表面设计和Box-Behnken设计在不同测量误差水平下最大预测方差差值

通过两图可以看出，随着测量误差方差的增大，3种响应曲面设计都呈现出了增长的趋势。在图6-1中，对于小偏移 $\sigma_u^2<0.1$ 的测量误差，3种设计在最大预测方差的差值方面并没有显著的差异。但是对于大偏移的测量误差存在时，中心复合设计增长很快，特别是当 $\sigma_u^2>0.5$ 时，中心复合设计下的最大预测方差的差值直线增长，而中心复合表面设计和Box-Behnken设计的增长逐渐趋于平缓。

对于3种设计的均方偏差，图6-2表明，中心复合表面设计和Box-Behnken设计在小偏移情况下几乎没有区别，但当方差 $\sigma_u^2>0.15$ 时，Box-Behnken设计几乎没有随着测量误差偏移量的增大而增大，中心复合表面设计则在缓慢增长，它的均方偏差值大于Box-Behnken设计的均方偏差值。在整个测量误差的方差范围内，中心复合序贯设计都处于直线增长状态，它的均方偏差值远远高于其余两个设计的均方偏差值。这表明 Box-Behnken 设计的预测性对于测量误差的波动是比较稳健的，中心复合序贯设计的预测性对于测量误差是敏感的。综合 3 种响应曲面设计的差值与均方偏差图，中心复合序贯设计在测量误差方差的波动范围内增长很快，最大预测方差比较敏感；中心复合表面设计和 Box-Behnken 设计对于测量误差的波动并没有大的增长，预测方差相对是稳健的。上述研究是在 Matlab 软件上完成的。

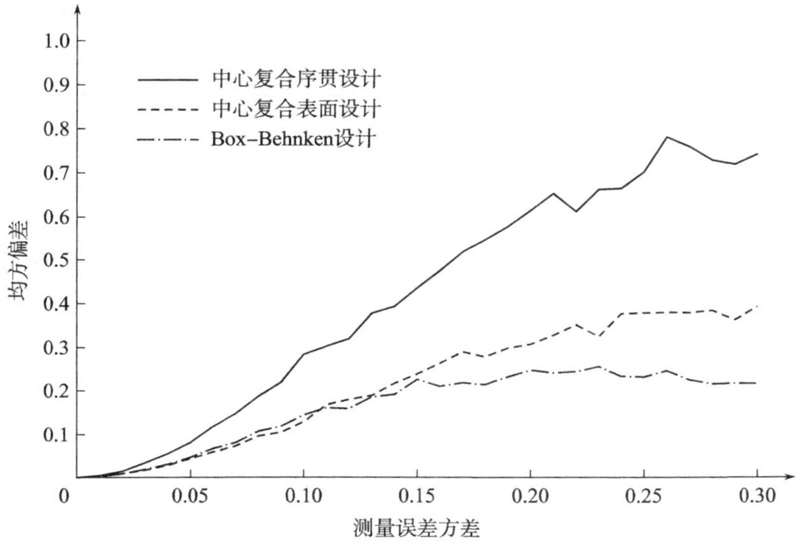

图 6-2 中心复合序贯设计、中心复合表面设计和 Box-Behnken 设计在不同测量误差水平下最大预测方差均方偏差

总的来看，中心复合序贯设计的最大预测方差对于测量误差比较敏感，即使是小偏移的测量误差对响应模型预测性能都会产生极大的影响。当测量误差的方差 $\sigma_u^2<0.15$ 时，中心复合表面设计展现出了很好的预测性能，具有比较小的差值和均方偏差值，对测量误差是稳健的；当 $\sigma_u^2>0.15$ 时，Box-Behnken 设计具有比较小的均方偏差值，展现了较好的稳健性。

本节分析了不同水平的测量误差对于中心复合序贯设计、中心复合表面设计和 Box-Behnken 设计预测性能的影响，提出了两种响应曲面设计预测性的评价标准，一种是基于测量误差的最大预测方差的差值的比较，另一种是预测方差存在时最大预测方差的均方偏差的比较。结果表明，当测量误差存在小偏移时，中心复合表面设计的预测性能较稳健，反之，Box-Behnken 设计的预测性能较好。这个研究对于工程师在试验设计的选择具有重要的实际意义。

6.2 基于误差变量模型的响应曲面设计稳健性

上一节讨论了不同水平测量误差下，三因子的中心复合序贯设计、中心复合表面设计和 Box-Behnken 设计的预测方差的稳健性问题。本节将利用 G 效率与方差分散图继续研究在输入变量存在测量误差的情况下二阶响应曲面设计预测性能的变化。

6.2.1 误差变量模型下响应曲面设计的 G 效率

20 世纪 80 年代，越来越多的学者将注意力集中到用计算机构建试验设计的研究，特别是随着计算机技术的迅猛发展，计算机生成设计模型的方式简单易行，这也使得试验设计得到了极大的发展与应用。很多学者在衡量和比较响应曲面设计及计算机生成设计方面做了大量的研究，形成了一整套优化准则，具体介绍在 2.1 节。有了理论上的支撑，优化准则成为试验设计开发的重要内容。本节将采用优化指标中的 G 效率来探究不同二阶响应曲面设计在误差变量模型下的预测性能的变化。

本节将考虑各类基于球形区域的中心复合设计、Box-Behnken 设计和混合设计，采用标准二阶响应曲面模型作为拟合模型的形式。所考虑的因子数从 2 个到 6 个，并且这些因子水平都是编码数据。在中心复合设计中，当因子数是 5 时，因子部分选择的是分辨率为 V 的部分因子设计或全因子设计；当因子数是 6 时，只考虑分辨率为 V 的部分因子设计作为因子部分设计；对于其他因子将采用全因子设计。对于轴线点部分，取 $\alpha=\sqrt{k}$ 。中心点部分选择 2 个或 3 个试验点。Box-Behnken 设计中心点的选择也是如此，混合设计将选择 1 个中心设计点或者不添加中心点。

下面我们探究在误差变量模型中，上述的不同二阶响应曲面设计的 G-效率。试验重复次数 $N=100$，选用 Matlab7. 8. 0 作为试验运行软件。试验设计中输入变量的测量误差服从正态分布，均值为 0，方差 $\sigma^2=0.3$。为了研究分析测量误差对试验设计预测方差的影响，测量误差的仿真值被添加到上述试验设计的因子水平上，应用 100 次试验设计的 G 效率的均值代表测量误差存在情况下试验设计的 G 效率。

表 6-3 给出了不同二阶球形区域上的响应曲面设计 G 效率值，其中 G_{eff} 为无测量误差时的 G 效率值，G_{eff}^{z} 为误差存在下设计的 G 效率值。根据数据分析，得出如下结论。

（1）输入变量中测量误差的存在降低了二阶响应曲面设计的 G 效率值。

（2）在误差存在或不存在的情况下，与 3 个中心点的响应曲面设计相比，2 个中心点设计的 G 效率更高一些，但这并不能得出多增加中心设计点没有好处的结论。如果试验条件允许，添加设计中心点可以使试验设计的预测方差更稳健，这一点在 6.2.2 小节将有所展示，同时还可以为纯误差项的估计提供更多的自由度。

（3）混合设计在 3 类设计中是受测量误差影响最大的，G 效率降低得最大，这也是在预料之内的，因为混合设计基本上是饱和或者接近饱和的二阶试验设计，所以它们对于输入变量中的误差更敏感。但是值得注意的是，并不是所有的混合设计都对测量误差敏感，例如，311B 设计的两个 G 效率值都很高。

（4）在 4 个因子的响应曲面设计中，中心复合设计是最有竞争力的一种设计。此时的 Box-Behnken 设计是中心复合设计的一种旋转，在不存在测量误差的情况下，具有与中心复合设计同样好的 G 效率值。然而，当测量误差存在时，Box-Behnken 设计的效率明显低于中心复合设计。

（5）当因子数是 5 时，Box-Behnken 设计与部分因子中心复合设计（CCD（1/2rep））和全因子中心复合设计相比，G 效率受测量误差的影响更大一些，下降得更快。但是，Box-Behnken 设计仍具有比较好的 G 效率值。

（6）当因子数是 6 时，不论测量误差是否存在，部分因子中心复合设计都表现出较高的 G 效率。需要注意的是，部分因子中心复合设计和 Box-Behnken 设计在测量误差存在时，G 效率受其影响很小。这也就暗示着随着试验次数的增加，设计本身的变异掩盖了测量误差的波动的影响。对于这些设计在预测方面的进一步比较将在 6.2.2 小节讨论。

6.2.2 基于方差分散图的响应曲面设计预测性能

本小节在 6.2.1 小节的基础上，主要研究 6.2 节所介绍的二阶响应曲面设计单位预测方差在球形设计区域的稳健性问题，考虑通过方差分散图中的最大值和最小值图对不同试验设计预测性能进行评价。误差变量模型中不同球面上单位预测方差的最大值、最小值的模拟均值作为其最大值、最小值。模拟试验重复次数为 100，中心复合设计中轴线点 $\alpha=\sqrt{k}$，其中 k 为因子个数。输入变量测量误差的方差 σ_u 取值为 0.3。所考虑的因子个数为 3、4、5 和 6 个。下面依据因子个数，分别探究测量误差对不同二阶响应曲面设计预测性的影响。

情况 1：三因子设计

考虑中心复合设计、Box-Behnken 设计和混合设计。表 6-3 指出，混合设计中的 310 设计在测量误差存在的情况下，G 效率值很低，所以该设计的预测方差图在本小节将不被考虑。图 6-3 给出了在测量误差存在和不存在两种情况下，中心复合设计和 Box-Behnken 设计方差分散图中的最大值图和最小值图（实线为最大值，虚线为最小值），进而从整个设计区域的角度来比较这两种设计的预测性能。其中，B、C 分别表示没有测量误差时的中心复合设计和 Box-Behnken 设计，B_u 和 C_u 表示存在测量误差时两种设计的单位预测方差。对于 $\alpha=\sqrt{3}$ 的中心复合设计几乎是可旋转的，所以在没有测量误差的情况下，任意同心球面（超球面）上单位预测方差的最大值与最小值只有很小的偏差，对应的图像的差别也很小。当误差存在时，在靠近设计区域的边缘地区，预测方差逐渐增大，最大值与最小值之间的差距也逐渐变大，这表明预测方差波动性变大，稳定性逐渐变差。Box-Behnken 设计本身在设计区域边缘附近的预测方差就比较大，最大值与最小值之间的差距比较大，随着测量误差的加入，极大地增加了设计区域边缘的预测方差的值及其波动性，但对于设计区域中心附近的预测方差的变化很小，测量误差几乎没有影响到设计本身的预测性能。由此得出，三因子中心复合设计在半径小于 $\sqrt{2}$ 的设计区域内预测方差具有较好的稳健性。

表 6-3　二阶响应曲面设计在球形域上的 G 效率

因子数	样本数	设计方案	G_{eff}/%	G_{eff}^{ε}/%
2	10	CCD（$n_c=2$）	96.00	72.80
2	11	CCD（$n_c=3$）	87.27	63.11
3	16	CCD（$n_c=2$）	94.59	76.10
3	17	CCD（$n_c=3$）	89.03	69.71
3	14	BBD（$n_c=2$）	71.43	42.65
3	15	BBD（$n_c=3$）	66.67	40.34
3	10	310	11.75	2.60
3	11	311A	78.60	40.68
3	11	311B	90.90	86.60
4	26	CCD（$n_c=2$）	98.90	80.30
4	27	CCD（$n_c=3$）	95.24	76.89
4	26	BBD（$n_c=2$）	98.90	70.50
4	27	BBD（$n_c=3$）	95.24	67.23
4	16	416A	48.80	13.73

续表

因子数	样本数	设计方案	G_{eff}/%	G_{eff}^{ε}/%
4	17	416A（$n_c=1$）	74.30	46.89
4	16	416B	74.03	31.25
4	17	416B（$n_c=1$）	70.10	41.87
4	16	416C	78.00	40.78
5	44	CCD（$n_c=2$）	87.90	82.46
5	45	CCD（$n_c=3$）	86.00	81.31
5	42	BBD（$n_c=2$）	91.00	75.25
5	43	BBD（$n_c=3$）	88.80	75.23
5	28	CCD（1/2rep）（$n_c=2$）	87.66	54.08
5	29	CCD（1/2rep）（$n_c=3$）	84.69	61.34
6	50	BBD（$n_c=2$）	67.66	60.83
6	51	BBD（$n_c=3$）	66.42	63.32
6	46	CCD（1/2rep）（$n_c=2$）	96.96	81.72
6	47	CCD（1/2rep）（$n_c=3$）	94.91	79.32
6	28	628A	100.00	54.82
6	28	628B	85.83	2.18

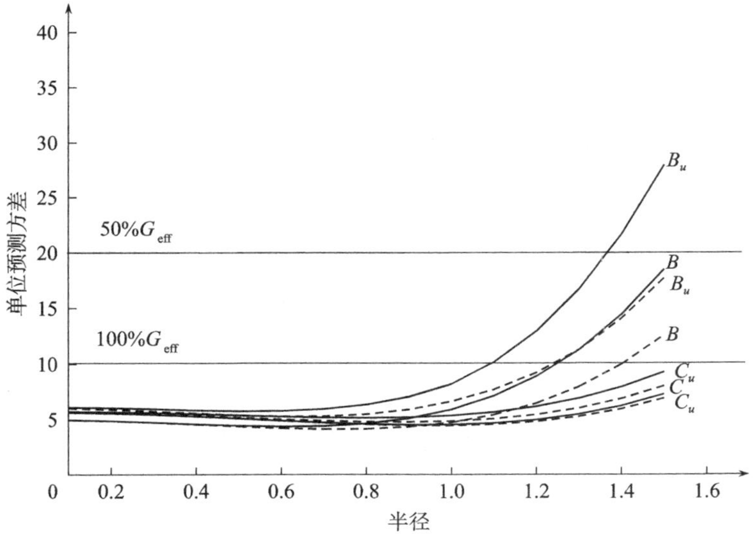

图 6-3　3 个中心点的中心复合设计
和 Box-Behnken 设计单位预测方差最大值和最小值

混合设计中的 311A 和 311B 的预测方差最大值与最小值如图 6-4 所示，图中没有测量误差情况下的最大值与最小值图分别用 A 和 B 表示，存在测量误差时的最大值与最小值用 A_u 和 B_u 表示。对于这两种设计，从图像上我们可以清晰地看到，当设计区域的半径在大于 0.8 并小于 1.8 范围内，不论有无测量误差，311A 设计的预测方差快速增大，由此表明，该设计本身的预测性能比较差，同时稳定性也比较差，极易受到测量误差的影响。反之，添加了 3 个中心点的 311B 设计在整个设计区域范围内，不论测量误差是否存在，预测方差值没有大的增长，它的波动也很小，由此表明，311B 设计不论是设计本身还是对于测量误差都是比较稳健的。

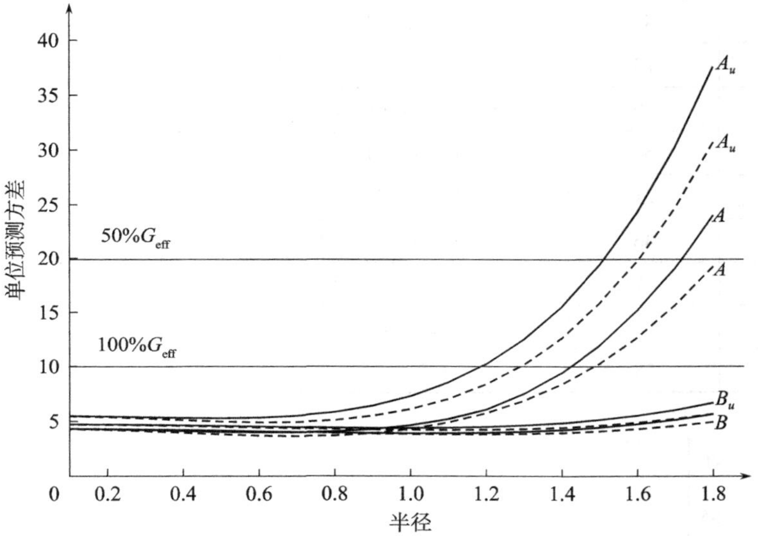

图 6-4　3 个中心点的混合设计中 311A 与 311B 的单位预测方差最大值和最小值

通过图 6-3 和图 6-4 可以看出，中心复合设计与 311B 的预测性能比较，在整个设计区域 311B 设计本身和测量误差存在下，预测方差的稳健性都要更好一些。总的来说，在测量误差存在的情况下，这 4 种设计的预测性能，311B 设计的稳健性是最好的，其次是中心复合设计和 Box-Behnken 设计，311A 设计不论自身的波动性还是稳定性相对较差，对于侧重模型预测的试验设计来讲，将是一个灾难性的选择。上述结果与表 6-3 对应的响应曲面设计 G 效率的比较结果基本上是一致的。

情况 2：四因子设计

假设工程师感兴趣的试验包含 4 个变量且存在测量误差。从表 6-3 可知，四因子的混合设计 G 效率相对于中心复合设计和 BoxBehnken 设计低很多。下面我们通过整个设计区域内的预测方差来比较这些不同设计的性能。图 6-5 给出了中心复合设计和 416A 设计的预测方差最大值与最小值，这两个设计均添加了 3 个中心试验点，由 A、C 表示无测量误差的曲线，A_u、C_u 表示有测量误差的曲线。416A 设计随着设计半径的增大，预测方差也迅速增大，波动也逐渐加大，测量误差的存在更加大了它的波动。然而，在设计区域中心附近，该设计的预测方差明显小于中心复合设计，这主要是由两种设计的样本量的不同造成的。在中心复合设计中添加额外的中心点可以降低单位预测方差在设计区域中心位置的值。

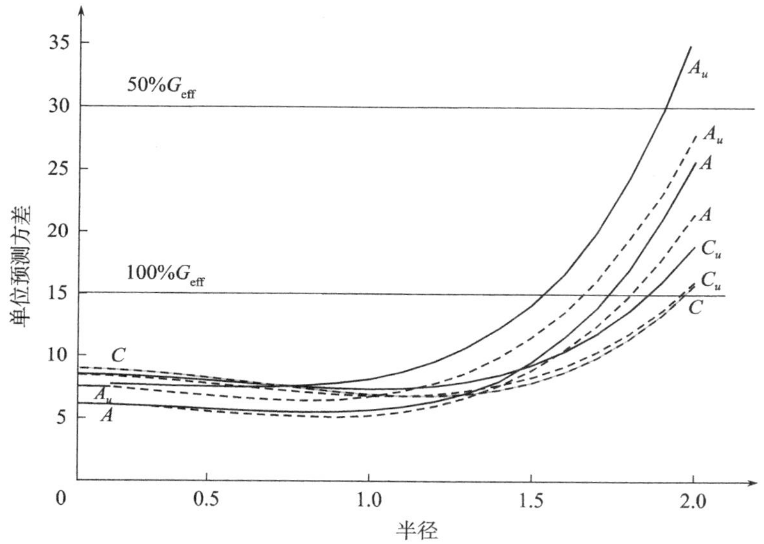

图 6-5　3 个中心点的混合设计 416A 与中心复合设计的单位预测方差最大值和最小值

添加了 6 个中心试验点的中心复合设计和 3 个中心试验点的 416A 设计的预测方差最大值与最小值如图 6-6 所示。显然，额外中心点的添加降低了中心复合设计在设计区域中心附近的预测方差值，使其对于测量误差的稳健性显著增强。同时，也导致了在设计边界上预测方差略微增大，加大了测量误差所带来的波动，对应的 G 效率变小。正如表 6-3 所示，不论是否存在测量误差，添加 3 个中心点响应曲面设计的 G 效率小于 2 个中心点设计 G 效率值，随着中心点试验数的增加，G 效率逐渐降低，测量误差存在与否均是如此。对于其他的混合设计，416B 和 416C 的预测方差分布与 416A 类似，这里重复说明，它们的最大值和最小值图也不再具体给出。对于 4 个因子的 Box-Behnken 设计是中心复合设计的一种旋转，由于设计的旋转并不改变该设计的预测性能，所以在没有测量误差的情况下，这两个设计预测方差的最大值图与最小值图几乎是一样的，图 6-7 给出了具有 3 个中心点的 Box-Behnken 设计方差图，B_u 和 B 分别表示误差存在和不存在时的曲线。测量误差所导致的 Box-Behnken 设计与中心复合设计的预测方差的波动几乎一样，都比较小。两种设计都比较稳健。

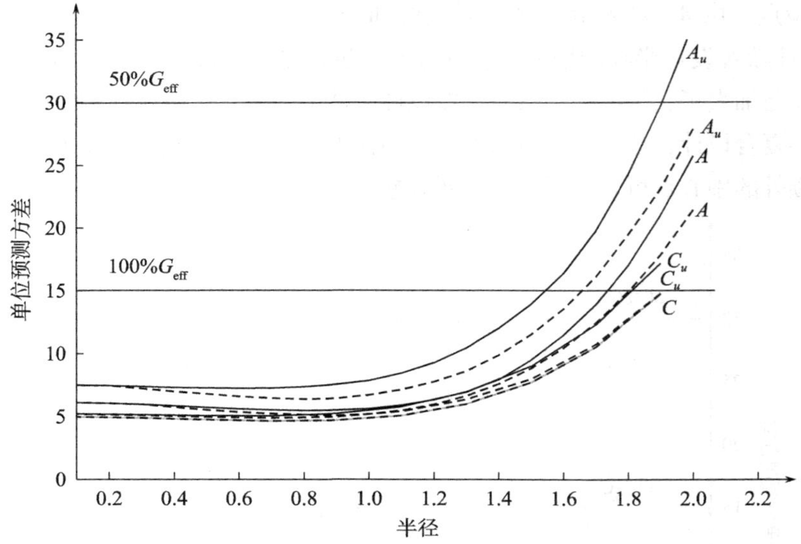

图 6-6　3 个中心点的混合设计 416A 与 6 个中心点的中心复合设计的单位预测方差最大值和最小值

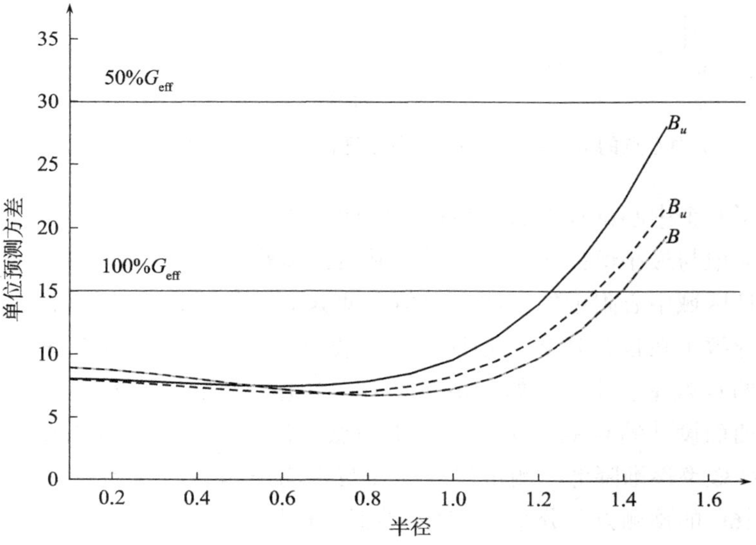

图 6-7　3 个中心点 Box-Behnken 设计的单位预测方差最大值和最小值

情况 3：五因子设计

假定试验者所研究的是具有 5 个因子的过程变化情况。所考虑的设计是：全因子中心复合设计、部分因子中心复合设计和 Box-Behnken 设计。关于响应曲面设计中心点添加的建议，本小节选择添加 6 个中心到上述 3 个设计中，以便降低设计区域中心的单位预测方差值，同时稳定 3 个设计本身在设计区域中心点附近的预测方差值，代价就是设计区域边界的预测方差会有所增加，然而从响应曲面设计的预测性能来看，这样做是值得的。

图 6-8 和图 6-9 给出了 3 种设计预测方差的最大值和最小值，其中，曲线 C、D 和 B 分别代表全因子中心复合设计、部分因子中心复合设计和 Box-Behnken 设计在没有测量误差情况下的预测方差最值图，C_u、D_u 和 B_u 代表误差存在情况下 3 种设计的预测方差最值图。通过图我们可以看出，在整个设计区域内，全因子中心复合设计和 Box-Behnken 设计的单位预测方差受测量误差的影响很少。在设计区域的边界附近，不论是否存在测量误差，Box-Behnken 设计单位预测方差值相比于两个中心复合设计都要小很多，是一个非常稳健而且具有很好预测性能的响应曲面设计。部分因子中心复合设计在设计区域的边界附近预测方差受测量误差影响要大一些，波动加大，但是在设计区域中心位置，预测方差要小于其他两种设计。对于上述的分析，只凭借 3 种设计的 G 效率是很难得到的。所以，工程师在选择试验设计时，如果条件允许的话，中心复合设计和 Box-Behnken 设计将是很好的选择，但是如果试验条件不能提供足够的试验次数，部分因子中心复合设计也将是一种不错的设计选择方案。

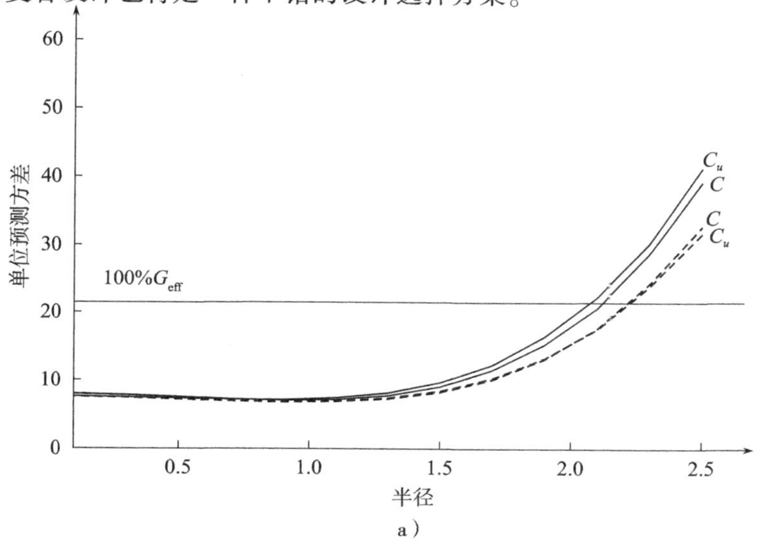

a）

图 6-8　6 个中心点的全因子中心与部分因子中心复合设计单位预测方差最大值与最小值

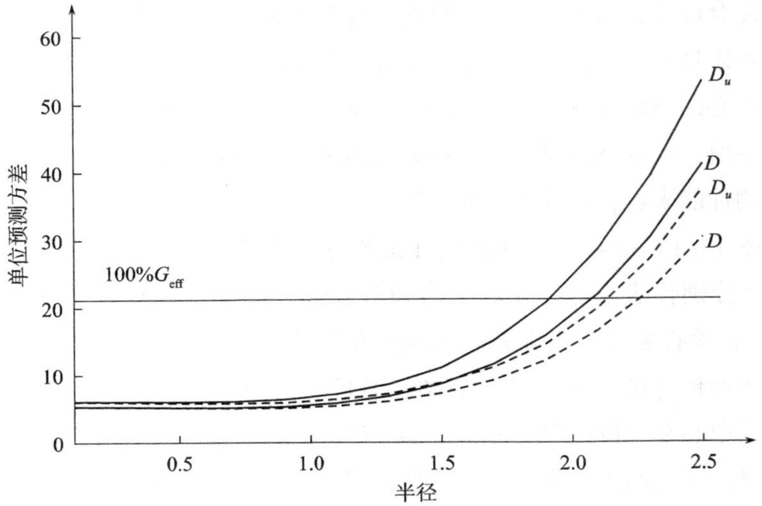

b）

图 6-8　6 个中心点的全因子中心与部分因子中心复合设计单位预测方差最大值与最小值（续一）

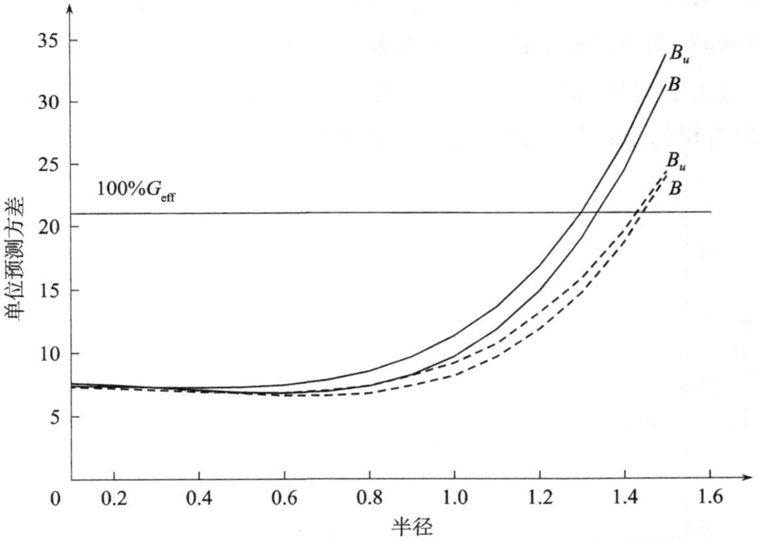

图 6-9　6 个中心点的 Box-Behnken 设计的单位预测方差最大值和最小值

情况 4：六因子设计

考虑包含 6 个因子的试验设计：部分因子中心复合设计、Box-Behnken 设计和混合设计中的 628A 设计与 628B 设计。前两个设计添加了 6 个中心试验点，混合设计的两个设计添加 3 个中心试验点。这里 628A 设计是可旋转设计。上述 4 个设计的预测方差的最大值和最小值如图 6-10~图 6-12 所示。其中，曲线 D_u、B_u、A_u 和 H_u 分别表示测量误差存在时部分因子的中心复合设计、Box-Behnken 设计、628A 和 628B 设计的预测方差的最大值和最小值；D、B、A 和 H 则表示没有测量误差情况下 4 种设计本身的预测方差曲线。从图中可以观察到，混合设计 628A 和 628B 在整个设计区域内受测量误差影响非常大，特别是最大预测方差随着半径的变大急剧增加。对于这两个设计的预测方差最小值在设计区域边界附近增长较快。总体来看，这两种设计的预测方差易受测量误差影响，稳健性较差。对于部分因子中心复合设计，不论是否存在测量误差，预测方差的波动都很小，这主要是因为随着因子数的增多，试验次数随之增加，相对于因子水平的分散程度，测量误差相对比较小，测量误差所带来的影响被设计本身的波动所掩盖了。也就是说，随着因子数的增加，测量误差对响应模型的影响将会越来越小。但值得注意的是，当因子数大于 6 时，试验所需要的运行次数将会迅速增加，这在实际生产实践中是很难满足的，同时由于响应曲面设计中轴线点 α 值的增大，也会带来一些实际问题。

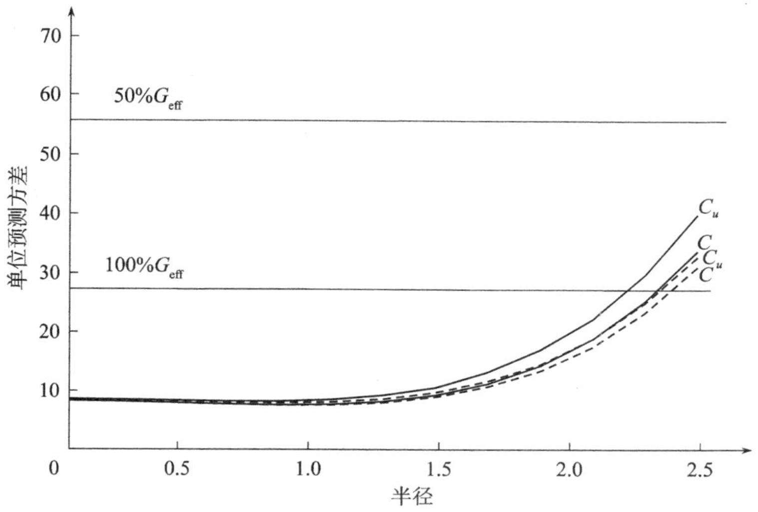

图 6-10　6 个中心点的六因子中心复合设计最大值与最小值

与前面 3 种设计相比，Box-Behnken 设计对于测量误差也表现出了非常好的预测特性，预测方差本身很少受测量误差的影响。这主要是因为，随着因子数的增加，设计本身的波动大于测量误差产生的波动。在设计区域边缘附近，测量误差使得 Box-Behnken 设计预测方差最小值有所增长，最大值无显著变化。总的来看，部分因子中心复合设计和 Box-Behnken 设计将是 6 因子响应曲面设计中不错的选择。

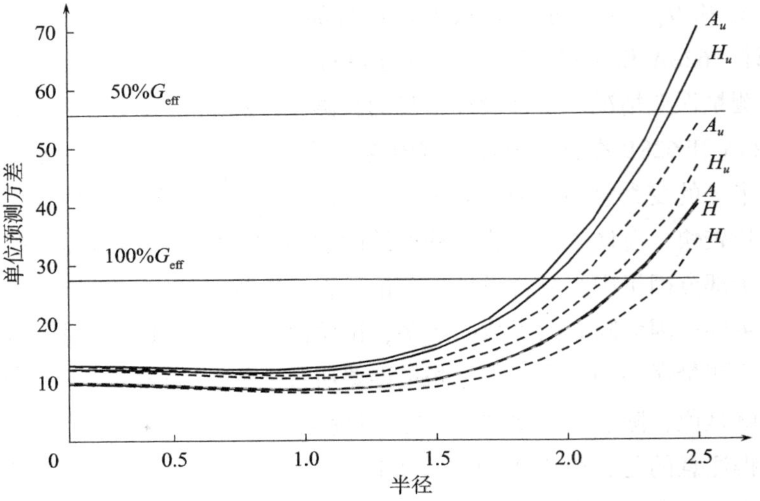

图 6-11　3 个中心点的混合 628A 与 628B 设计的单位预测方差最大值和最小值

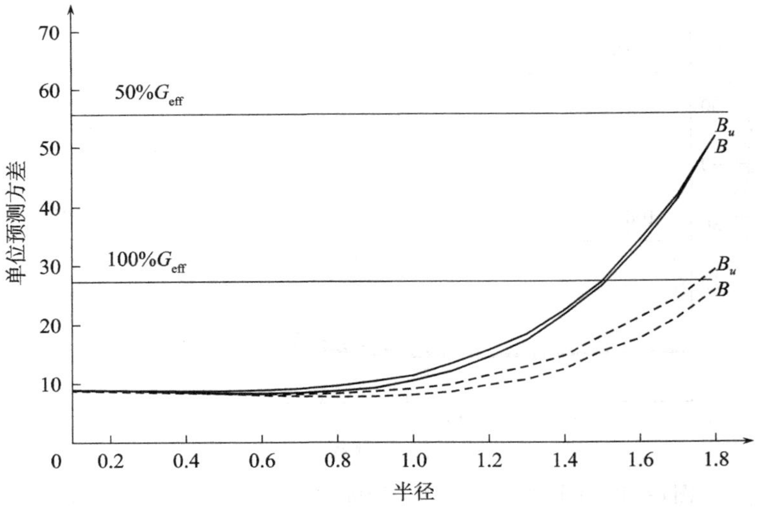

图 6-12　6 个中心点的 Box-Behnken 设计单位预测方差最大值和最小值

通过上面对二阶响应曲面设计在误差变量模型中预测性能的比较可以得出如下结论。

（1）饱和或者接近饱和的设计在测量误差存在时的 G 效率都比较低，但是混合 311B 设计除外。

（2）对于中心复合设计和 Box-Behnken 设计，测量误差存在时，额外添加的中心点可以显著降低设计区域中心的预测方差值，提高方差的稳健性，但同时也会增加设计区域边界附近的预测方差值，进而降低其 G 效率。

（3）因子数是 4、5 和 6 时，Box-Behnken 设计表现出比较稳健的预测性能，与混合设计和部分中心复合设计相比，测量误差对响应预测方差的影响比较小。

（4）从总的设计来看，测量误差主要影响到了响应曲面设计在设计区域边界附近的方差的稳定性，对于设计区域中心点基本没有什么影响。

（5）随着响应曲面设计因子数的增多和因子水平范围的增大，测量误差的影响将越来越小，此时设计本身的波动将占主导作用。

在响应曲面方法中，对试验设计的评价与比较通常基于不同的准则，如对模型失拟的稳健性、对试验纯误差的估计及成本效应等。本章基于响应曲面设计的预测性能，提出将 G 效率和方差分散图中的最大值图和最小值图作为响应曲面设计的评价准则，研究分析了因子数是 2、3、4、5 和 6 时二阶中心复合设计、Box-Behnken 设计和混合设计在测量误差存在情况下预测方差的波动情况，得出了测量误差方差 $\sigma_u^2 = 0.3$ 时，不同响应曲面设计的预测性能的稳健性。这个结果为工程师或研究员选择存在测量误差的因子设计方案提供了非常有用的信息，同时也丰富了响应曲面设计评价体系。

6.3 基于设计空间比率图的响应曲面设计预测性能

方差分散图为固定设计空间的响应曲面设计的比较提供了非常有用的信息。本节介绍并研究另一种预测方差比较的图形工具——设计空间比率图。设计空间比率图描述的是响应曲面设计的单位预测方差小于或等于某一特定的值时所得到的设计空间的体积与整个设计区域的体积的比值。该方法通过图像的形式为试验者提供了更多的关于不同设计预测方差的信息，给出了整个设计区域内响应曲面设计单位预测方差的分布信息，为研究不同响应曲面设计对测量误差的稳健性提供了一个有力的工具，同时也是方差分散图的有力补充。设计空间比率图与方差分散图的结合使用为具有不同因子的标准响应曲面设计的稳健性研究提供了更多有价值的信息。本节主要探究在测量误差存在且处于不同水平时，利用不同响应曲面设计的设计空间比率图，从整个设计区间的预测方差分布的角度，分析不同的响应曲面设计预测性能的稳健性，找到对测量误差不敏感的设计方案。研究结果对生产实践中更多关注响应模型预测方差分布状况的工程师具有重要的指导意义。

6.3.1 设计空间比率图

单位预测方差分布对于试验设计构建与评价非常重要，这是由于在开始试验之前，试验者根本就不知道预测的目标值处于设计区域的哪个位置，并且有可能会出现在设计区域的一个（一些）点上的预测性非常好，当改变预测位置时，预测性就会变得很差的情况。由此就需要整个设计区域内预测方差稳健的设计方案，同时考虑每一个感兴趣的区域内设计的预测性能。对于响应曲面设计的预测方差的比较方法有很多种，其中最常用的就是拟合响应模型均值的单位预测方差，即 $v(x)=n\mathrm{var}\,\hat{y}(x)/\sigma^2$，式中不同变量的具体含义参见 3.2 节。在响应曲面设计单位预测方差的评价体系中，有两个优化准则——G 优化准则和 Q 优化准则。这两种准则都是用具体的一个值来比较。6.2 节的分析表明，在试验设计的比较时，单值的优化准则很难充分地反映出设计的全部信息。

试验设计可旋转性指与中心点距离相等的点的预测方差值相同。对于响应曲面设计预测稳健性，可旋转性只是第一步，但也是最重要的一步。单位预测方差的等高线图以图像的形式展示了两因子设计的预测性能。但是，当因子数增多时，该图像就失去效力了，于是方差分散图应运而生，用于评估感兴趣的区域内响应曲面设计的预测性能，并用该方法比较了很多球形区域和立方体区域上的标准二阶响应曲面设计的预测能力，但并不能提供整个设计区域内预测方差分布状况的信息。为了弥补方差分布图这方面的缺陷，学者们提出了分位点图来描述单位预测方差的分布状况，应用同一半径上预测方差的累积分布图来比较不同设计的性质。尽管该方法提供了很多有用的信息，但是所要求的图像数太大，因而很难推广应用实践。方差分散图和分位点图考虑的是在某一半径的球面上的单位预测方差，并没有考虑到不同半径的球形设计区域内的预测方差。

设计空间比率图作为方差分散图的一种补充，计算预测方差小于或等于某一固定方差值时的设计空间体积与整个空间的体积比，将其作为预测方差在整个设计区域的分布轮廓。对于相同的固定方差值，比值越大，说明该设计的预测方差分布越稳健，反之则越敏感。该方法将响应曲面设计的预测能力通过一个简单图形的形式展现出来，对于统计学家和工程师都是非常便利的工具，同时在同一张图上描述不同设计，为它们性能的比较提供了便捷，这也是设计空间比率图的优势所在。设计空间比率图与方差分散图的不同之处还在于，前者依据设计空间的不同比例给予不同的权重，越接近设计空间的外围，权重越大，后者对于不同的半径赋予相同的权重，并没有考虑到设计空间的比率问题。实际上，不同信息的权重应该是不同的，并且应该依据设计空间的比例给予不同的加权。

当因子数为 2、3、4、5 和 6 时，不同半径的设计空间的比例如图 6-13 所示。对于这个图，整个球形设计区域被分成了 10 部分，分别是半径 0~0.1 的球，半径 0.1~0.2 的两个球之间的部分，依此类推，到半径 0.9~1.0 的两个球之间的部分。随着半径的增大，不同的部分在整个设计空间的比例也逐渐增大。球形区域上 10 个部分在整个设计空间中的比例如图 6-13 所示，当半径比较小时，随着因子的增大，曲线下凹越来越显著，并且所占的比例都不是很大，但随着半径的增大，所占的比例快速增长。这也就意味着方差分散图中较大的半径上只有较少的点来反映预测能力。根据这一点，设计空间比率图对于体积比较大的设计区域给予较大的权重，这是设计空间比率图的又一个优势。值得注意的是，由于该方法无法显示设计区域内具体位置的预测性能，所以并不能完全替代方差分散图，而只是它的一个有益的补充。设计空间比率图可以用于设计预测性能的评价，还可以用于基于设计空间的不同设计方案的比较。设计空间的比率越大说明该设计预测性能越好。对于设计空间图的具体计算方法及画法可参见 3.2 节。

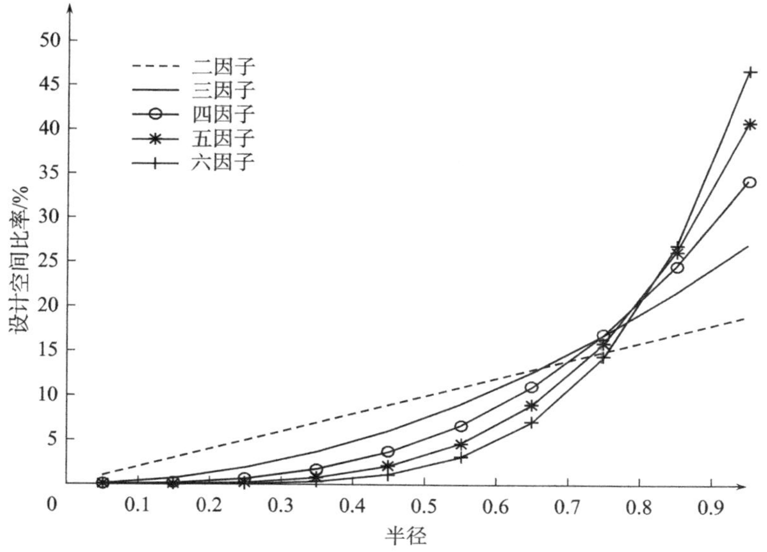

图 6-13　不同维数下不同半径的设计空间比率

6.3.2　测量误差存在情况下响应曲面设计的稳健性

本小节将考虑一些具有不同因子和不同水平测量误差的标准二阶响应曲面设

计的设计空间比率图，进而研究分析测量误差对响应曲面设计预测性能的影响，所考虑的测量误差的方差为 $\sigma_u^2 = 0.1$、0.2 和 0.3 共 3 个水平，需要考虑的响应曲面设计为中心复合设计、Box-Behnken 设计、小样本中心复合设计和混合设计。后 3 种设计也是典型的二阶响应曲面球形设计。在中心复合设计中如果没有特殊情况，轴线点仍然取 $\alpha = \sqrt{k}$，k 为因子的个数。关于这些设计的具体介绍参见 2.1 节。

情况 1：三因子响应曲面设计的稳健性。

本小节分析测量误差的方差为 0.1、0.2 和 0.3 不同情况下，三因子中心复合设计、Box-Behnken 设计、小样本中心复合设计和混合设计的预测方差的变化情况。其中，中心复合设计（$n=17$）、Box-Behnken 设计（$n=15$）和小样本中心复合设计（$n=13$）添加 3 个中心点，混合设计 310（$n=13$），311A（$n=13$）和 311B（$n=13$）中分别添加了 3 个中心点。为了探究不同测量误差水平对响应曲面设计的影响，寻求稳健的响应曲面设计，采用 100 次重复试验的标准正态随机误差，添加到不同设计的因子水平中。测量误差水平为 0、0.1、0.2 和 0.3 时，添加 3 个中心点的中心复合设计的设计空间比率如图 6-14 所示。4 个水平分别称为无测量误差、水平 1、水平 2 和水平 3。当测量误差的方差比较小（0.1 或 0.2）时，对中心复合设计的预测方差分布的影响比较小。但是，当测量误差的方差达到 0.3 时，在整个设计区域内的响应均值的单位预测方差明显增大，特别是靠近设计区域的边缘地区，测量误差导致预测方差越来越大。

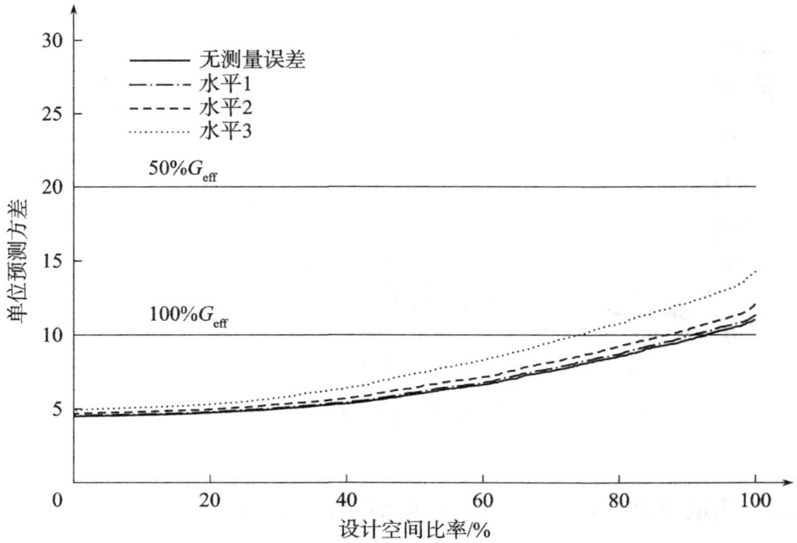

图 6-14　三因子中心复合设计的设计空间比率

不同水平测量误差对 Box-Behnken 设计预测方差分布的影响如图 6-15 所示。由图可见，当测量误差的水平为 0.2 或 0.3 时，Box-Behnken 设计的预测方差与无测量误差相比增大了许多，尤其是球形设计空间的边缘位置。在设计区域的中心位置，测量误差对 Box-Behnken 设计预测方差的影响是很小的。这一点与上一小节通过方差分散图中最大值图和最小值图得出的结论是一致的。但从整个设计区域内预测方差的分布来看，Box-Behnken 设计对于较小测量误差是稳健的，对于较大水平的测量误差波动较明显，特别是靠近设计区域边缘地区稳键性较差。

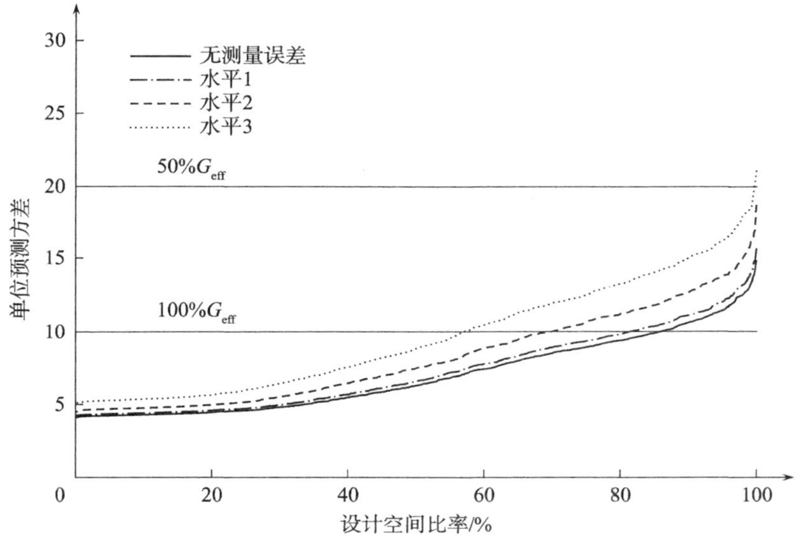

图 6-15 三因子 Box-Behnken 设计的设计空间比率

小样本中心复合设计在不同水平测量误差情况下的预测方差分布状况如图 6-16 所示。由图可知，在没有测量误差的情况下，从整个设计空间来看，添加了 3 个中心点的小样本复合设计本身的预测方差比较大。在测量误差存在的情况下，预测方差增长更快，特别是在水平比较大的测量误差的影响下，预测方差与设计本身方差值距离越来越远。图 6-17～图 6-19 给出了混合设计 310、311A 和 311B 在不同水平测量误差存在的情况下，预测方差在整个设计区域内的分布状况。由图可明显看出，不论是否存在测量误差，混合设计 310 在整个设计空间的预测性最差。从设计区域中心点到边界，预测方差一直都快速增长。即使是低水平的测量误差都会导致预测方差大幅度增加。311A 设计相比于 310 设计要稍好一些，但预测方差值受测量误差的影响较大，特别是随着误差水平的增大，整个设计区域内的预测方差都有较大的增长。与 310 和 311A 相比，混合设计中 311B 本身的预测性能比较好，并且在整个设计区域内该设计受预测方差的影响非常小，是比较稳健的设计。从 4 类三因子设计来看，中心复合设计和混合设计 311B 的预测性能是最好的，受测量误差的影响也是最小的，是比较稳健的设计方案。这个结果对于工程师在测量误差存在时选择预测性能好的试验设计是非常有帮助的，同时由于混合设计 311B 的试验次数较少，因子水平范围较大，对于试验比较昂贵或者因子水平间隔比较大的条件，是非常有优势的。

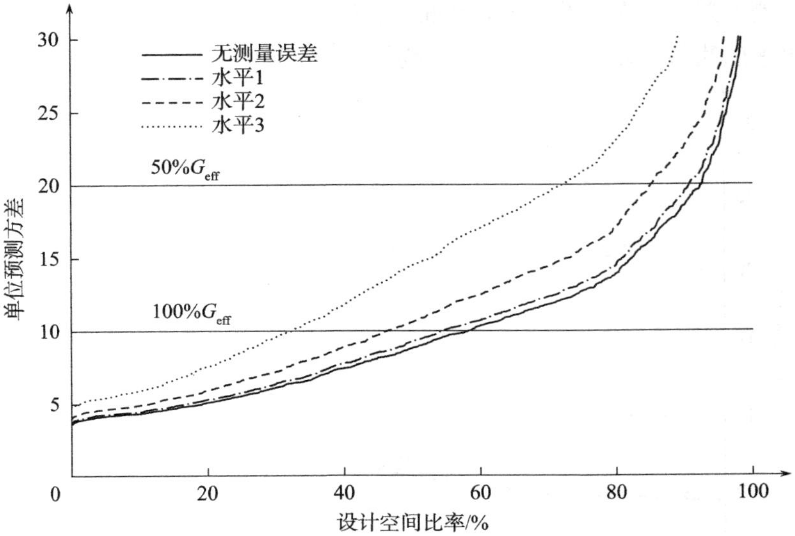

图 6-16　三因子小样本中心复合设计的设计空间比率

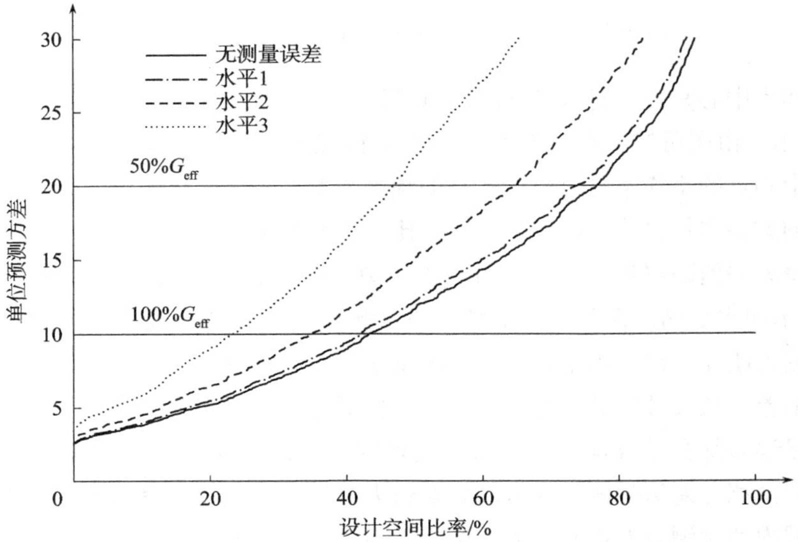

图 6-17　混合设计 310 的设计空间比率

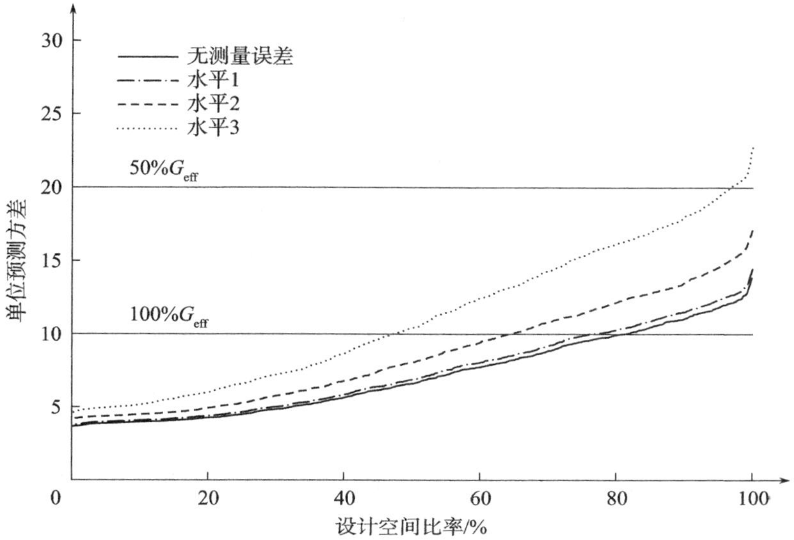

图 6-18 混合设计 311A 的设计空间比率

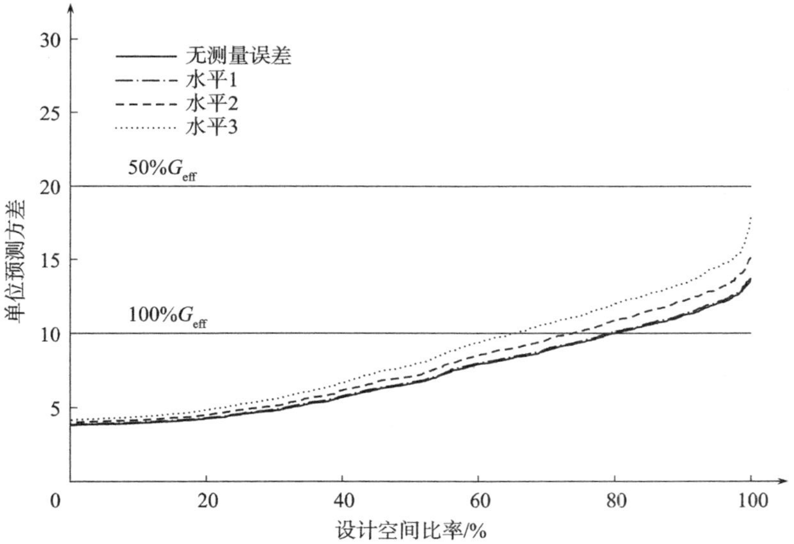

图 6-19 混合设计 311B 的设计空间比率

情况 2：四因子响应曲面设计的稳健性。

对于四因子情况，Box-Behnken 设计（$n=27$）是中心复合设计（$n=27$）的一种旋转。在可旋转或者近似可旋转的中心复合设计中，旋转并不改变设计本身的预测方差，所以在没有测量误差的情况下，这两个设计预测性能是一样的，它们的方差分散图和设计空间比率图是完全重合的。这两类设计都是可旋转的响应曲面设计。由于小样本中心复合设计的因子设计部分是分辨率为Ⅲ*的析因设计，这导致了主因子与主因子交互项的相互混淆，并且它的 G 效率（25%）也很低，设计本身的预测性能比较差，所以小样本中心复合设计将不作考虑。

混合设计 416A、416B 和 416C 以及四因子中心复合设计、Box-Behnken 设计的预测方差如图 6-20～图 6-24 所示。上述 5 种设计分别添加了 3 个中心点。3 种混合设计原本的试验次数是 16 次，每个设计添加 3 个中心点之后，分别为 19 次试验。对于 5 种设计本身（不含测量误差），3 种混合设计在设计中心点附近的单位预测方差比较小，这与样本数量有关，中心复合设计和 Box-Behnken 设计在设计区域的边界附近的预测性比较好。当测量误差水平处于水平 1 时，5 种设计受到的影响都很小；当处于水平 2 和 3 时，中心复合设计和 Box-Behnken 设计明显好于混合设计，只是在中心点的极小区域内混合设计要好于其他两个设计。对于 3 个混合设计，416C 设计本身在整个设计空间要好于其他两个混合设计；但从 3 个水平的测量误差影响来看，416A 的波动要小于 416B 和 416C，特别是在设计区域的边界附近，前者的稳健性明显好于后两个设计，并且试验次数比中心复合设计和 Box-Behnken 设计少很多，这对于无法满足大量试验次数且要求测量误差较稳定的情况，是一个不错的选择。

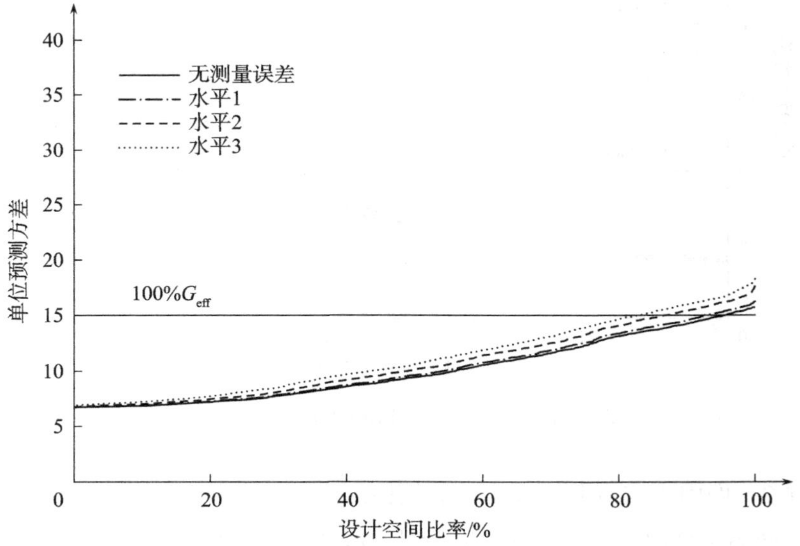

图 6-20　四因子中心复合设计的设计空间比率

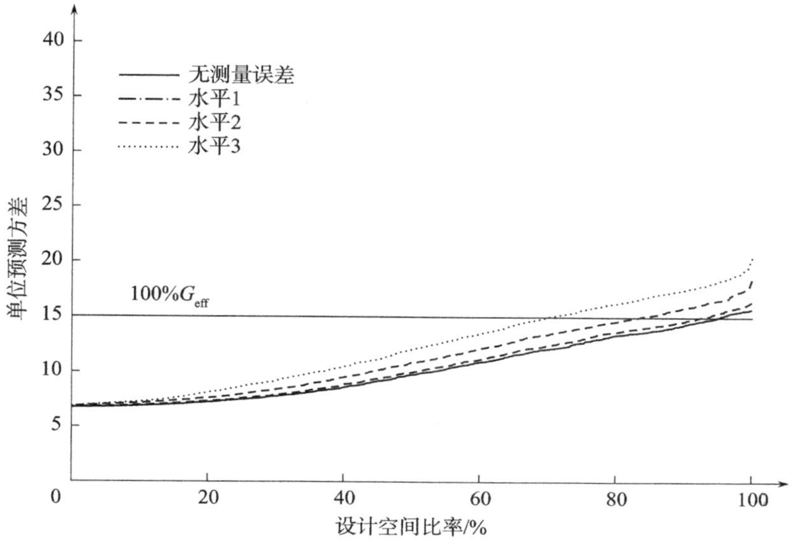

图 6-21 四因子 Box-Behnken 设计的设计空间比率

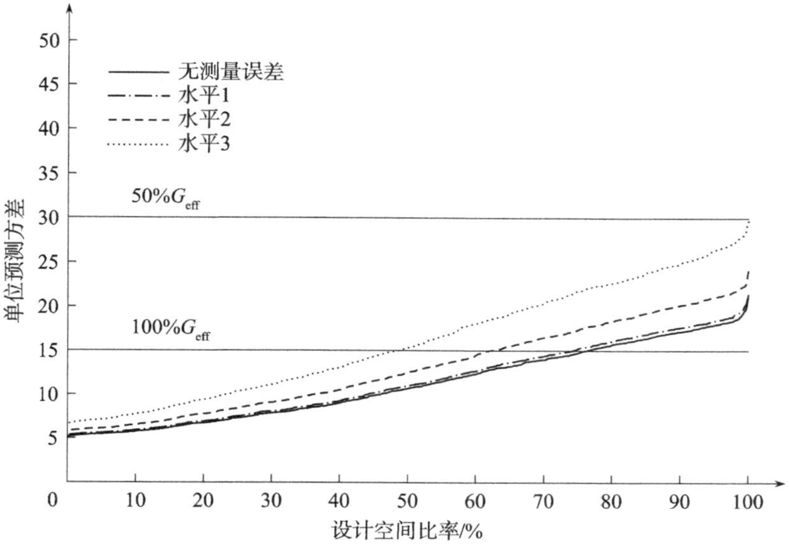

图 6-22 混合设计 416A 的设计空间比率

情况 3：五因子响应曲面设计的稳健性。

图 6-25~图 6-27 给出了五因子的 Box-Behnken 设计（$n=46$）和两个中心复合设计（$n=32$），析因设计部分是 1/2 部分因子试验设计，轴线点 α 的值为$\sqrt{5}$（不可旋转设计）或 2（可旋转设计）。这 3 个设计分别添加了 6 个中心点。就 3

个设计本身而言，在中心点附近可旋转与不可旋转中心复合设计预测性较好，并且可旋转的中心复合设计相对于不可旋转的中心复合设计要更好一些，但在设计区域边界附近最好的设计是不可旋转的中心复合设计，在设计区域的中间部位，Box-Behnken 设计要好于可旋转与不可旋转中心复合设计。

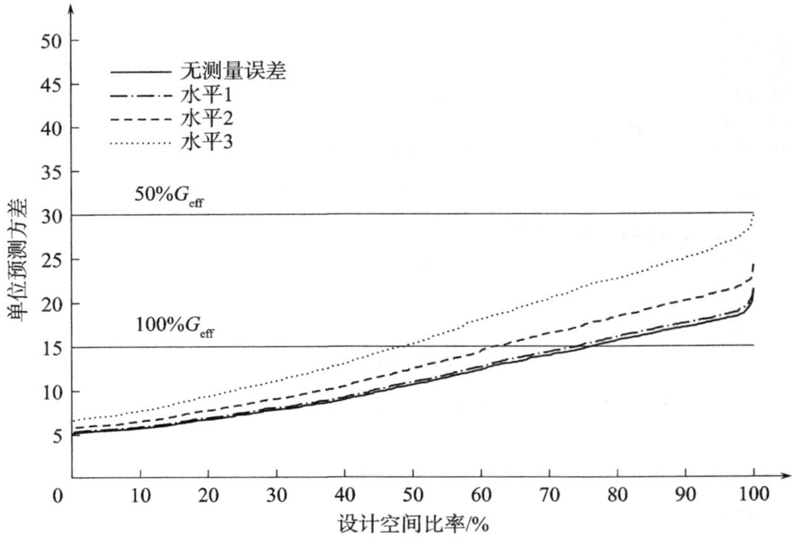

图 6-23　混合设计 416B 的设计空间比率

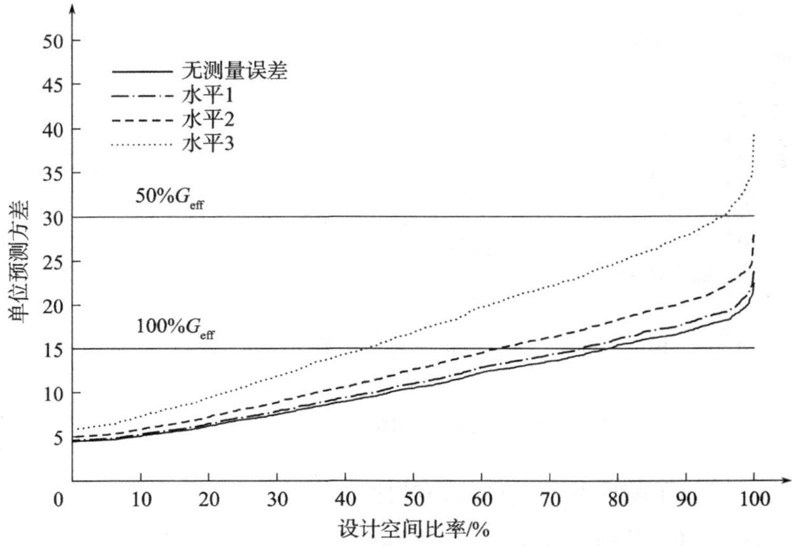

图 6-24　混合设计 416C 的设计空间比率

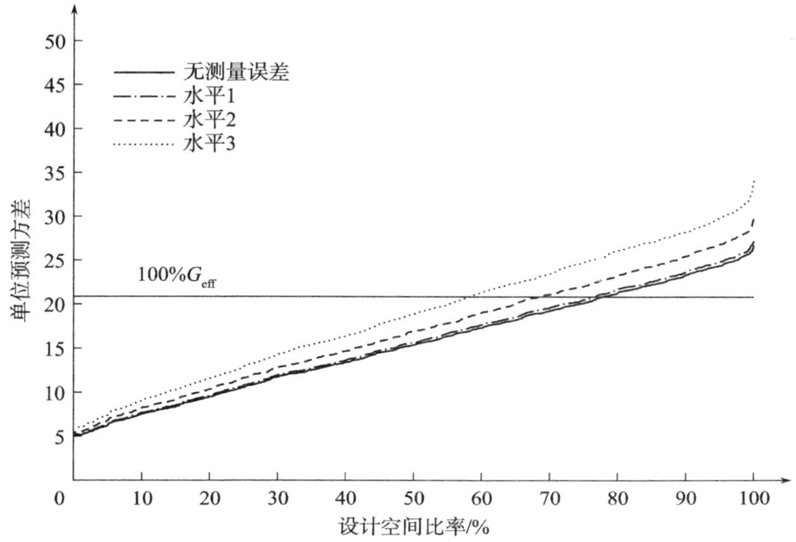

图 6-25　五因子中心复合不可旋转设计的设计空间比率

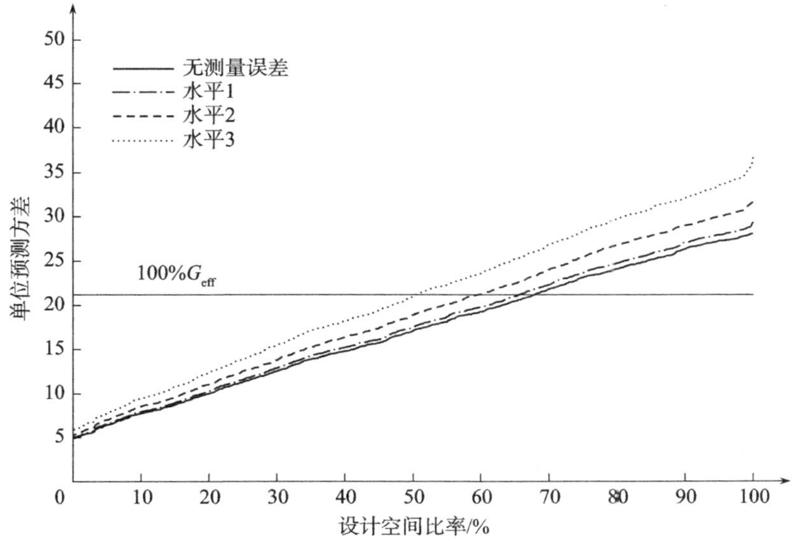

图 6-26　五因子中心复合可旋转设计的设计空间比率

在 6.2 节方差分散图中的最大值和最小值图显示，五因子 3 个中心点的 Box-Behnken 设计本身在中心点附近的最大值和最小值都很大，并且同心球面上最大值与最小值的差距也比较大，但设计空间比率图显示，除去小部分空间比例外，Box-Behnken 设计是很好的设计。在 3 个水平的预测误差情况下，Box-Behnken

设计展现了良好的稳健性，几乎没有受到影响。对于两个中心复合设计而言，不可旋转设计的预测方差分布要略好于可旋转中心复合设计，这与设计本身的预测性能状况有关。但就测量误差给两个设计带来的波动而言，几乎是差不多的，不可旋转设计只是稍好一些。Box-Behnken 设计所需的试验数据要远远高于两个中心复合设计，这一点也是值得试验设计者选择试验方案时需要注意的一方面。

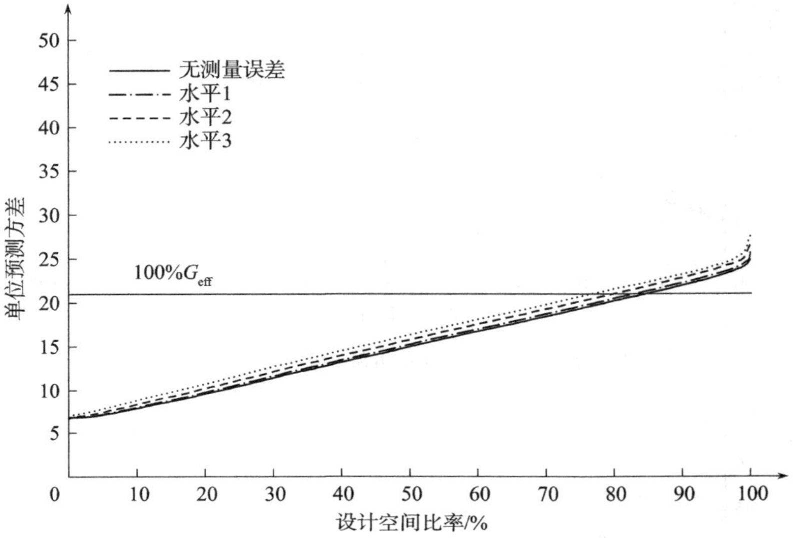

图 6-27　五因子 Box-Behnken 设计的设计空间比率

情况 4：六因子响应曲面设计的稳健性。

首先考虑两个可旋转的六因子设计、中心复合设计（$n=50$）和混合设计 628A（$n=31$）。中心复合设计添加了 6 个中心点，混合设计 628A 在原有一个中心点基础上额外添加 3 个中心点。图 6-28 和图 6-29 给出了这两个设计的设计空间比率。

就设计本身，无测量误差存在时，这两个设计在整个设计区域内预测方差的分布是很相似的。当测量误差存在，特别是位于水平 2 和水平 3 时，混合设计 628A 的单位预测方差增大了很多，这也就表明该设计对于测量误差是很敏感的，即使很小的测量误差就会给设计的预测方差带来很大的波动。对测量误差的高敏感性与设计本身是饱和试验、试验次数较少是相关的。添加了 6 个中心点的 Box-Behnken 设计（$n=54$）的设计空间比率如图 6-30 所示。相对于前两个设计，该设计只有少部分区域的预测方差较大，主要在设计区域的边界附近，其余部分的单位预测方差的分布都是较稳健的，受测量误差的影响并不大。在这 3 个相应曲面设计中，可旋转的中心复合设计对于测量误差是最稳健的，是最佳的设计选择方案。然而，中心复合设计要求的每个因子水平是 5 个，且轴线点值 $\alpha=2.449$ 远离中心点，当试验条件无法满足中心复合设计对因子水平数的要求，试验者也可以尝试选择只需要 3 个水平的 Box-Behnken 设计作为候选设计方案。但如果测量误差的方差较小（如水平 1），混合设计 628A 将是很好的选择，并且它所要求的试验设计次数比较少，在资源匮乏或者昂贵的条件下是非常有竞争力的一种设计。

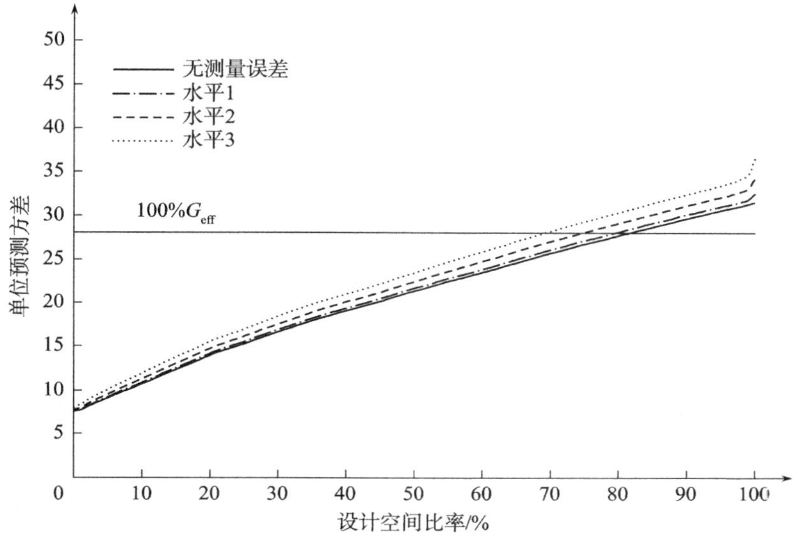

图 6-28 六因子可旋转中心复合设计的设计空间比率

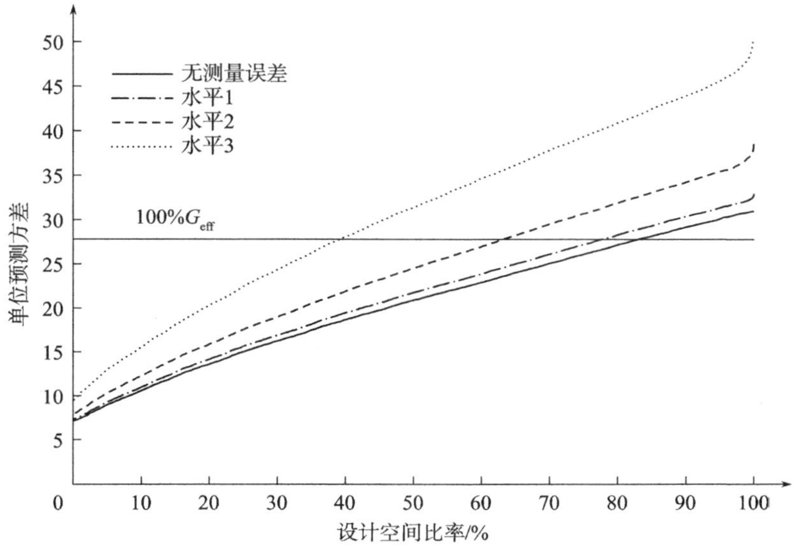

图 6-29 混合设计 628A 的设计空间比率

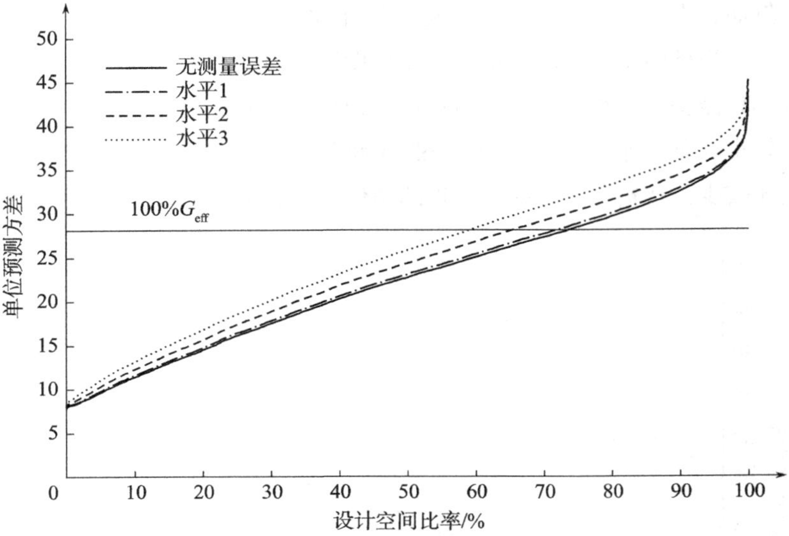

图 6-30　六因子 Box-Behnken 设计的设计空间比率

响应曲面设计是响应曲面方法中非常重要的一个环节，对于改进产品或过程质量起着重要的作用。不同试验设计的预测性能又是响应曲面设计最关注的指标之一。本小节基于预测方差研究了不同响应曲面设计的预测性能的稳健性，主要包括中心复合设计、Box-Behnken 设计、混合设计和小样本复合设计，其中因子数从 3 个到 6 个。针对实践生产过程中输入变量受测量误差的影响，应用设计空间比率图，分析了测量误差方差处于 0.1、0.2 和 0.3 这 3 种水平下，不同响应曲面设计预测方差分布的波动状况。

当测量误差处于低水平 0.1 时，各个响应曲面设计的预测方差只有很少的增长，几乎没有受到测量误差的影响。但是，当测量误差的方差增大到 0.2 或 0.3 时，对于不同设计的影响会有明显的不同。当因子数为 3 时，中心复合设计和混合设计 311B 具有比较稳健的预测性能，是最优的试验设计选择之一。Box-Behnken 设计对较大水平的随机误差较敏感，使得预测方差增长较大。相比于前 3 种设计，小样本中心复合设计和混合 310、311A 的预测方差都受到更大的影响，特别是测量误差处于第 3 水平时，这 3 种设计的预测方差出奇地大。从设计本身来说（不含测量误差），小样本设计和混合设计 310 的预测性能相对于其他三因子设计相差很多，所以导致对测量误差的极其敏感也是正常的现象。对于预测性能较好的三因子中心复合设计和 311B 设计，当考虑到试验次数和试验成本时，次数较少的 311B 设计将是最佳的选择。如果试验因子的水平数有所限制，很难改变或者很难得到5个水平，这个时候Box-Behnken设计也是不错的选择。对于4个水平的中心复合设计和Box-Behnken设计都是比较稳健的响应曲面设计，当测量误差的方差增长时，预测方差的增长幅度很小。混合设计416A、416B和416C受测量误差的影响更大一些，尤其后两个设计。从预测方差分布来看，5个因子的Box-Behnken设计是最稳健的设计之一，在输入变量存在不同水平的测量误差的情况下，该方法几乎没有受到太大的影响。当因子数为6时，不可旋转的中心复合设计（$\alpha=\sqrt{k}$）和Box-Behnken设计的预测方差的稳健性较好，混合设计628A对较大方差的测量误差比较敏感，预测性能明显下降。然而，当测量误差的方差比较小时（水平1或2），混合设计628A受到的影响并不大，特别当预测方差大于28之后，628A也是个不错的候选设计方案。

上述的研究工作对于响应曲面模型预测的准确性和精度有重要的理论意义，同时，对于实践中工程师在输入变量存在误差情况下的模型预测和试验设计的选择有重要的实际意义。

第 7 章

基于试验设计的可靠性改进分析

随着市场竞争的加剧和消费需求的提高，生产者需要找到经济有效的方法改善产品的可靠性。生产条件是影响产品质量与可靠性的重要因素，可靠性试验设计能够获得不同生产条件下产品寿命信息。可靠性试验设计的分析与优化不仅能够使生产者了解产品的寿命分布，还能够使生产者找到影响产品可靠性的主要因子信息，提高产品的可靠性。寿命数据通常是右偏、非正态的，同时，数据收集时间长、费用高，若超过试验设定时间，观测值采用截尾数据。试验设计与分析一般假设响应输出服从正态分布且相互独立，试验运行完全随机。基于试验设计的产品质量改进更多关注平均质量水平，而可靠性试验设计关注的是寿命的分位数，特别是在产品早期失效、质保政策制定及成本分析中，低分位数提供了重要的参考信息。因此，传统的基于正态分布和最小二乘回归的试验设计方法无法直接分析可靠性（寿命）数据。

7.1 可靠性试验数据分析方法

极大似然方法能够很好地解决数据截尾和偏态问题，并广泛应用于寿命数据的参数估计。基于极大似然的寿命数据分析通常假设每个试验样本是完全随机的，所得到的寿命数据相互独立。本节采用威布尔（Weibull）和对数正态（Lognormal）两种偏态分布拟合可靠性或寿命数据，在数据分析中假设试验设计是完全随机的。基于完全随机试验设计的可靠性分析研究已非常广泛。这些研究大部分利用威布尔或对数正态回归模型拟合寿命试验设计数据，通过极大似然估计方法处理数据的失效和截尾问题。对于高可靠性产品，可能在试验运行结束时，某一试验运行次序下的测试样本并没有发生失效，极大似然方法无法估计模型参数，这时贝叶斯后验寿命估计方法得到了广泛的应用[9-12]。上述方法从不同角度分析了寿命或可靠性数据，但都没有考虑试验单元中多样本对试验设计分析的影响。

可靠性试验设计中多个样本在相同试验条件下运行，每个样本并非完全随机，这就导致相同试验条件下样本间存在随机效应。基于随机效应的可靠性试验设计分析首先被提出时，采用两阶段法构建了双误差项的可靠性数据回归模型。随后，应用非线性混合模型处理随机区组可靠性试验数据，得到了分布参数的极大似然估计，检验了分布参数及其参数函数的估计精度。在此基础上，研究了可靠性裂区试验设计模型估计方法，并通过第一类错误率指标评价模型的估计性能。同时，修正了非完全随机可靠性试验数据分布参数的假设，提出改进的Bootstrap 抽样算法，得到了可靠性回归模型中尺度参数的精确估计。这些研究在非完全随机试验设计下估计可靠性（寿命）回归模型参数，但没有考虑如何应用试验设计改善可靠性、提升产品寿命[13-16]。

通过试验设计改进产品可靠性包括两个方面，一方面为可靠性水平的提高（如提高平均失效时间或改善低分位寿命值），另一方面为稳健可靠性的改善（如降低受噪声因子或未知因子波动的影响）。例如，多层电路板钻头改进方案中，采用了由 11 个可控因子和 5 个噪声因子组成的 16 次乘积表，见表 7-1，试验方案及其结果如图 7-1 所示。方案利用威布尔回归模型分析了钻头寿命数据，找到了具有较高平均寿命和对噪声稳健的可靠性因子组合。

表 7-1 多层电路板刀头试验因子及水平

<table>
<tr><td colspan="2" rowspan="2">可控因子</td><td colspan="4">Level</td></tr>
<tr><td>0</td><td>1</td><td>2</td><td>3</td></tr>
<tr><td>A</td><td>碳化钴/%</td><td>A1</td><td>A2</td><td>A3</td><td>A4</td></tr>
<tr><td colspan="2" rowspan="2">可控因子</td><td colspan="4">Level</td></tr>
<tr><td colspan="2">+</td><td colspan="2">-</td></tr>
<tr><td>B</td><td>腹板长度</td><td colspan="2">最小值</td><td colspan="2">最小值+30%</td></tr>
<tr><td>C</td><td>腹板厚度</td><td colspan="2">C1</td><td colspan="2">C2</td></tr>
<tr><td>D</td><td>腹板锥度</td><td colspan="2">D1</td><td colspan="2">D2</td></tr>
<tr><td>E</td><td>转动惯量</td><td colspan="2">Standard</td><td colspan="2">Standard+x</td></tr>
<tr><td>F</td><td>径向耙</td><td colspan="2">F1</td><td colspan="2">F2</td></tr>
<tr><td>G</td><td>螺旋角</td><td colspan="2">G1</td><td colspan="2">G2</td></tr>
<tr><td>H</td><td>轴向耙</td><td colspan="2">H1</td><td colspan="2">H2</td></tr>
<tr><td>I</td><td>长笛长度</td><td colspan="2">Minimum</td><td colspan="2">Minimun+50%</td></tr>
<tr><td>J</td><td>点的角度</td><td colspan="2">J1</td><td colspan="2">J2</td></tr>
<tr><td>L</td><td>点的类型</td><td colspan="2">Standard</td><td colspan="2">Strong</td></tr>
</table>

续表

噪声因子		Level	
		−	+
M	进给速度	10	20
N	备份材料	Hard board	Phenolic
O	PCB 材料	Epoxy	Polyamide
P	层数	8	12
Q	层间涂层	No	Yes

可控因子											噪声因子								
											M	−	−	−	−	+	+	+	+
											N	−	−	+	+	−	−	+	+
											O	−	−	+	+	+	+	−	−
											P	−	+	−	+	−	+	−	+
											Q	−	+	+	−	+	−	−	+
A	*D*	*B*	*C*	*F*	*G*	*H*	*I*	*E*	*J*	*L*									
0	−	−	−	−	−	−	−	−	−	−		1 280	44	150	20	60	2	65	25
0	−	−	−	−	+	+	+	+	+	+		2 680	125	120	2	165	100	795	307
0	+	+	+	+	−	−	−	−	+	+		2 670	480	762	130	1 422	280	670	130
0	+	+	+	+	+	+	+	+	−	−		2 655	90	7	27	3	15	90	480
1	−	−	+	+	−	−	+	+	−	+		3 000	44	480	10	1 260	5	1 720	3 000
1	−	−	+	+	+	+	−	−	+	−		2 586	6	370	45	2 190	36	1 030	16
1	+	+	−	−	−	−	+	+	+	−		3 000	2 580	20	320	425	85	950	3 000
1	+	+	−	−	+	+	−	−	−	+		800	45	260	250	1 650	470	1 250	70
2	−	+	−	+	−	+	−	+	−	−		3 000	190	140	2	100	3	450	840
2	−	+	−	+	+	−	+	−	+	+		3 000	638	440	145	690	140	1 180	1 080
2	+	−	+	−	−	+	−	+	+	+		3 000	970	180	220	415	70	2 630	3 000
2	+	−	+	−	+	−	+	−	−	−		3 000	180	870	310	2 820	240	2 190	1 100
3	−	+	+	−	−	+	+	−	−	+		3 000	612	1 611	625	1 720	195	1 881	2 780
3	−	+	+	−	+	−	−	+	+	−		3 000	1 145	1 060	198	1 340	95	2 509	345
3	+	−	−	+	−	+	+	−	+	−		3 000	3 000	794	40	160	50	495	3 000
3	+	−	−	+	+	−	−	+	−	+		680	140	809	275	1 130	145	2 025	125

图 7-1　多层电路板刀头试验设计方案及其结果

部分学者利用 Bootstrap 抽样结合加权最小二乘估计可靠性数据分布参数，得到可靠性分位函数，筛选出影响寿命水平的显著因子，改善了产品可靠性。本节研究了产品质量特性与可靠性的双响应参数优化，通过案例分别建立了质量特性模型与可靠性模型，利用渴求函数与帕累托优化准则确定最优试验参数组合。本节以刀具寿命数据为例建立了可靠性估计模型，利用响应曲面方法优化回归参数，提高了刀具可靠性[17-21]。

在上述研究的基础上，本章首先建立了基于随机效应的可靠性回归模型，考虑试验因子通过寿命分布参数进入回归模型，给出了具有随机效应的寿命数据联合似然函数，采用 Gauss-Hermite（G-H）积分整合随机效应，建立联合似然函数的闭合表达式。然后，基于极大似然方法，采用拟牛顿优化法估计可靠性回归模型参数，更新信息矩阵，确定影响可靠性的显著因子。最后，以恒温器试验为例，利用估计的回归参数计算不同试验因子组合下恒温器的寿命分布函数，预测不同分位值，寻找具有较高可靠性的参数组合。

7.2 基于随机效应的可靠性试验设计模型构建与参数估计

假定寿命数据服从威布尔分布，随机效应来自可靠性试验设计（即相同试验条件下多个测试样本的随机波动），服从正态分布，并通过威布尔分布参数进入寿命分布函数。

7.2.1 基于随机效应的非线性混合模型

可靠性试验设计具有 m 个试验组，每个试验组包括 n 个试验样本（也称为子样本）。假设第 i 个试验组的第 k 个试验样本寿命为 t_{ik}，t_{ik} 服从尺度参数为 η_i、形状参数为 β 的威布尔分布，记为 $t_{ik} \sim Wei(\eta_i,\beta)$。每个试验组内的随机效应 $\omega_i(i=1,2,\cdots,m)$ 服从均值为0、方差为 σ_ω 的正态分布 $N(0,\sigma_\omega^2)$，则带有随机效应的非线性混合模型如下：

$$f(t_{ik} \mid \beta,\eta_i,\omega_i) = \frac{\beta}{\eta_i}\left(\frac{t_{ik}}{\eta_i}\right)^{\beta-1} \mathrm{e}^{-\left(\frac{t_{ik}}{\eta_i}\right)^{\beta}} \tag{7-1}$$

$$F(t_{ik} \mid \beta,\eta_i,\omega_i) = 1 - \exp\left[-\left(\frac{t_{ik}}{\eta_i}\right)^{\beta}\right] \tag{7-2}$$

$$\log(\eta_i) = \mu_i = \boldsymbol{x}_i^{\mathrm{T}}\boldsymbol{\theta} + \omega_i = \theta_0 + \theta_1 x_{i1} + \theta_2 x_{i2} + \cdots + \theta_p x_{ip} + \omega_i \tag{7-3}$$

其中，β 为未知参数，$\boldsymbol{x}_i$ 为 $p\times1$ 维因子水平向量，$\boldsymbol{\theta}$ 为因子水平的固定效应系数

向量，$\omega_i(i=1,2,\cdots,m)$相互独立，记其密度函数为$f_1(\omega_i)$。

给定随机效应，第 i 个试验组右截尾数据的条件似然函数为

$$L_i(\beta,\theta,\sigma_\omega \mid \omega_i) = \prod_{k=1}^{n_i} [f(t_k \mid \omega_i)]^{\delta_k} [1 - F(t_k \mid \omega_i)]^{1-\delta_k} \tag{7-4}$$

其中，n_i 为第 i 组试验的样本个数，δ_k 为示性函数，当观测值是失效数据时为 0，截尾数据时为 1。为了简化似然函数的表达式，令

$$g(t_k \mid \omega_i) = [f(t_k \mid \omega_i)]^{\delta_k} [1 - F(t_k \mid \omega_i)]^{1-\delta_k} \tag{7-5}$$

代入式（7-4）得

$$L_i(\beta,\theta,\sigma_\omega \mid \omega_i) = \prod_{k=1}^{n_i} g(t_k \mid \omega_i) \tag{7-6}$$

第 i 个试验组右截尾数据的非条件似然函数为

$$L_i(\beta,\theta,\sigma_\omega) = \int_{-\infty}^{\infty} \left(\prod_{k=1}^{n_i} g(t_k \mid \omega_i)\right) f_1(\omega_i) d\omega_i \tag{7-7}$$

则带有随机效应的右截尾数据联合似然函数形式为

$$L(\beta,\theta,\sigma_\omega) = \prod_{i=1}^{m} L_i(\beta,\theta,\sigma_\omega) = \prod_{i=1}^{m} \left\{\int_{-\infty}^{\infty} \left[\prod_{k=1}^{n_i} g(t_k \mid \omega_i)\right] f_1(\omega_i) d\omega_i\right\} \tag{7-8}$$

7.2.2 基于 Gauss-Hermite 积分的联合似然函数

对式（7-4）而言，最大化联合似然函数需要求随机效应的积分。常用的求积分的方法有马尔科夫链蒙特卡罗方法、拟似然估计和 Gauss-Hermite 数值积分等，其中，Gauss-Hermite 积分是求解 $\int_{-\infty}^{\infty} e^{-x^2} f(x) \mathrm{d}x$ 的数值积分方法。Gauss-Hermite 积分可以求得联合似然函数的闭合形式，这一闭合形式为参数或参数函数（如分位点）的区间估计和假设检验提供了近似解析表达式。基于此，本节采用 Gauss-Hermite 方法求解随机效应的积分。

将式（7-4）中联合似然函数的积分转换成 Gauss-Hermite 积分形式，即

$$\int_{-\infty}^{\infty} \left[\prod_{k=1}^{n_i} g(t_k \mid \omega_i)\right] f_1(\omega_i) \mathrm{d}\omega_i = \int_{-\infty}^{\infty} \left[\prod_{k=1}^{n_i} g(t_k \mid \omega_i)\right] \frac{1}{\sqrt{2\pi\sigma_\omega^2}} e^{-\frac{\omega_i^2}{2\sigma_\omega^2}} \mathrm{d}\omega_i \tag{7-9}$$

令 $\varphi_i = \omega_i / \sqrt{2}\sigma_\omega$，得

$$\int_{-\infty}^{\infty}\left[\prod_{k=1}^{n_i} g(t_k \mid \sqrt{2}\sigma_\omega \varphi_i)\right]\frac{1}{\sqrt{\pi}}e^{-\varphi_i^2}d\varphi_i \tag{7-10}$$

利用 Gauss-Hermite 积分，联合似然函数可以变换为

$$\frac{1}{\sqrt{\pi}}\sum_{r=1}^{n_r} w_r\left[\prod_{k=1}^{n_i} g(t_k \mid \sqrt{2}\sigma_\omega q_r)\right] \tag{7-11}$$

其中，n_r 为积分求和点数，q_r 为微积分区间选取的评价点，w_r 为权重。将式（7-11）带入式（7-8）得到闭合形式的渐进似然函数为

$$L(\beta,\theta,\sigma_\omega) \approx \prod_{i=1}^{m}\left\{\frac{1}{\sqrt{\pi}}\sum_{r=1}^{n_r} w_r\left[\prod_{k=1}^{n_i} g(t_k \mid \sqrt{2}\sigma_\omega q_r)\right]\right\} \tag{7-12}$$

则闭合形式的渐进对数似然函数为

$$l(\beta,\theta,\sigma_\omega) \approx \sum_{i=1}^{m}\log\left\{\frac{1}{\sqrt{\pi}}\sum_{r=1}^{n_r} w_r\left[\prod_{k=1}^{n_i} g(t_k \mid \sqrt{2}\sigma_\omega q_r)\right]\right\} \tag{7-13}$$

由对数似然函数的二阶偏导可以得到信息矩阵，信息矩阵取逆可得模型估计参数的协方差矩阵。利用极大似然估计的不变性和多元 Delta 方法，可得到参数函数的点估计和标准误。

7.3 案例分析

本节将对工业恒温器寿命试验进行可靠性分析与稳健参数估计。该试验是一个包含 11 个影响因子的 12 次 Plackett-Burman 饱和试验设计，主要用于改进由腐蚀所导致的早期失效。12 组试验中每组安放 10 个恒温器进行寿命测试，受时间和成本的限制，当测试样本达到 7 342 圈时试验停止，测试寿命选取截尾数据。具体设计矩阵和失效数据见表 7-2，其中试验 1、试验 6 和试验 11 存在右截尾数据[1]。

饱和试验设计通常用于关键因子的筛选，不考虑随机效应的情况下，11 个因子 12 次试验的 Plackett-Burman 设计分析结果见表 7-3，这个结果可以通过 Minitab 软件中含寿命数据的回归得出。由表 7-3 可以看出，在 0.05 的显著性水平下，影响恒温器的 11 个因子都是显著的。

表 7-2　恒温器试验设计与失效数据

试验次数	试验因子											失效数据/循环次数									
	A	*B*	*C*	*D*	*E*	*F*	*G*	*H*	*I*	*G*	*K*										
1	−1	−1	−1	−1	−1	−1	−1	−1	−1	−1	−1	957	2 846	7 342	7 342	7 342	7 342	7 342	7 342	7 342	7 342
2	−1	−1	−1	−1	−1	1	1	1	1	1	1	206	284	296	305	313	343	364	420	422	543
3	−1	−1	1	1	1	−1	−1	−1	1	1	1	63	113	129	138	149	153	217	272	311	402
4	−1	1	−1	1	1	−1	1	1	−1	−1	1	75	104	113	234	270	364	398	481	517	611
5	−1	1	1	−1	1	1	−1	1	−1	1	−1	97	126	245	250	390	390	479	487	533	573
6	−1	1	1	1	−1	1	1	−1	1	−1	−1	490	971	1 615	6 768	7 342	7 342	7 342	7 342	7 342	7 342
7	1	−1	1	1	−1	−1	1	1	−1	1	−1	232	326	326	351	372	446	459	590	597	732
8	1	−1	1	−1	1	1	1	−1	−1	−1	1	56	71	92	104	126	156	161	167	216	263
9	1	−1	−1	1	1	1	−1	1	1	−1	−1	142	142	238	247	310	318	420	482	663	672
10	1	1	1	−1	−1	−1	−1	1	1	−1	1	259	266	306	337	347	368	372	426	451	510
11	1	1	−1	1	−1	1	−1	−1	−1	1	1	381	420	7 342	7 342	7 342	7 342	7 342	7 342	7 342	7 342
12	1	1	−1	−1	1	−1	1	−1	1	1	−1	56	62	92	104	113	121	164	232	258	731

表 7-3 恒温器试验的 weibull 分布回归结果

自变量	系数	标准误	Z	P	95% 正态置信区间	
					下限	上限
截距	6.6859	0.0650	102.87	0.000	6.5585	6.8133
A	-0.3052	0.0652	-4.68	0.000	-0.4330	-0.1773
B	0.3404	0.0650	5.24	0.000	0.2130	0.4678
C	-0.4171	0.0652	-6.40	0.000	-0.5449	-0.2893
D	0.3517	0.0651	5.40	0.000	0.2241	0.4793
E	-1.0517	0.0685	-15.35	0.000	-1.1860	-0.9174
F	0.2645	0.0653	4.05	0.000	0.1366	0.3924
G	-0.4037	0.0660	-6.11	0.000	-0.5331	-0.2742
H	-0.7228	0.0659	-10.96	0.000	-0.8520	-0.5935
I	-0.3641	0.0660	-5.52	0.000	-0.4934	-0.2347
J	-0.2588	0.0653	-3.97	0.000	-0.3867	-0.1309
K	-0.3987	0.0649	-6.13	0.000	-0.5260	-0.2713
β	1.8802	0.1552	NA	NA	1.5994	2.2103

注：对数似然值为-663.674

前文给出了随机效应可靠性模型，本节将在此基础上分析恒温器的寿命数据，筛选影响可靠性的关键因子，寻找稳健可靠性的因子组合。数据分析采用 R 软件实现，分析代码可以从本书作者获得。回归分析结果见表 7-4，为了规避随机误差方差过小带来的计算不便，采用处标准差的对数形式（$\log\sigma_{\omega}$）进行参数估计。在 0.05 的显著性水平下，模型中的常数项、所有因子效应和形状参数都是显著的。从回归分析 Z 值来看，因子 E、H 和 β 最显著，其他因子的 Z 绝对值都在 (3.97,6.4) 的范围内。尽管对数随机效应方差并不显著（P=0.3914），但并不能忽略，因为它是由可靠性试验设计本身和数据收集方式决定的。

表 7-4 基于随机效应的恒温器全因子可靠性回归分析结果

自变量	系数	标准误	Z	P	95% 置信区间	
					2.5%	97.5%
截距	6.6859	0.0650	102.8662	0.0000	6.5648	6.8255
A	-0.3064	0.0755	-4.0562	0.0000	-0.4890	-0.1754
B	0.3400	0.0662	5.1342	0.0000	0.2093	0.4727

续表

自变量	系数	标准误	Z	P	95%置信区间	
					2.5%	97.5%
C	-0.4171	0.0652	-6.3972	0.0000	-0.5560	-0.2933
D	0.3515	0.0654	5.3767	0.0000	0.2210	0.4854
E	-1.0518	0.0686	-15.3343	0.0000	-1.2019	-0.9278
F	0.2644	0.0654	4.0394	0.0000	0.13452	0.3992
G	-0.4035	0.0662	-6.0960	0.0000	-0.5459	-0.2799
H	-0.7224	0.0666	-10.8496	0.0000	-0.8655	-0.6011
I	-0.3641	0.0660	-5.5140	0.0000	-0.5062	-0.2407
J	-0.2587	0.0652	-3.9653	0.0000	-0.3932	-0.1291
K	-0.3984	0.0650	-6.1319	0.0000	-0.5309	-0.2676
β	1.8809	0.1552	12.1159	0.0000	1.5899	2.1986
$\log\sigma_{\omega}$	-7.0391	13.2749	-0.2686	0.3941	NA	-10.4463

注：对数似然值=-723.7

在 Plackett-Burman 混杂设计中，其他因子（非 E 和 H）都与交互项 EH 系数具有部分混杂，这表明其他因子的显著很可能是由 EH 混杂导致的。为了验证这一猜想，将交互项 EH 加入回归模型中。由于 12 次 Plackett-Burman 设计为饱和试验设计，加入 EH 交互变量则需要从原有的模型中去掉一个因子，这里去掉 Z 绝对值最小的因子 J，新模型回归分析结果见表 7-5。在 0.05 的显著性置信水平下，因子 E、H、EH 和 K 都是显著因子。0.01 的显著性水平下，因子 C 也是显著的。应用非随机效应可靠性模型对包含交互项 EH 的参数组合进行分析，可以得出 E、H 和交互项 EH 显著，具体分析结果可以通过 Minitab 软件中含寿命数据的回归得出。由此可见，考虑随机效应所得出的显著因子与非随机效应下所得出的显著因子并不相同。

表 7-5　包含交互效应的恒温器随机效应可靠性回归结果

自变量	系数	标准误	Z	P	95%置信区间	
					2.5%	97.5%
截距	6.6859	0.0650	102.8701	0.0000	6.5648	6.8255
A	-0.0477	0.0784	-0.5964	0.5509	-0.2375	0.0907
B	0.0812	0.1058	0.7706	0.4410	-0.1379	0.2975

续表

自变量	系数	标准误	Z	P	95%置信区间	
					2.5%	97.5%
C	-0.158 3	0.095 0	-1.665 4	0.095 8	-0.363 3	0.026 1
D	0.092 7	0.105 1	0.883 9	0.376 8	-0.125 2	0.309 8
E	-1.051 7	0.068 6	-15.334 2	0.000 0	-1.201 8	-0.927 7
F	0.005 7	0.105 0	0.054 3	0.956 7	-0.211 7	0.223 2
G	-0.144 8	0.095 3	-1.519 3	0.128 7	-0.352 0	0.037 9
H	-0.722 7	0.066 6	-10.853 5	0.000 0	-0.865 7	-0.598 4
I	-0.105 3	0.095 2	-1.105 7	0.268 9	-0.312 4	0.077 5
EH	0.776 3	0.195 8	3.965 7	0.000 0	0.387 2	1.179 9
K	-0.139 9	0.068 9	-2.029 0	0.042 5	-0.275 6	-0.000 5
β	1.880 2	0.155 1	12.115 9	0.000 0	1.589 9	2.198 6
$\log\sigma_{\omega}$	-7.782 8	27.627 8	-0.100 6	0.778 1	-67.213 6	-67.837 9

注：对数似然值=-723.7

为了得到稳健的高可靠性因子组合，具有较大低分位点值（如 $t_{0.01}$，1%下分位值）和较小变异误差的因子组合是工程师所期待的。基于此，可分别计算12次Plackett-Burman设计中每次试验恒温器寿命数据的1%、5%、62.31%、75%、99%分位数，见表7-5。对于其他的分位值也可以用同样的方法计算得出。通过比较 $t_{0.01}$ 的值，第1和11次试验因子组合下恒温器可靠性较高，第6次试验的可靠性次之，对于其他分位点的比较也可以得出同样的结果。在高可靠性因子组合中，分位点间的离散程度（如 $t_{0.99}-t_{0.01}$）几乎相同，因子 E、H 和 C 的取值均为负，K 的取值在第1次试验中为负，在第11次试验中为正。此外，在可靠性回归分析中，形状参数 β 的标准差较大，也就意味着不同试验组合的形状参数可能不同，并非固定的常数，见表7-3~表7-5。这些问题的解决需要进一步试验即序贯试验进行分析验证。

第 8 章

基于试验设计的激光陀螺质量与可靠性改进案例分析

本章针对 1.4 节提出的问题，主要研究激光陀螺质量改进方法。激光陀螺是典型的复杂装备产品，研制过程质量易受制造过程加工设备、原材料和加工环境的影响，且质量影响因素多为高维特性。本章在对企业进行现实需求分析的基础上，结合当前技术研究现况，用两个步骤进行技术需求分析与研究：一是针对质量特性高维特性，开展针对质量特性的降维技术研究；二是针对装备质量易受制造过程波动的影响，开展基于试验设计的稳健性参数设计与优化技术研究。其中，关键质量特性选择技术面向产品研制的全过程，并不局限于对产品研制单一环节的关键质量特性选择。在第一步的基础上，利用试验设计的稳健性参数设计与优化技术，将关键质量特性分散到各个工序，对关键工序的关键质量特性进行稳健性参数设计与优化，寻找最优参数组合，改进产品质量。

利用研制过程中的历史制造数据，可确定产品质量特性的选择范围。需对数据进行预处理、初步筛选，完成关键质量特性的精确选择，使高维质量特性降成低维的关键质量特性集。在关键质量特性选择的基础上，将关键质量特性分散并归属到各个工序，选择保证产品稳健性的关键工序，进行试验设计，获取试验数据，构建多响应稳健性优化模型，研究多响应稳健性寻优算法，寻找稳健优化点的置信区域及多响应稳健优化的试验区域[22]。

8.1 基于激光陀螺研制流程的关键质量特性选择

8.1.1 关键特性的初步选择

关键质量特性是指制造过程中对产品最终质量影响最显著的零部件尺寸、性能参数、制造工艺参数。从众多质量特性中选择少数显著影响产品质量的关键质量特性，对于降低后续稳健性设计阶段所需优化的变量数量和试验次数，降低稳健性参数设计过程的优化难度，具有重要现实意义。

通过对陀螺仪的流程分析，本章收集整理了377个陀螺仪研制历史过程数据和质量性能测试结果数据。考虑部分信息的非公开性，只展示按照质量分级的划分结果，见表8-1。激光陀螺仪的质量分级最终划分为1~4级和“不合格”共5个质量等级。1级陀螺仪是最为广泛需要的，2~4级陀螺仪在某些精度要求不高的情况下是可以使用的，而“不合格”的陀螺仪在任何情况下都不能使用。在性能测试阶段，通过对陀螺仪导航精度、稳定性等多个指标的测试得到陀螺仪质量分级信息。生产过程中的质量特性包括零部件尺寸、性能参数（腔体中孔的圆柱度等尺寸参数）、每个装配阶段之后的性能测试参数（如锁区测试参数）、工艺参数（包括老炼时间和电流参数、筋篇装配的烘烤温度和时间等工艺参数）共计109个质量特性。这些质量特性用 $X_1, X_2, \cdots, X_{109}$ 表示。

表8-1 陀螺仪制造历史数据信息

陀螺仪质量分级	样本数量
1级	207
2级	102
3级	45
4级	9
不合格	12
总计	375
质量特性数	109

信息增益（Information Gain）是信息理论中的重要指标，能够度量两个变量 X 和 Y 的相关关系。与统计中的相关系数相比，信息增益的优点在于能够度量变量间的非线性相关关系。通过信息增益指标，能够度量装备变量 X 与装备产品质量分级 Y 的非线性相关关系，进而识别显著影响产品质量的参数变量。本节主要采用信息增益构建基于信息增益的关键过程选择方法。

在给出信息增益指标的公式之前，首先给出关于熵的定义。熵是信息理论中的基本概念，主要用来度量变量的不确定性，即每个变量包含的信息多少，信息熵越大则表明该变量包含信息越多。对于一个变量 $X \in \mathcal{X}$，其熵 $H(X)$ 定义为

$$H(X) = -\sum_{x \in \mathcal{X}} p(x) \log p(x) \tag{8-1}$$

其中，$p(x)$ 表示 $X = x$ 的概率。在此基础上，给定另一个变量 $Y \in \gamma$，条件熵

$H(X \mid Y)$ 定义如下：

$$H(X \mid Y) = -\sum_{y \in \gamma} \sum_{x \in \mathcal{X}} [p(x,\ y) \log p(x \mid y)] \quad (8-2)$$

其中，$p(x|y)$ 为给定 $Y=y$ 之后 X 取值 x 的概率，$p(x,y)$ 为 $X=x, Y=y$ 的联合概率分布。基于以上定义，可以得到信息增益 $\mathrm{IG}(Y;X)$ 的定义：

$$\mathrm{IG}(Y;X) = H(X) - H(X \mid Y) \quad (8-3)$$

信息增益 IG（Y; X）的值越大，表明变量 X 与 Y 的相关性越强。

基于以上信息增益的定义，可以进一步构建基于信息增益的关键质量特性选择方法，基本流程如图 8-1 所示。

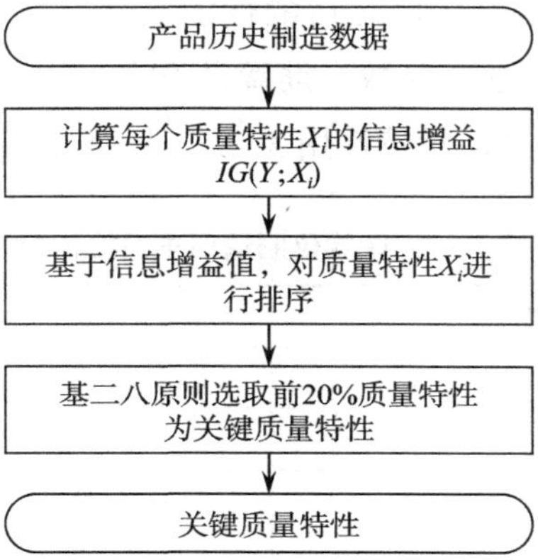

图 8-1　基于信息增益的关键质量特性选择

其步骤如下所示。

（1）采用产品历史制造数据，计算每个质量特性 X_i 与产品质量分级 Y 的信息增益 $\mathrm{IG}(Y;X_i)$。

（2）根据信息增益 $\mathrm{IG}(Y;X_i)$ 值，由大到小对质量特性 X_i 进行排序。

（3）基于二八原则，从排序后的质量特性中选取前 20% 为关键质量特性。

基于陀螺仪制造历史数据，利用信息增益的选择方法，得到关键质量特性选择结果。首先，基于式（8-3）所示信息增益公式，计算质量特性 $X_1, X_2, \cdots, X_{109}$ 的信息增益 $\mathrm{IG}(Y;X_1), \mathrm{IG}(Y;X_2), \cdots, \mathrm{IG}(Y;X_{109})$，得到图 8-2 所示信息增益计算结果。采用排序算法将所得信息增益值由大到小进行排列，得到排序后的质量特性。从排序后的质量特性中选择前 20% 质量特性为关键质量特性，具体结果如图 8-3 所示。根据图 8-3 的分析结果，采用信息增益的关键质量特性选择方法，可以确定 $X_{90}, X_{89}, \cdots, X_{52}$ 等 22 个关键质量特性。这些质量特性对应于陀螺仪生产过程中各类工艺参数。例如，X_{90}、X_{89} 对应于环形传感器装调阶段的相关工艺参数，X_{48} 为谐振腔组件装调流程测试相关工艺参数，X_{24} 为激光陀螺仪谐振腔组件装调流程偏振特性相关工艺参数。

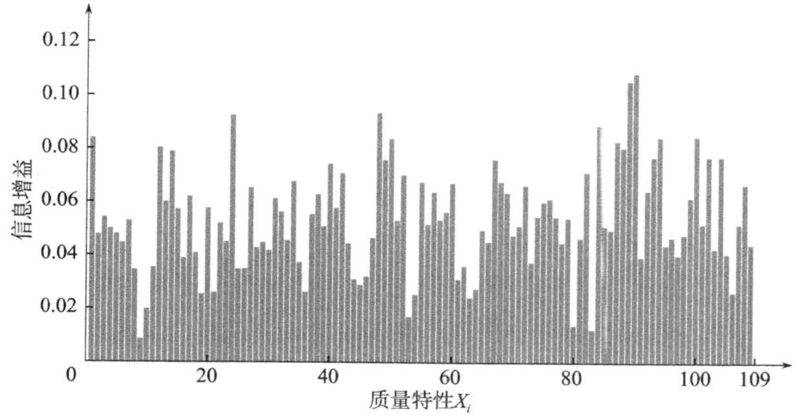

图 8-2　各质量特性的信息增益结果

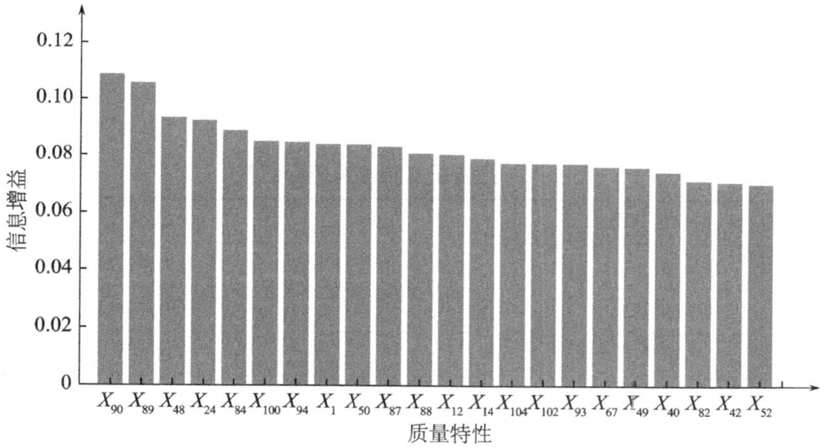

图 8-3　基于信息增益的质量特性选择结果

8.1.2　关键特性的精确选择

本节将构建关键质量特性的精确选择方法，在信息增益筛选得到的关键质量特性基础上，进一步精确选择对产品质量影响最显著的质量特性。基于机器学习中的变量选择模型，关键质量特性选择可以定义为一个优化问题：从原质量特性中选择一个关键质量特性子集，使得其对产品质量分级具有高效的预测效果。根据定义，为了度量质量特性对质量分级的预测效果，需要引入机器学习中的分类模型，构建关键质量特性选择方法。本小节采用朴素贝叶斯分类器，将从多目标关键质量特性选择模型、关键质量特性选择模型求解算法、陀螺仪关键质量特性选择结果3方面对激光陀螺研制过程关键质量特性进行筛选。

1. 多目标关键质量特性选择模型

利用最大化产品质量预测性能和最小化选择关键质量特性数两个目标构建关键质量特性选择模型。根据工程需要，对表8-1激光陀螺原始数据进行高低两级处理，得出数据集信息，见表8-2。高质量陀螺仪样本有171个，低质量陀螺仪样本有50个，数据集是非平衡的。在数据非平衡情况下，常用的分类精度指标对于度量产品质量的预测性能会出现不准确的情况。因此，采用针对非平衡数据的分类性能度量指标G-Mean度量质量特性子集对产品质量的预测性能。基于此，将关键质量特性选择模型构建为如下两目标优化问题：

$$\begin{cases} \max f_1 = \mathrm{Gmean}(s) \\ \min f_2 = |s| \end{cases} \quad \text{s.t. } s \subseteq \{X_1, X_2, \cdots, X_N\} \qquad s \neq \varnothing \qquad (8-4)$$

其中，s表示一个质量特性子集，Gmean(s)表示基于质量特性子集s分类器所得的G-Mean值，$|s|$表示质量特性子集中所含质量特性数。

表8-2　关键质量特性选择数据集

陀螺仪分类	样本数量
高质量（-1）	171
低质量（1）	50
总计	221
质量特性数	109

2. 关键质量特性选择模型求解算法

由于所构建的关键质量特性选择模型是多目标优化模型，因此需要构建多目标优化算法求解模型。多目标优化算法能够同时优化多个目标，并得到一组帕累托解，有必要进一步从多个帕累托解中进一步选择最终的解。因此，构建两阶段的关键质量特性选择模型求解算法。对于陀螺仪数据，虽然已经采用信息增益法将质量特性由原来的109个过滤到22个，但是问题的维度仍然是较高的。基于此，需要构建能够快速收敛、广域优化效果高的多目标鲸鱼优化算法求解选择模型，并得到帕累托解（备选关键质量特性集）。采用多目标决策方法——理想点法，从多个帕累托解中选择最终的少数关键质量特性集。

多目标鲸鱼优化算法的流程如下。

```
输入：包含N个质量特性的数据集，群体规模K，迭代次数T_max；
输入：帕累托解集Ω;
/* 初始化群体s^t，其中群体中的解为s_i^t( i = 1, ···, K ). */
t ← 0, s^t ←{s_1^t, s_2^t, ··· , s_K^t};
评估所有s^t中解的目标函数值f_1和f_2;
基于快速非支配排序法对s^t中的解进行优劣排序；
while t<T_max do
      P ← s^t;
      for each s_i^t∈s^t do
            A_i←(2rand()−1)(2−2t/T_max)
            P_i←rand();            /* rand()表示[0, 1]间的随机数 */
            从P中选择一个参照解s^{*t}，参照解为当前非支配解之一；
            if P_i<0.5 then
               if |A_i|<1 then
                  采用包围捕食策略更新s_i^t;
               else
                 采用猎物搜寻策略更新s_i^t;
               end
            else
               采用螺旋游走策略更新s_i^t;
            end
      end
 对s^t中的解进行变异操作；
 评估所有s^t中解的目标函数值f_1和f_2;
 s^c ← P∪s^t;
 基于快速非支配排序法对s^c中的解进行优劣排序；
 s^{t+1} ← s^c中最佳的K个解；
 t ← t + 1;
 end
 return Ω ← s^t中的帕累托解；
```

算法首先初始化群体规模为 K 的一组解 $s_1,\cdots,s_k$，接着在每次迭代过程中采用基于鲸鱼优化的 3 种更新策略——包围捕食、猎物搜寻、螺旋游走，对解进行更新。为了保证算法的全局寻优性能，在多目标鲸鱼优化算法中嵌入了变异操作。为了对多目标优化问题中的解进行优劣排序，多目标鲸鱼优化算法采用了快速非支配排序。通过结合优劣排序的结果和解的更新策略，多目标鲸鱼优化算法能够基于现有解不断进化寻优，最终得到一组帕累托解。在整个优化算法中，分别采用了解的编码、包围捕食策略、猎物搜寻策略、螺旋游走策略和变异操作，这些方法的具体使用过程如下所示。

解的编码主要应用于筛选关键质量特性。假定原始质量特性为 $X_1,\cdots,X_N$，个数为 N，那么对于多目标鲸鱼优化算法中的一个解 s，我们将其编码为一个长度为 N 的实数向量，即 $s=(s_1,\cdots,s_N)$。其中，解中各位 $s_i\in[-1,1]$ $(i=1,\cdots,N)$。若 $s_i>0$，则表明质量特性 X_i 被选择，若 $s_i\leqslant 0$ 则 X_i 被剔除。

包围捕食策略主要应用于多目标鲸鱼优化算法解的更新。设多目标鲸鱼优化算法的第 t 次迭代群体中的一个解为 s_i^t，包围捕食策略将其更新为

$$s_{inew}^t = s^{*t} - A_i \left| C_i s^{*t} - s_i^t \right| \tag{8-5}$$

其中，s^{*t} 为参照解，该解为当前群体中的非支配解，$A_i \left| C_i s^{*t} - s_i^t \right|$ 为解的更新步长，$|\bullet|$意味着针对向量每一位计算绝对值。A_i 和 C_i 为两个随机变量，其中 $A_i = (2\text{rand}( ) - 1)(2 - 2t/T_{max})$，$C_i = 2\text{rand}( )$，rand( ) 为 0 和 1 之间的随机数，$T_{max}$ 为多目标鲸鱼优化算法中指定的最大迭代次数。

猎物搜寻策略的思路与包围捕食策略类似，其主要区别在于将式（8-5）中的参照解 s^{*t} 替换为从群体中随机选择的一个解 s_{rand}^t，目的是增强算法的广域随机搜索能力，避免使得算法过早陷入局部最优。综上，基于猎物搜寻策略，解 s_i^t 更新为

$$s_{inew}^t = s_{rand}^t - A_i \left| C_i s_{rand}^t - s_i^t \right| \tag{8-6}$$

螺旋游走策略将解 s_i^t 更新为

$$s_{inew}^t = s^{*t} + De^{l_i}\cos(2\pi l_i) \tag{8-7}$$

其中，$D = \left| s^{*t} - s_i^t \right|$，$l_i$ 为−1~1 的随机值。该策略模拟鲸鱼围绕猎物螺旋游走的策略来更新解。

变异操作是指对于群体中的解，以 0.5 的概率进行变异。若解 $s^t = (s_1^t, s_2^t, \cdots, s_K^t)$ 需采取变异操作，则随机从 1~N 产生 1 个随机整数 m，s_1^t 的值更新为 $-s_1^t$。

采用多目标鲸鱼优化算法求解得到 1 组帕累托解之后，采用理想点法从多个帕累托解中进一步选择最终解。理想点法首先定义理想点为（f_1^*，f_2^*），其中

$$f_1^* = \max_{s \in \Omega} f_1(s) \tag{8-8}$$

$$f_2^* = \min_{s \in \Omega} f_2(s) \tag{8-9}$$

接着，从 Ω 中的各解中选择与理想点（f_1^*，f_2^*）最近的解作为最终解（关键质量特性集）。

8.1.3 激光陀螺仪关键质量特性选择

基于陀螺仪生产数据（见表 8-2），为精确筛选陀螺仪关键质量特性，本小节首先采用 ReliefF 算法得到质量特性的权重和质量特性的初步过滤结果，如图 8-4 所示。由图可以看出，不同质量特性的权重评价结果有很大差异，这说明 ReliefF

算法能够对质量特性的重要性进行区分。在权重评价的基础上，进一步基于阈值对非关键质量特性进行过滤，经过过滤得到质量特性初步过滤结果，见表 8-3。

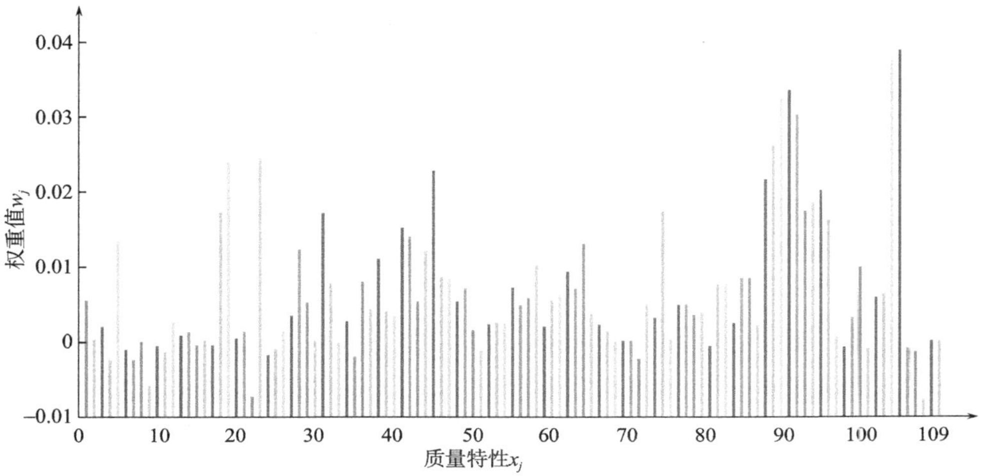

图 8-4 质量特性权重评价结果

表 8-3 质量特性初步过滤结果

质量特性	序号 j
保留质量特性 X_j（共 52 个）	1，5，18，19，23，28，29，31，32，36，37，38，41，42，43，44，45，46，47，48，49，55，56，57，58，60，61，62，63，64，72，74，76，77，81，82，84，85，87，88，89，90，91，92，93，94，95，99，101，102，103，104
过滤质量特性 X_j（共 57 个）	2，3，4，6，7，8，9，10，11，12，13，14，15，16，17，20，21，22，24，25，26，27，30，33，34，35，39，40，50，51，52，53，54，59，65，66，67，68，69，70，71，73，75，78，79，80，83，86，96，97，98，100，105，106，107，108，109

经过质量特性的初步过滤，保留了 52 个备选的关键质量特性。在质量特性初步过滤的基础上，进一步采用所构建关键质量特性精准选择方法，选择关键质量特性。针对陀螺仪的关键质量特性选择结果见表 8-4，所选关键质量特性的具体信息见表 8-5。可以看到，在上一步初步过滤的基础上，进一步将保留的质量特性数量由 52 个降低到 39 个。

表 8-4 关键质量特性选择数量结果

关键质量特性	序号 j（表示给定历史数据表的列号）
保留质量特性 X_j（共 39 个）	1，5，18，19，23，28，29，31，32，36，37，38，41，42，43，44，45，46，47，48，57，58，60，61，63，64，72，77，81，84，87，88，90，91，92，95，99，101，103

8.2 基于试验设计的激光陀螺谐振腔参数优化

在激光陀螺的关键质量特性初步选择与精确选择中，质量特性的分类处理方式不同，筛选方法不同，选择的结果不同。如图 8-3 和表 8-5 所示，从两种选择的分析结果可以得出激光陀螺谐振腔打孔刀具的影响因素较多。通过与激光陀螺的光学工程师、电学工程师、机械制造工程师的研讨，去掉不可测、工艺无法实现、基本原理不明的参数，最终选定激光陀螺谐振腔的加工过程参数为当前重要参数。谐振腔打孔刀具为激光陀螺制造流程的瓶颈工序。针对谐振腔的工艺过程，应用试验设计进行刀具打孔的稳健参数设计。

表 8-5 关键质量特性

序号	关键质量特性	序号	关键质量特性	序号	关键质量特性
1	光阑长轴 50	14	D3D4 角度 60	27	电压工序间变化量
2	x_1 试剂 1	15	P_1 平面镜号	28	正向出锁阈值
3	x_2 试剂 2	16	Q_2 球面镜号	29	正向入锁阈值
4	x_3 试剂 3	17	调腔 SP 相差	30	负向出锁阈值
5	x_4pH	18	气体批次	31	负向入锁阈值
6	x_5 上砂时间	19	最终充气压	32	正向出锁阈值 1
7	x_6 加厚时间	20	工作电压	33	正向入锁阈值 1
8	x_7 超声加厚时间	21	阈值电流	34	负向出锁阈值 1
9	x_8 温度	22	真空后 01 模损耗	35	10 模损耗
10	x_9 上砂电流密度	23	真空后 00 模损耗	36	01 模损耗
11	x_{10} 加厚电流密度	24	真空 SP 相差	37	00 模损耗
12	x_{11} 超声电流密度	25	光强信号	38	相差
13	相位差	26	拍频信号	39	放电电流

激光陀螺的研制过程具有多工序长流程、零部件多、生产过程复杂等特点，在8.1节完成了多阶段的质量特性初步过滤、关键质量特性精确选择，本节在此基础上，利用基于试验设计的多响应稳健参数优化理论与技术，改善激光陀螺谐振腔刀具的质量稳健性。结合产品结构与数据特征，利用多阶段的质量特性初步过滤、关键质量特性精确选择、基于试验设计的多响应模型和稳健参数优化技术，提出了面向产品制造的多响应稳健性优化方法的技术路线。流程如图8-5所示。

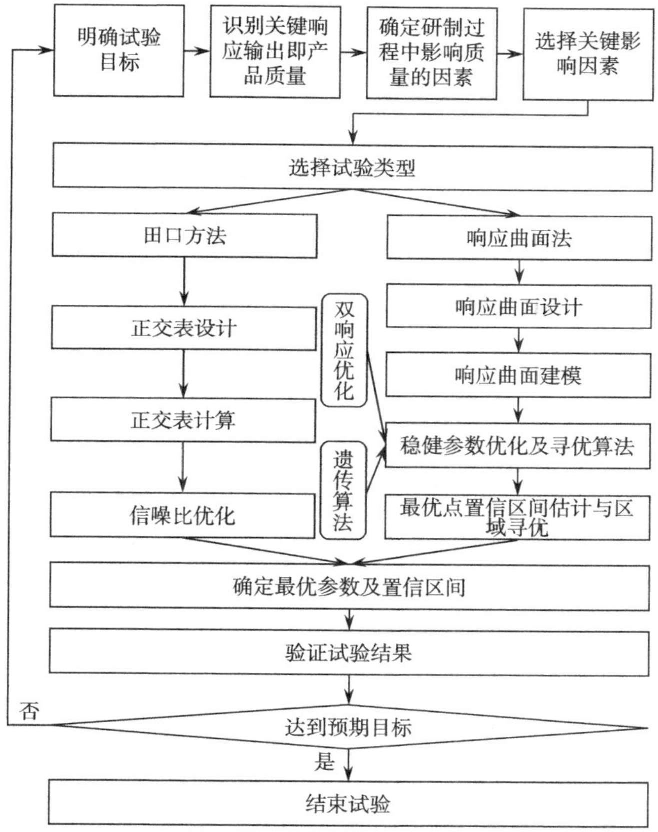

图8-5 基于试验设计的稳健性参数优化流程

流程包括6个步骤。

（1）分析梳理研制生产过程中产品质量和稳健性方面存在的问题，明确研究目标。

（2）分析和识别产品质量和稳健性方面的质量特性。

（3）分析和挖掘潜在的原因变量，并找出潜在的主要因子，确定因子水平。

(4) 围绕产品研制过程参数稳健优化，选择试验设计类型（筛选试验设计、部分因子试验设计、全因子试验设计、田口正交表设计或响应曲面设计)。田口方法利用正交表并通过优化信噪比确定最优参数，但田口方法无法得到最优参数的置信区间。本例通过响应曲面设计运行试验，获取试验数据。

(5) 利用试验数据构建响应曲面模型，利用优化算法（双响应优化或遗传算法）计算关键试验因素的最优参数。

(6) 确定最优参数的置信区间，并验证试验结果。如果达到试验预期，则结束试验，否则返回第一步，重新确定试验目标。

8.2.1 试验设计的步骤与模型构建

产品的质量受诸多因素的影响。试验设计是在工程上研究如何找到一组最优的影响因素组合，使得产品的质量达到最优的方法。稳健性设计则研究如何找到一组最优的因素组合，使得产品的质量对可控因素的波动不敏感，从而使产品性能更加稳健、可靠。田口首先将稳健性思想引入试验设计中，提出稳健性参数设计，通过选择控制因子的组合来减少系统输出对噪声变化的敏感度，从而达到减少系统波动的目的。

在实际工程问题中，对于诸多影响因素，我们首先需要用部分因子设计进行因子筛选，选择出显著的影响因子，然后再用全因子试验设计全面地分析因子效应和交互作用，最后用曲面响应方法确定回归关系和最优设置并进行验证。其基本步骤如下。

(1) 用部分因子设计进行因子筛选。进行试验之前，产品质量受众多因素的影响。我们应从众多因素中筛选出关键的影响因素，例如 8.1 节在历史数据的基础上进行关键特性选择。这种方法选出的影响因子通常较多，而且不能精确反映当下质量的关键因素。因此，需要利用试验设计针对研制过程进行精确数据收集与分析。为节省试验次数与成本，首先应用部分因子试验方法进行数据统计分析，得到初步分析结果，若部分试验次数的费用过于昂贵或试验时间长，则建议运用 Plackett-Burman 设计来筛选关键因子，其优点是试验次数比部分试验更少。

(2) 用全因子试验设计全面分析因子效应和交互作用。经过步骤 (1)，当所考虑的因子个数不大于 5 时，选择在小范围内施行全因子试验设计，获得全部因子的效应和交互作用的准确信息，并进一步筛选因子使得最终因子的个数在 5 个以内。

（3）用曲面响应方法确定响应关系并得到最优因子组合。经过步骤（1）和（2）之后，因子的个数已经在5个以内了，此时我们运用曲面响应方法，其中常用的有中心复合设计和Box-Behnken设计，在含有最优值的较小范围内拟合曲面响应，并求得试验区域内的最优点。

上面步骤中用到的重要试验设计方法叙述如下。

（1）全因子试验设计。全因子试验设计是指每一个因素的不同水平的全部组合都进行试验。在一项试验中如果有k个因素，每个因素有e个水平，则全因子试验最少需要e^k次。例如，某试验因素为3个，每个因素的水平数是2个，若进行全因子试验，则需要$2^3=8$次。因为全因子试验设计含有所有的因子的试验组合，所以它可以估算所有主效应和各阶的交互效应，在因子个数不多的时候可以对回归模型进行精确参数估计。然而，随着因子个数增加，试验次数会呈现指数增长，比如k个因子就需要做2^k次试验，若试验昂贵，将大量增加试验成本。

（2）部分因子试验设计。在全因子试验中，当因子个数为5时，要做32次试验，当因子个数为8时，要做256次试验。随着因子个数的增加，试验次数急剧增加，这造成成本急剧增加。而在很多情况下，一些高阶项在实际中已经没有意义了，此时，需要通过删节试验法和增补因子法进行部分因子试验设计，这样可以有效降低试验成本。

（3）Plackett-Burman设计。Plackett-Burman设计是一类筛选因子设计，主要通过对每个因子取两水平来进行分析，通过比较各个因子两水平的差异与整体的差异来确定因子的显著性。Plackett-Burman设计不能区分主效应与交互作用的影响，但对显著影响的因子可以确定出来，从而达到筛选的目的，避免在后期的优化试验中由于因子数太多或部分因子不显著而浪费试验资源。

（4）田口方法。田口方法利用正交表来挑选试验条件和安排试验方法，是一种低成本、高效益的质量工程方法，它强调产品质量的提高不是通过检验，而是通过设计。其基本思想是把产品的稳健性设计引入产品的制造过程中，通过控制源头质量来抵御下游生产和顾客使用中的噪声或不可控因素的干扰，这些因素包括环境湿度、材料老化、制造误差、零件间的波动等。然而，田口提出的信噪比混杂了产品质量特性的均值效应和方差效应，不利于找出影响均值效应和方差效应的质量要素。如何将试验设计与田口方法相结合，同时优化过程均值和过程变异的参数，即稳健对偶响应优化，成为了重要的研究方向。

（5）中心复合设计（CCD）和Box-Behnken（BB）设计。中心复合设计和Box-Behnken设计是最常用的响应曲面试验设计方法。中心复合设计由包含中心点的因子设计组成，并用一组轴点进行增强，以便对弯曲进行估计。以图 8-6 的三因子中心复合设计为例，它由 3 部分构成：①立方体点或角点，各点坐标皆为 1 或-1，这些也是组成因子试验的部分。②中心点，各点的三维坐标都为 0。③星号点或轴点，除一个坐标为±a，其余坐标都为 0。在 k 个因子情况下，共有 $2k$ 个星号点。

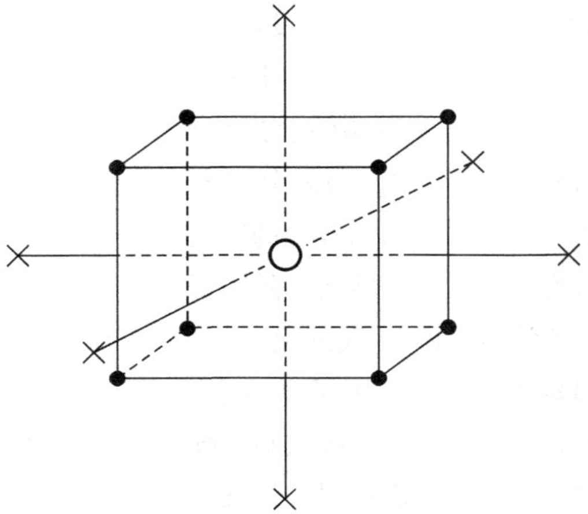

图 8-6　三因子中心复合设计

中心复合设计包括外切中心复合设计（CCC）、内切中心复合设计（CCI）和面心立方设计（CCF）。二因子的 CCC、CCI 和 CCF 设计如图 8-7 所示。

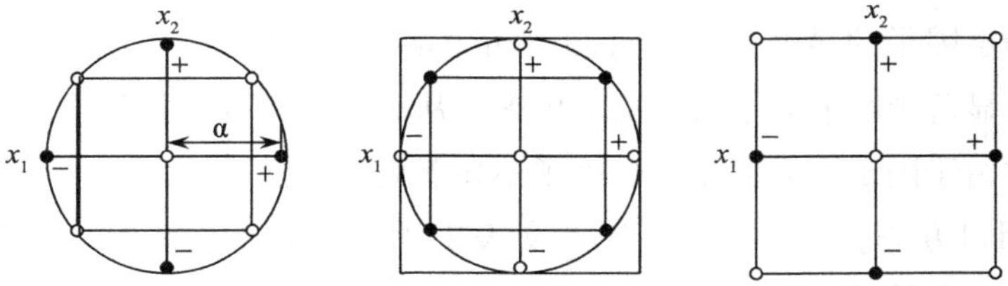

（a）CCC 设计　（b）CCI 设计　（c）CCF 设计

图 8-7　二因子 CCC、CCI 和 CCF 设计

CCC 设计是 CCD 设计中最常用的一种。它的轴向点超出因子的最高、最低水平的范围，如图 8-7（a）二因子 CCC 设计所示。CCI 设计将星号点设置为 1 和-1，将原 CCD 缩小到整个立方体内，但此设计方式失去了序贯性（序贯性是指前面试验的信息还可以用在后面试验中），因为前面做的试验已经没有用了，如图 8-7（b）二因子 CCI 设计所示。CCF 设计将星号点设置为 1 和-1，原来的因子设计保持不变，此设计方式保持了序贯性，但失去了旋转性（旋转性是指某

点预测值的方差仅与该点到试验点中心距离有关，而与其方位无关），如图 8-7（c）二因子 CCF 设计所示。

当试验成本很高或试验进行较为困难时，另一种可行的试验设计策略为 Box-Behnken 设计。三因子 Box-Behnken 设计如图 8-8 所示，该设计的特点是将各试验点取在立方体棱的中点上，具有近似旋转性。相对于中心复合设计，Box-Behnken 设计试验总次数更少，缺点是牺牲了试验的序贯特性。

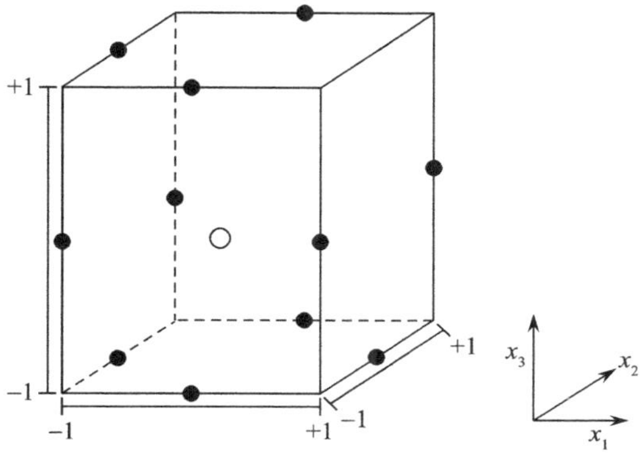

图 8-8　三因子 Box-Behnken 设计

CCC、CCI、CCF 和 Box-Behnken 设计特点总结见表 8-6。

表 8-6　CCC、CCI、CCF 和 Box-Behnken 设计特点

设计类型	是否可旋转	是否具备序贯特点	模型预测质量
CCC	可以	是	高
CCI	可以	差	低
CCF	不可	是	高
BB	近似	否	低

随机化、重复和区组化是试验设计的 3 个基本原则：①随机化是指各次试验的顺序和试验单元是完全随机的，这样可以有效地阻止可能的未知因素对响应变量产生的不好的影响，防止非常大的误差出现；②重复试验是指一个处理施于多个试验单元，这样可以估计试验误差的大小，一般的显著性检验就是比较不同处理间的差异和随机误差，当这种差异比随机误差大时，我们就认为处理间的差异是显著的，后续的统计推断才能进行；③区组化是将不同的试验单元划分为若干区组的方法，因为不同的试验单元间会有差异，当这种差异过大时会使试验误差过大而影响试验的分析，如果我们能按照某种方式把所有的试验单元先划分成

组，再在同一区组内比较处理间的差异，则可以使整个试验的分析更加有效。

基于试验设计的响应曲面建模中，通常假定 y 为产品或过程的质量特性即响应，与输入变量 $x_1, x_2, \cdots, x_k$ 存在如下关系：

$$y = f(x_1, x_2, \cdots, x_k) + \varepsilon \tag{8-10}$$

这种函数关系的真正形式 f 是不知道的，可能非常复杂，ε 代表模型无法解释的其他来源的变异项。一般应用式（8-10）的一阶或二阶 Taylor 展开式作为相对小的区域内对真正函数的逼近形式。一阶模型为

$$y = \beta_0 + \beta_1 x_1 + \beta_2 x_2 + \cdots + \beta_k x_k + \varepsilon \tag{8-11}$$

二阶模型为

$$y = \beta_0 + \sum_{i=1}^{k} \beta_i x_i + \sum_{i=1}^{k} \beta_{ii} x_i^2 + \sum_{i<j} \sum_{j=2}^{k} \beta_{ij} x_i x_j + \varepsilon \tag{8-12}$$

在这两个模型中，ε 为随机误差，通常假设服从正态分布 $N(0, \sigma^2)$ 且相互独立同方差，输入变量相互独立且没有测量误差。最小二乘方法是最优的响应模型回归方法，也是最常用的方法。令 $p=(k+2)(k+1)/2$，试验运行数为 n，式（8-12）用矩阵表示为

$$\boldsymbol{y} = \boldsymbol{X\beta} + \boldsymbol{\varepsilon} \tag{8-13}$$

其中

$$\boldsymbol{y} = \begin{bmatrix} y_1 \\ y_2 \\ \vdots \\ y_n \end{bmatrix}, \quad \boldsymbol{\varepsilon} = \begin{bmatrix} \varepsilon_1 \\ \varepsilon_2 \\ \vdots \\ \varepsilon_n \end{bmatrix}, \quad \boldsymbol{\beta} = \begin{bmatrix} \beta_1 \\ \vdots \\ \beta_k \\ \beta_{11} \\ \vdots \\ \beta_{kk} \\ \beta_{12} \\ \vdots \\ \beta_{(k-1),k} \end{bmatrix} \tag{8-14}$$

$\boldsymbol{X}$ 是 $n \times p$ 阶矩阵。

$$\boldsymbol{X} = \begin{bmatrix} 1 & x_{1,1} & \cdots & x_{1,k} & x_{1,1}^2 & \cdots & x_{2,k}^2 & x_{1,1}x_{1,2} & \cdots & x_{1,k-1}x_{1,k} \\ 1 & x_{2,1} & & x_{2,k} & x_{2,1}^2 & \cdots & x_{2,k}^2 & x_{2,1}x_{2,2} & \cdots & x_{2,k-1}x_{2,k} \\ & & \vdots & & & \vdots & & \vdots & & \\ 1 & x_{n,1} & & x_{n,k} & x_{n,1}^2 & \cdots & x_{n,k}^2 & x_{n,1}x_{n,2} & \cdots & x_{n,k-1}x_{n,k} \end{bmatrix}$$

$$\tag{8-15}$$

则对于任意试验设计点 $\boldsymbol{x}=(x_1,\cdots x_p)^{\mathrm{T}}$，对应的响应值为

$$\boldsymbol{y}(x)=\boldsymbol{x}_m^{\mathrm{T}}\beta+\varepsilon \tag{8-16}$$

其中，$\boldsymbol{x}_m=[x_1,\cdots,x_k,,x_1^2,\cdots,x_k^2,x_1x_2,\cdots,x_{k-1}x_k]^{\mathrm{T}}$。根据最小二乘估计，参数 β 的最小二乘估计为

$$\hat{\boldsymbol{\beta}}=(\boldsymbol{X}^{\mathrm{T}}\boldsymbol{X})^{-1}\boldsymbol{X}^{\mathrm{T}}\boldsymbol{y} \tag{8-17}$$

方差-协方差矩阵为

$$\mathrm{var}[\hat{\boldsymbol{\beta}}]=\boldsymbol{\sigma}^2(\boldsymbol{X}^{\mathrm{T}}\boldsymbol{X})^{-1} \tag{8-18}$$

二阶模型估计中，对应的响应估计值和预测方差为

$$\begin{aligned}\hat{\boldsymbol{y}}(\boldsymbol{x})&=\boldsymbol{x}_m^{\mathrm{T}}\hat{\boldsymbol{\beta}}\\ \mathrm{var}[\hat{\boldsymbol{y}}(\boldsymbol{x})]&=\boldsymbol{\sigma}^2\boldsymbol{x}_m^{\mathrm{T}}(\boldsymbol{X}^{\mathrm{T}}\boldsymbol{X})^{-1}x_m\end{aligned} \tag{8-19}$$

8.2.2 基于试验设计的激光陀螺谐振腔关键工艺参数优化

激光陀螺谐振腔的加工采用金刚石钻头，其中超声电镀是金刚石钻头的主要制作方式，采用电化学原理，在电镀过程中施加超声波。这一过程是复杂的物理、化学过程，主要包含槽液的配制、槽液的前期处理、槽液成分的测量、钻头基体的设计加工、钻头基体的前处理、基体的上砂、钻头的超声加工成型等步骤。

谐振腔材料采用微晶玻璃，努氏硬度达到6 000MPa以上，加工难度大。同时，谐振腔加工技术指标要求高，尤其是深小孔的加工已成为谐振腔高质高效加工的瓶颈。以 $\phi2.5$ 金刚石刀具为例，其平均寿命低，且质量波动大，这就导致谐振腔精度低且报废量较大，因此，如何提高金刚石刀具寿命和打孔的稳定性是亟待解决的问题。针对激光陀螺研制过程，需要进行关键工艺参数优化，具体质量改进过程步骤如下。

(1) 研究目标。提高激光陀螺谐振腔的加工工具电镀金刚石刀具的质量和稳健性。具体分析如下。

陀螺谐振腔的加工工具电镀金刚石钻头原理是电化学原理，在电镀过程中施加超声波是一个复杂的物理化学过程，主要包含槽液的配制、槽液的前期处理、槽液成分的测量、钻头基体的设计加工、钻头基体的前处理、基体的上砂、钻头的超声加工成型等步骤。要提高刀具的寿命及稳定性，需要寻找并优化刀具制造

过程中的各影响因素。然而，刀具镀制又是一个复杂、多工序过程。金刚石刀具制作流程如图 8-9 所示。可以看到，影响刀具打孔寿命的因素众多，通过与工程师沟通，考虑各因素的量化能力和工艺瓶颈，主要对刀具电镀过程进行研究（虚线部分），包括刀具基体超声预镀、上砂、加厚、超声加厚和清洗 5 个部分，为了达到提高刀具寿命、改善刀具稳健性和优化电镀参数的目的，采用序贯试验设计，首先筛选出影响电镀流程的最主要因子，其次通过正交试验和响应曲面设计进行刀具电镀工艺参数建模，找到参数的最优组合，达到金刚石刀具质量的稳健制造及持续提高的目的。

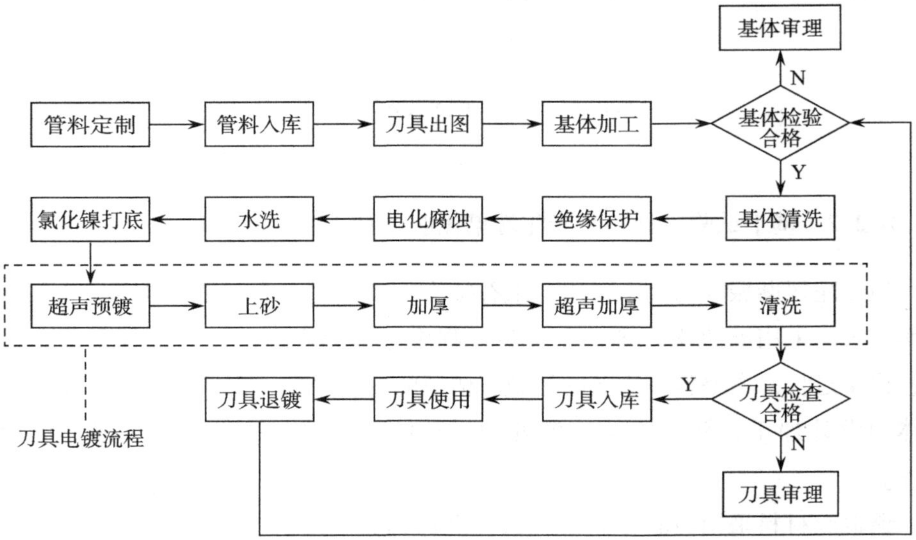

图 8-9　金刚石刀具制造流程

（2）金刚石刀具响应变量选择。刀具的使用者希望刀具能够打出足够长且优质的孔，同时刀具性质要稳定。根据这个要求，课题组关注了如下质量特征：40 倍显微镜下脱砂、磨损泡现象、孔壁划痕、裂纹、孔径尺寸、孔孔夹角、打孔长度。根据试验设计中关键质量特性可测量要求及数据的可行性要求，确定打孔长度为响应变量 Y，其他质量特征为观测值或记录值。

通过上述分析，可得响应变量 Y 为刀具的打孔深度。响应数据的测量过程中同时要考虑将刀具打孔角度、一致性、寿命、孔壁质量等作为影响打孔深度的指标，衡量刀具的寿命。由于响应数据收集过程中因素较多，为了降低试验误差，确保测量结果的准确、可靠和一致，要求刀具的使用设备、设备加工参数、刀具的使用方式及使用刀具的人员固定。

（3）潜在原因变量挖掘，潜在主要因子挖掘及其水平确定。为了解电镀工艺的过程，挖掘潜在影响变量，项目组成员多次长时间对刀具电镀工艺进行讨论、分析。通过分析电镀金刚石工艺流程，利用头脑风暴法，从人、机、料、法、环、测6个方面绘制出整个刀具镀制过程鱼骨图。通过鱼骨图的分析，共找到影响刀具寿命与稳定性的潜在原因变量28个，对这些因子进行因果矩阵打分，列出优先顺序。

鱼骨图中各潜在因素因果矩阵分析见表8-7。我们利用对Y的影响度进行了评分（其中Y_1为刀具打孔深度，Y_2为刀具稳健性），根据Pareto图的排列原则和电镀工艺要求，对影响金刚石刀具寿命潜在主要因素作出如下分析。

表8-7 因果矩阵

序号	影响因素	重要度			
		10	10	总分	数据类型
		Y_1	Y_2		
1	操作者的技术水平	3	3	60	N，N
2	操作者责任心	1	1	20	N，N
3	操作者手指的洁净程度	0	0	0	N，N
4	导电装置工装	0	0	0	N，N
5	电镀槽设备	0	0	0	N，N
6	基体定位设备	9	9	180	N，N
7	溶液的温度	9	9	180	M，C
8	溶液的酸度	9	9	180	M，C
9	溶液中杂质的含量	9	9	180	M，C
10	各试剂浓度	9	9	180	M，C
11	添加剂的用量	9	9	180	M，C
12	电镀电流大小	9	9	180	M，C
13	电镀电流时间	9	9	180	M，C
14	超声加厚电流大小	9	9	180	M，C
15	超声加厚电流时间	9	9	180	M，C
16	刀具埋砂角度	3	3	60	N，N
17	刀具埋砂厚度	3	3	60	N，N

续表

序号	影响因素	重要度			
		10	10	总分	数据类型
		Y_1	Y_2		
18	刀具埋砂位置	3	3	60	N，N
19	电镀阳极位置	3	3	60	N，N
20	空气中杂质气体	0	0	0	N，N
21	环境的温度	0	0	0	M，C
22	环境的湿度	0	0	0	M，C
23	pH 的测定方法	0	3	30	M，C
24	溶液温度的测量方式	0	3	30	N，N
25	先进的测量技术	0	3	30	N，N
26	基体材料状态	3	9	120	M，N
27	基体的加工	9	9	180	M，N
28	基体的前处理	3	3	60	M，N

注：数据类型中第 1 个位置表示该影响因素是否可测量，N 为不可控，M 为可测量；第 2 个位置表示该影响因素是否连续，N 为不连续，C 为连续。

（1）溶液中杂质的含量。新槽液可以忽略杂质的影响，但是工程中要长时间使用溶液，杂质随着刀具电镀时间的增长逐渐增多，对电镀的影响逐渐加大，但此因素很难测量和控制，且在初期试验中影响较小，所以暂时不考虑此变量对目标的影响。

（2）刀具基体的加工。在实际生产与试验中，刀具基体的同轴度、直线度以及基体材料的硬度、基体形状的设计都将会影响到刀具的电镀情况，但很难测量，为了降低对试验数据的影响，选取同批次刀具基体作为试验样本。

（3）基体定位设置。刀具电镀过程中不同定位位置影响刀具的使用寿命，但此变量并非连续数据，无法作为试验设计的影响因素。考虑到对刀具稳定性的影响，同时为了减少试验误差，规定同一批次刀具，分别标明所在定位位置，用于数据分组分析。

根据上述分析，可得出 11 个影响金刚石刀具电镀质量的潜在主要因子，见表 8–8。

表 8-8 影响金刚石刀具电镀质量的潜在主要因子

因子符号	因子名称	因子符号	因子名称
x_1	试剂 1	x_7	超声加厚时间
x_2	试剂 2	x_8	温度
x_3	试剂 3	x_9	上砂电流密度
x_4	pH	x_{10}	加厚电流密度
x_5	上砂时间	x_{11}	超声电流密度
x_6	加厚时间	—	—

为了保证试验数据能够真实地反映刀具电镀过程的参数变化，尽量少受误差及人为影响，试验进行前做如下规定：上砂操作要求每 40min 进行一次翻面操作，最后一次翻面不超过 40min。试验过程中要求每 10min 观察一次各项指标（电流、温度）是否超出试验要求的范围。

电镀操作过程中，上砂过程主要为人工操作过程，为降低人的不可控因素对试验的影响，参与试验电镀操作人员固定，同时该操作人员在操作过程中务必减少手法差异，从始至终手法统一。

试验前的基体处理及打底、预镀步骤可能会影响试验过程，因此凡是试验不涉及的相关参数均按照现行工艺要求执行。为了保证试验数据的可追溯性要求，在记录本上做好每步骤的试验记录。

通过潜在因子挖掘的分析，最终确定筛选试验所考虑的因子为试剂 1、试剂 2、试剂 3、pH、上砂时间、加厚时间、超声加厚时间、温度、上砂电流密度、加厚电流密度、超声电流密度。考虑到上述因子的工程意义、试验需求及因子保密性，各因子的试验设计数据均采用工艺用量数据，见表 8-9。

表 8-9 潜在主要因子工艺用量范围与试验可接受范围

潜在因子	工艺用量	可接受范围	备注
x_1 试剂 1			理化测量
x_2 试剂 2			理化测量
x_3 试剂 3			理化测量
x_4pH	**	**	pH 试纸测量
x_5 上砂时间			x_5、x_6、x_7 间相互关联相互制约，有一定的匹配关系。
x_6 加厚时间			
x_7超声加厚时间			

续表

潜在因子	工艺用量	可接受范围	备注
x_8 温度	**	**	设备保证
x_9 上砂电流密度			
x_{10} 加厚电流密度			—
x_{11} 超声电流密度			

** 考虑数据非公开性，试验结果数据省略

潜在因子中上砂时间、加厚时间、超声加厚时间三者在工艺上存在相互关联，但试验设计方案均在工艺可接受范围内完成，三者的关联程度较小，因此，可认为此三者理论上相互独立。

（4）进行筛选试验设计及数据分析，选择出显著主要因子。通过上述刀具电镀工艺的分析，初步确定影响刀具寿命的潜在因子 11 个，对于优化试验而言相对较多，而且并不能确定所有因子在流程中都显著。据序贯试验设计要求，应用筛选试验选取影响刀具寿命的显著因素。常用筛选试验方案为部分因子试验设计和 Plackett-Burman 设计，本次试验共 11 个潜在因子，如果选用部分因子试验设计需要 16 次试验，Plackett-Burman 设计需要 12 次试验，考虑到项目费用较高、时间较长，而且本次试验主要是筛选出主因子，对于因子间交互作用暂认为不显著。因此，采用 Plackett-Burman 设计作为本次试验筛选设计方案，并运行试验、收集试验数据。考虑电镀的物化性质，不同位置刀具的上砂质量有显著不同。因此，本次试验选用刀具制作中第 1 个位置和第 5 个位置（中间）为响应变量，即 y_1 和 y_5。

第一步：两组数据差异显著性检验。

y_5 与 y_1 的配对 t 检验如图 8-10 所示。

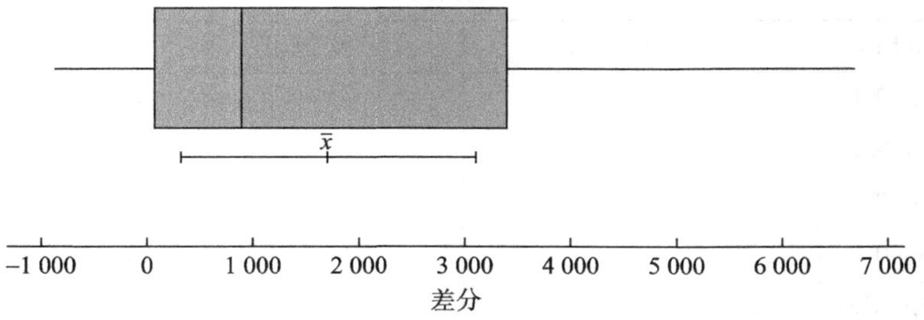

图 8-10　y_5 与 y_1 的差分箱线图

由图可见，这两组数据有着显著的不同，第二组数据 y_5 均值明显较大，也就是说同一组试验中数据内部差异较大，第二组数据所在位置的刀具寿命较长。如何降低同组刀具内部差异将是提高刀具稳健性的主要问题。

第二步：模型拟合，筛选因子。

鉴于第一个位置刀具基本无法满足工艺打孔要求，我们采用第 5 个位置刀具数据进行分析。第 5 个位置刀具的打孔数据范围较大（最大值与最小值的差较大），故对响应数据开平方进行分析（ $\sqrt{y_5}$ ）。

对响应数据 $\sqrt{y_5}$ 与 11 个因子进行因子设计分析，逐步去除不显著的影响因子，最后取 x_1、x_2、x_8、x_{11} 时，残差图如图 8-11 所示。潜在因子主效应图如图 8-12 所示。

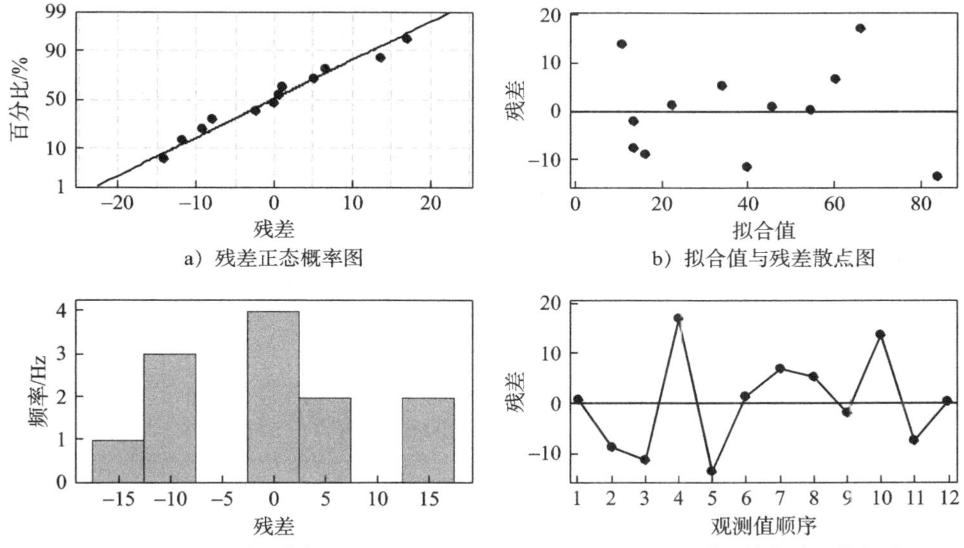

a）残差正态概率图　b）拟合值与残差散点图　c）残差直方图　d）观测值顺序与残差散点图

图 8-11　y_5 回归分析残差图

如果选择 6 个因子 x_1、x_2、x_3、x_7、x_8、x_{11} 作为显著因子，对后续降低试验成本及参数优化带来极大困难。结合筛选试验的分析结果和电镀工艺工程经验，选取 4 个因子 x_1、x_2、x_8、x_{11} 作为显著因子进行下一步的部分因子试验。

（5）根据步骤（2）和步骤（4）得到的关键质量特性和显著主要因子，进行部分因子试验设计，构建一阶响应模型并进行稳健优化分析，求解最优参数。

筛选试验得到 4 个因子 x_1、x_2、x_8、x_{11} 并作为显著因子。根据序贯试验的思想，下一步建立一阶响应曲面设计（部分因子析因设计），为了估计模型的纯误差项，本次试验添加了 3 个中心点。第 1 阶段数据分析显示，操作区域较大、工艺水平较小的因子 x_1、x_2 和 x_{11} 比较显著，但 x_6 不显著，这就存在由于试验水平选取过小导致因子不显著问题，需结合工程经验确定是否需要试验验证其显著性。经过项目组交流，这个因子的水平对实际刀具质量的影响并不显著，所以无须再做试验验证水平扩大时 x_6 的显著性。

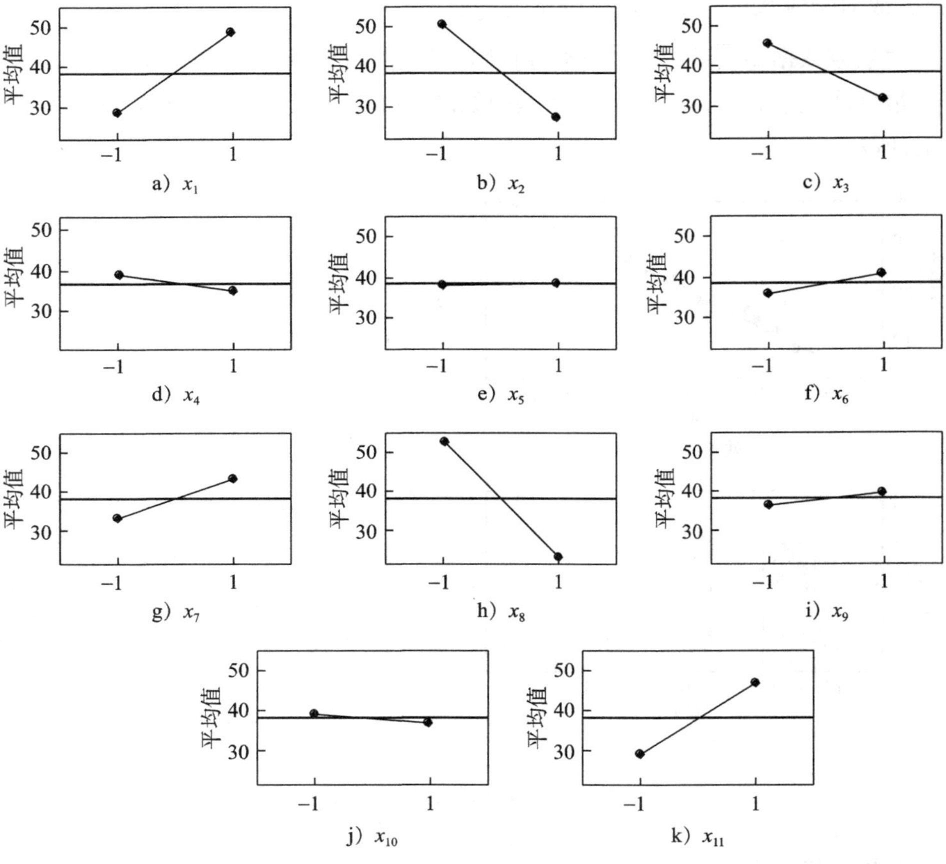

图 8-12 潜在因子的主效应图

考虑到显著因子 x_1、x_2 可接受范围较大，本次试验适当放宽该因子的水平，另两个显著因子 x_8、x_{11} 水平的选择无明显变化，与筛选试验设置相同，见表 8-10。

表 8-10　因子试验设计单元

因子		设计单元	
		-1	1
x_1	试剂 1（g/l）	65	75
x_2	试剂 2（g/l）	4.5	6.5
x_8	温度（℃）	45	55
x_{11}	超声电流密度（A/dm^2）	15.5	18.5

对于其他非显著因子的取值，考虑到刀具寿命与同组刀具稳定性，结合工程经验，选取标准工程参数值。因为只有 4 个因子为显著因子，在本阶段的试验设计中，选用分辨率为Ⅳ的部分因子试验设计。

$x_3=31$；$x_4=4.7$；$x_5=2h\ 20m$；$x_6=85$；$x_7=9$；$x_9=0.3$；$x_{10}=0.6$。

部分因子试验方案及其试验结果见表 8-11。

表 8-11　部分因子试验方案及其试验结果

标准序	x_1 试剂1	x_2 试剂2	x_3 试剂3	x_4 pH	x_5 上砂时间	x_6 加厚时间	x_7 超声加厚时间	x_8 温度	x_9 上砂电流密度	x_{10} 加厚电流密度	x_{11} 超声电流密度	y_4	y_5
1	65	4.5	31	4.7	2h 20min	85	9	45	0.3	0.6	15.5	2 300	149
5	65	4.5	31	4.7	2h 20min	85	9	55	0.3	0.6	18.5	350	210
9	70	5.5	31	4.7	2h 20min	85	9	50	0.3	0.6	17	225	225
11	70	5.5	31	4.7	2h 20min	85	9	50	0.3	0.6	17	1 260	3 150
10	70	5.5	31	4.7	2h 20min	85	9	50	0.3	0.6	17	420	4 060
8	75	6.5	31	4.7	2h 20min	85	9	55	0.3	0.6	18.5	350	5 460
3	65	6.5	31	4.7	2h 20min	85	9	45	0.3	0.6	18.5	6 030	13 093
7	65	6.5	31	4.7	2h 20min	85	9	45	0.3	0.6	15.5	7 280	2 310
6	75	4.5	31	4.7	2h 20min	85	9	55	0.3	0.6	15.5	6 090	2 730
2	75	4.5	31	4.7	2h 20min	85	9	55	0.3	0.6	18.5	3 640	14 840
4	75	6.5	31	4.7	2h 20min	85	9	45	0.3	0.6	15.5	2 310	14 000

其中，y_4 为一批刀具中第 4 个位置的刀具打孔深度，y_5 为一批刀具中第 5 个位置的刀具打孔深度，单位：mm。

第一步：两组数据差异显著性检验，如图 8-13 所示。

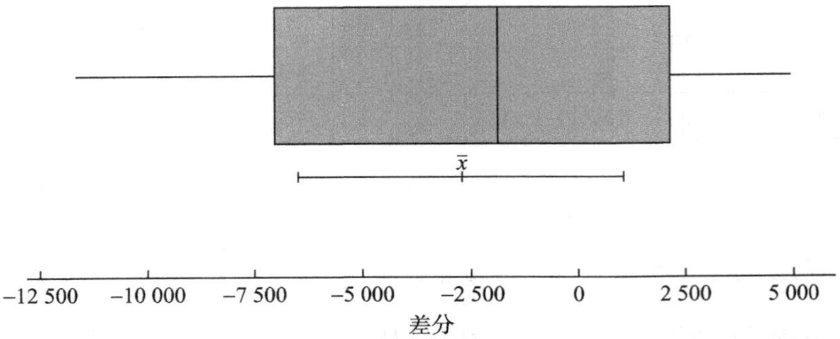

图 8-13　差分的箱线图

通过观察 y_4 与 y_5 配对 t 检验的箱线图，得出同一组镀制刀具中第 4 个位置与第 5 个位置并无显著性差异。相比于筛选试验第一个位置刀具，中间位置刀具明显优于两侧。

第二步：因子分析与方差分析，见表 8-12 和表 8-13。

表 8-12　y_5 的效应和系数的估计（已编码单位）

项	系数	系数标准误	T	P
常量	5 542	1 652	3. 35	0. 044
x_1	6 580	2 185	3. 01	0. 057
x_2	-1 805	2 185	-0. 83	0. 469
x_8	-7 843	3 091	-2. 54	0. 085
x_{11}	5 723	2 185	2. 62	0. 079
x_1x_2	-1 736	2 065	-0. 84	0. 462
x_1x_8	-184	2 740	-0. 07	0. 951
x_1x_{11}	-817	2 065	-0. 40	0. 719

S=2 003. 79，R^2 = 97. 54%，R^2（调整）= 87. 72%

表 8-13　y_5 的方差分析（已编码单位）

来源	自由度	SST	调整的 MST	F 值	P 值
主效应	4	241 381 745	60 345 436	3. 16	0. 186
二因子交互作用	3	28 328 662	9 442 887	0. 49	0. 711
弯曲	1	49 281 376	49 281 376	12. 27	0. 073

续表

来源	自由度	SST	调整的 MST	F 值	P 值
纯误差	2	8 030 317	4 015 158	—	—
合计	10	327 022 100	—	—	—

y_4 的系数估计与 y_5 类似，由表 8-13 第 5 个位置的打孔刀具数据分析可以看出，主效应相对于交互作用更加显著，此外弯曲的 P 值为 0.073，弯曲程度较明显，揭示下一阶段需要二阶响应曲面设计进一步探究因子之间关系，寻找最优参数。

根据本次试验数据得出的因子效应图如图 8-14 所示。

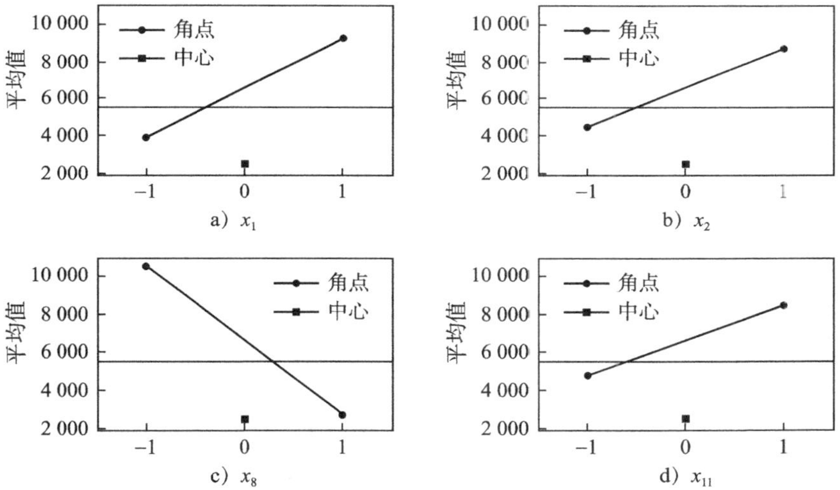

图 8-14 y_5 主效应图

初步选取 4 个因子的高、高、低、高 4 个水平为最优水平，即 $x_1=75$，$x_2=6.5$，$x_8=45$，$x_{11}=18.5$，其余因子水平不变，进行试验，刀具寿命明显提升，稳定性逐步增强，如图 8-15 所示。

（6）将步骤（5）中显著影响因子和非显著因子的求解参数作为改进后电镀的工艺控制条件，进行 10 把钻头的制造，并对其加工的陀螺谐振腔中深小孔的累积深度进行统计，毛细孔超声钻孔刀具使用寿命由原来 1 把刀具加工 7 件腔体左右提高到目前的 25 件。通过试验后因子的改变，提高了镀层对金刚石的包埋程度，实现了刀具寿命的延长。试验前后两种刀具的打孔长度箱线图如图 8-16 所示。由图可见，试验之后刀具使用质量明显改善。

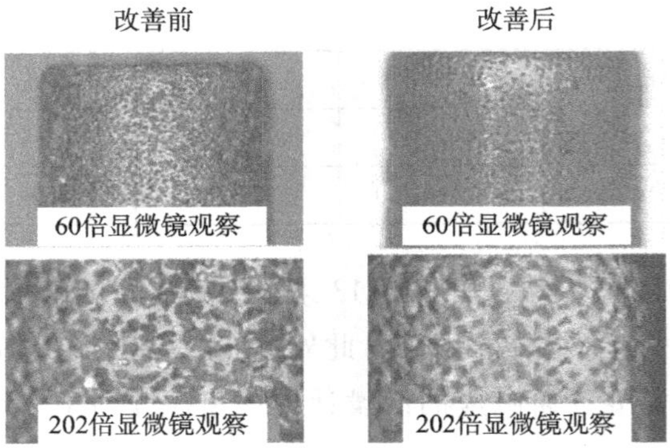

图 8-15　金刚石刀具质量改善前后对比图

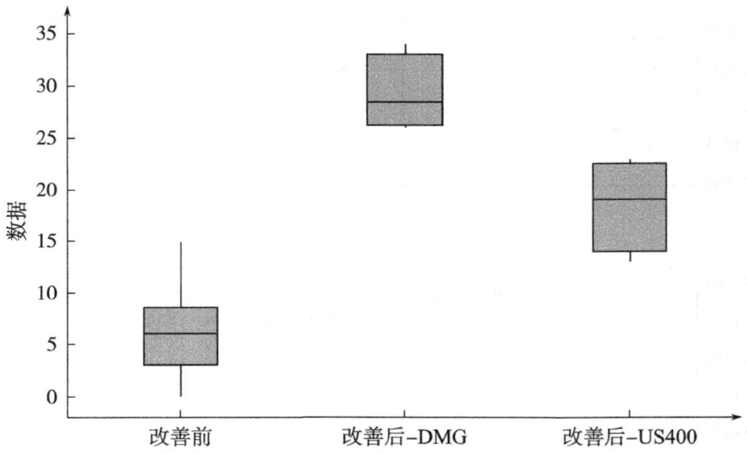

图 8-16　试验前后两种刀具的打孔长度箱线图

8.3　光纤陀螺关键质量变量筛选

本节在 1.4 节的基础上，应用关键特性选择方法筛选影响开环光纤陀螺的关键质量变量。在光纤陀螺偏振器的制作过程中，晶体是最主要的光学元件，其生长过程是偏振器生产的核心阶段。晶体生长过程复杂、工艺流程精度高、一次成活率低，已成为光纤陀螺生产的瓶颈。下面针对晶体工艺流程特点，应用特征选择的方法筛选影响晶体生长的关键因素[23]。

（1）数据收集。首先收集晶体生长过程的历史数据 1 582 个（剔除异常值），根据晶体质量要求，1 次成活（第一次制作就满足要求）的样本共计 1 115 个，制作次数为 2 及以上的样本共计 467 个。变量构成见表 1-3，$x_1,x_2,\cdots,x_{19}$ 共 19 个变量为自变量，以晶体制作次数（1 次为合格，2 次及以上为不合格）y 为因变量。y 为 1 次的设置类标签为 1，其他的设置类标签为-1。经预处理的数据信息见表 8-14。

表 8-14 数据信息

自变量	类标签数 y	晶体生长次数 1 的样本数量	晶体生长次数大于 1 的样本数量
$x_1 \sim x_{19}$ 19 个	2 类	1 115	467

（2）数据分析。本节使用 3 种方法分别对晶体生长数据进行分析，包括信息增益、ReliefF 及遗传直接搜索混合算法方法。信息增益和 ReliefF 方法是特征权重评价法，能够根据各自变量与类标签的相关程度，得到各自变量的权重，权重值越大，表明变量越重要。遗传直接搜索混合算法是基于遗传算法和直接搜索算法的特征选择方法，该方法优化特征数和自变量对类标签的分类效果，能够返回 1 组处于帕累托前沿面的特征子集（多个特征子集）。

信息增益方法所得权重指标前 9 个变量的评价结果见表 8-15。权重排名前 5 的分别是 x_1、x_2、x_5、x_6、x_{10}。为了进一步验证，将各变量依次输入支持向量机分类器进行分类，得到如图 8-18 所示的分类结果（所示结果为 x_1、G-mean 值），其中，变量数 1 意味着输入变量为 x_1，变量数 2 意味着输入变量为 x_1、x_2。由图 8-17 所示结果可以看到，当变量数为 2 时，即输入 x_1、x_2 时达到最佳的 G-mean 结果。以上结果表明，x_1、x_2 有可能为关键变量 1。

表 8-15 IG 权重评价结果

序号	变量	权重结果
1	x_1	0.260 6
2	x_2	0.021 6
3	x_5	0.020 0
4	x_6	0.019 8
5	x_{10}	0.018 6
6	x_3	0.017 6
7	x_{18}	0.016 6
8	x_9	0.016 2
9	x_7	0.015 3

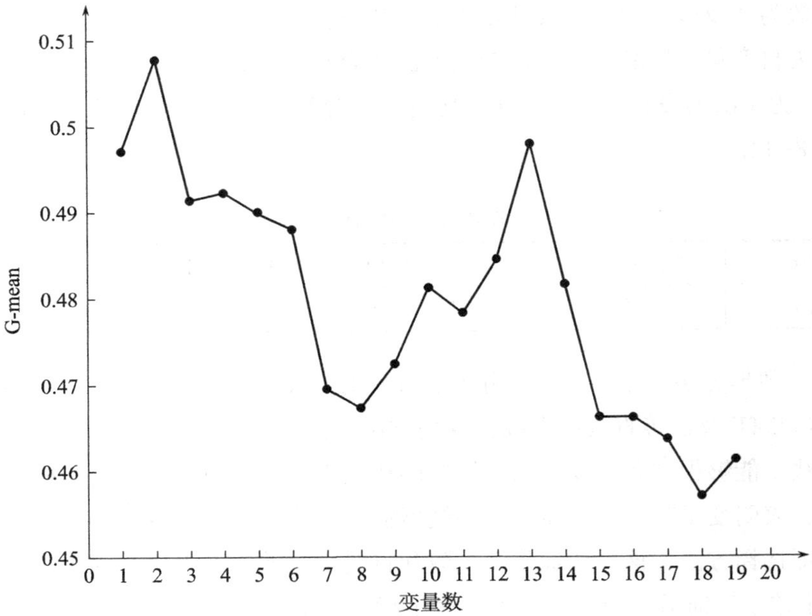

图 8-17　IG 方法排序变量支持向量机分类结果

ReliefF 方法所得权重指标前 9 个变量的评价结果见表 8-16。权重排名前 5 的分别是 x_{16}、x_{14}、x_5、x_2、x_8。类似地，将各变量依次输入支持向量机分类器进行分类，得到分类结果如图 8-18 所示（所示结果为 G-mean 值）。可以看到，当输入前 3 个变量 x_{16}、x_{14}、x_3 时，G-mean 值达到最大。因此，根据 ReliefF 的结果，最为关键的变量为 x_{16}、x_{14}、x_3。

表 8-16　ReliefF 权重评价结果

序号	变量	权重结果
1	x_{16}	0.050 3
2	x_{14}	0.044 9
3	x_3	0.042 4
4	x_2	0.041 8
5	x_8	0.020 5
6	x_{11}	0.020 2
7	x_1	0.008 9
8	x_3	0.008 0
9	x_{18}	0.005 9

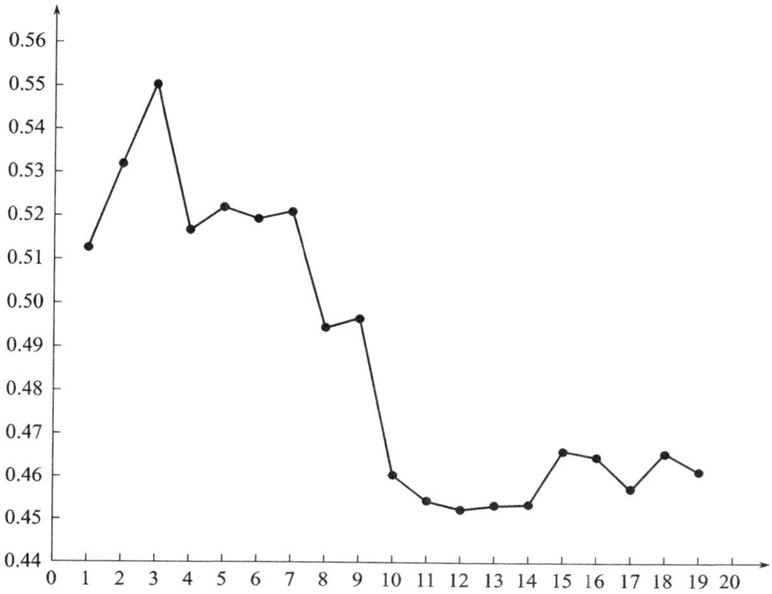

图 8-18 ReliefF 方法排序变量支持向量机分类结果

应用遗传直接搜索混合算法方法选择关键变量，返回 4 组备选的关键变量集合，见表 8-17。由表可以看到，{x_3，x_{11}，x_{14}} 得到 0.540 0 的最高 G-mean 结果。将遗传直接搜索混合算法返回的各个变量按照 x_{11}、x_3、x_{12}、x_{18}、x_{14}、x_{15} 依次输入支持向量机分类器，得到如图 8-20 所示的 G-mean 结果。可以看到，当前 3 个变量 x_{11}、x_3、x_{12} 输入分类器时得到最高的 G-mean 值。因此，根据遗传直接搜索混合算法的结果，{x_{11}、x_3、x_{12}、x_{14}} 最有可能为关键变量。

表 8-17 遗传直接搜索混合算法所选择关键变量

序号	帕累托解	G-mean
1	x_{11}	0.517 2
2	x_{18}，x_{16}	0.534 3
3	x_3，x_{11}，x_{14}	0.540 0
4	x_3，x_{11}，x_{12}，x_{15}	0.529 1

根据以上分析，可以总结得出如下结论。首先，由图 8-17 可以看到，x_1、x_2 时达到最佳的 G-mean 结果。因此，根据 IG 的识别结果，x_1、x_2 可能为关键变量。其次，根据图 8-18 的结果，当前 3 个变量 x_{16}、x_{14}、x_3 输入分类器时，

G-mean 值达到最大。因此，根据图 8-19ReliefF 的结果，x_{16}、x_{14}、x_3 最有可能为关键变量。最后，根据遗传直接搜索混合算法的结果，两个备选关键变量集 $\{x_3, x_{11}, x_{14}\}$ 和 $\{x_{11}, x_3, x_{12}\}$ 输入分类器时得到的 G-mean 值最高分别为 0.540 0 和 0.548 5。因此，根据遗传直接搜索混合算法的识别结果，x_{11}、x_3、x_{12}、x_{14} 最有可能为关键变量。

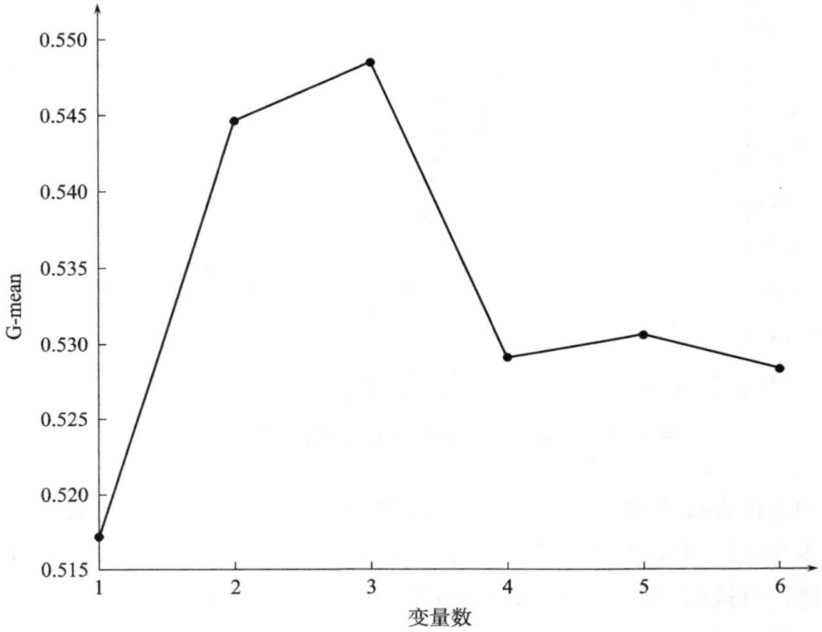

图 8-19 遗传直接搜索混合算法所得变量支持向量机分类结果

综合以上 3 个方法所识别的结果，x_3 和 x_{14} 被 ReliefF 和遗传直接搜索混合算法同时识别，可以初步判断 x_3 和 x_{14} 最为关键。此外，x_{11}、x_{12}、x_{16}、x_1、x_2 分别被一个方法识别。所以，依次得到“x_3 操作者”“x_{14} 晶体批次”“x_{11} 融晶体设备”“x_{12} 上炉温保温温度”“x_{16} 晶体部位”“x_1 光纤批次”“x_2 制作日期”，并作为潜在关键变量。

第9章

基于试验设计的舵机转换阀套质量改进案例分析

基于试验设计的产品稳健性参数优化，是通过将对装备产品质量影响程度最大的少数几个影响因素即关键参数作为试验因子，并对试验因子在允许范围内的不同数值运行试验，收集数据，基于对试验所得数据构建装备产品质量的多响应曲面模型，从而找到在产品质量最优条件下试验因子最佳参数组合。

9.1 舵机转换阀套初始数据分析

通过1.4节对转换阀套问题的分析可以看出，阀套内孔加工复杂，涵盖工种较多，主要包括粗加工和精加工，但主要影响内孔圆柱度的是加工流程中的精加工部分，加工工艺过程如下。

（1）立珩：粗珩内孔，为下工步精线切割加工内孔留余量0.20mm。

（2）精线：线切内孔，为下工序珩研留余量0.05mm。

（3）立珩：使用不同的油石粗、精珩内孔。

后续工序不再对内孔加工，上述加工过程完成后，要求测量零件内孔圆柱度及直线度，即转换阀套最终达到的内孔位置精度。由于内孔精加工涉及两个工种——精密线切割和珩研，所以影响内孔圆柱度的因素复杂，包含了精线加工后的内孔状态（珩研余量大小、直线度），珩研加工芯轴、油石、夹具及多种加工参数的选择等。为了减少机床、珩研工具因素的影响，首先固定了操作者、加工机床、加工工具、装夹方式，尽可能排除人为因素对加工过程的影响。精线采用的是固定机床，电极丝规格为标准毫米；珩研采用的立式珩磨机，加工工具是芯轴和油石4根油石，油石长度为标准规格。粗珩、精珩采用不同油石，装夹方式是固定式珩磨头和浮动式夹具。

首先收集了263个阀套制作过程历史数据，对各因素之间的影响关系进行了序列分析，结果如图9-1所示。

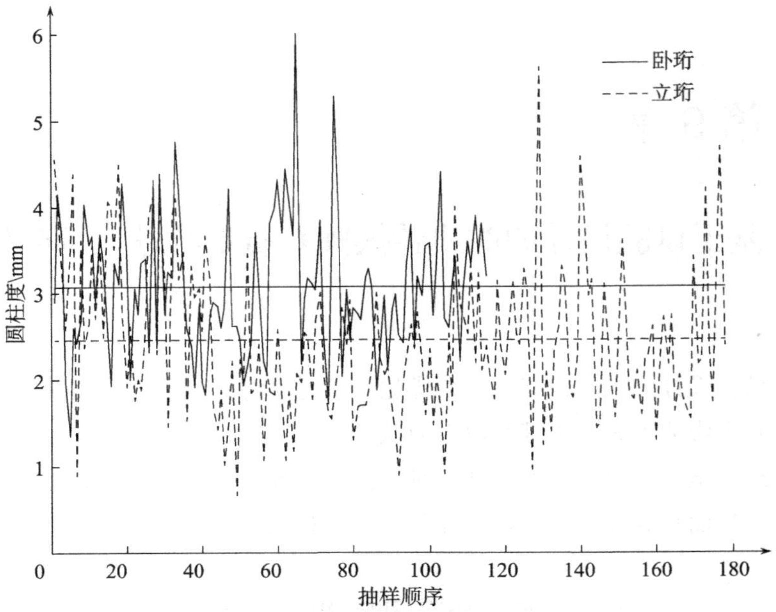

图 9-1　立珩和卧珩加工后的圆柱度时间序列

1. 加工方法对圆柱度的影响（卧珩与立珩的比较分析）

为了分析立珩与卧珩加工的差异，进行双样本 t 检验（立珩与卧珩的显著性检验见表 9-1。立珩加工的均值为 3.063 9μm，标准差为 0.785 5μm；卧珩加工的均值为 2.446 9μm，标准差为 0.887 3μm。由于卧珩设备自动化程度低，加工效率低，立珩自动化程度高，是新引进的设备，也是今后主要加工工具，所以后续研究以提高立珩加工质量为主。

表 9-1　立珩与卧珩的双样本 t 检验

类型	N	平均值	标准差	标准误
立珩	114	3.089	0.978	0.092
卧珩	149	2.447	0.920	0.075

差值=立珩均值-卧珩均值

差值估计：0.642

差值的 95% 置信区间：(0.409，0.876)

差值=0（与≠）的 t 检验：t=5.41，P=0.000，自由度=235

统计检验显示，卧珩要比立珩结果好。立珩加工方式的圆柱度值要大于卧珩加工方式，这可能是由于引入立珩设备的时间比较短，操作者对其的了解仍然有限所致。

2. 珩研后直线度与圆柱度的相关性分析

珩研后直线度与圆柱度的相关性分析如图 9-2 所示。统计分析表明，直线度和圆柱度的 Pearson 相关系数 = 0.522（P = 0.000）。从上述统计结果看，直线度和圆柱度存在一定的相关性，符合工程实际。为进一步分析直线度和圆柱度的统计相关性，将所有圆柱度超过 3.0μm 的定义为 A 组，圆柱度低于 3.0μm 的定义为 B 组，A 组产品的直线度和圆柱度的 Pearson 相关系数 = 0.172（P = 0.098）；而 B 组产品的直线度圆柱度的 Pearson 相关系数 = 0.356（P = 0.000）。这表明质量好的套阀（圆柱度低），其直线度和圆柱度的相关性更强一些。同时，为了揭示 A 组和 B 组产品的直线度是否存在显著差异，图 9-3 展示了 A 组和 B 组套阀直线度的波动情况。

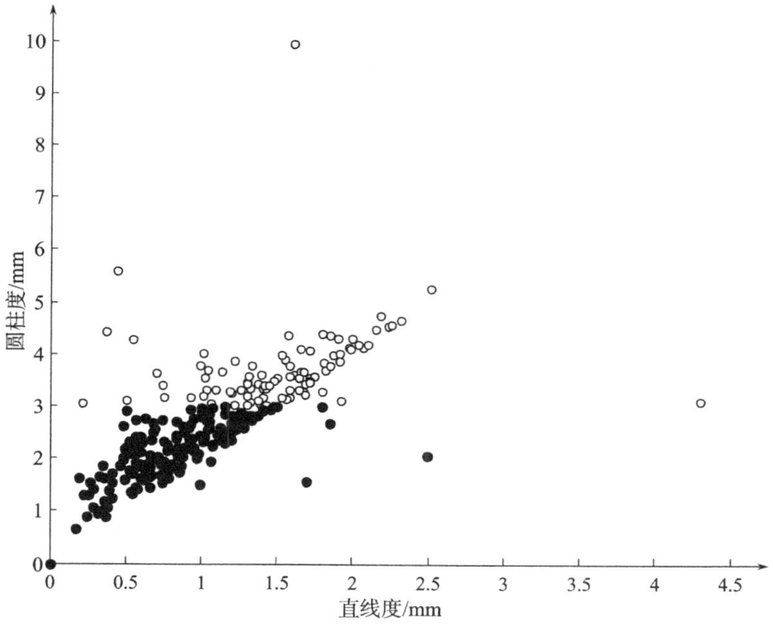

图 9-2 珩研后直线度与圆柱度的相关性分析

统计分析显示，A 组直线度均值为 1.520 2，标准差为 0.533 9，B 组直线度均值为 0.710 9，标准差为 4 463。A 组线度大于 1.0 的比率为 89.25%，B 直线度大于 1 的比率只有 25.50%。为了检验两组套阀直线度的均值，进行了双样本 t 检验，见表 9-2。

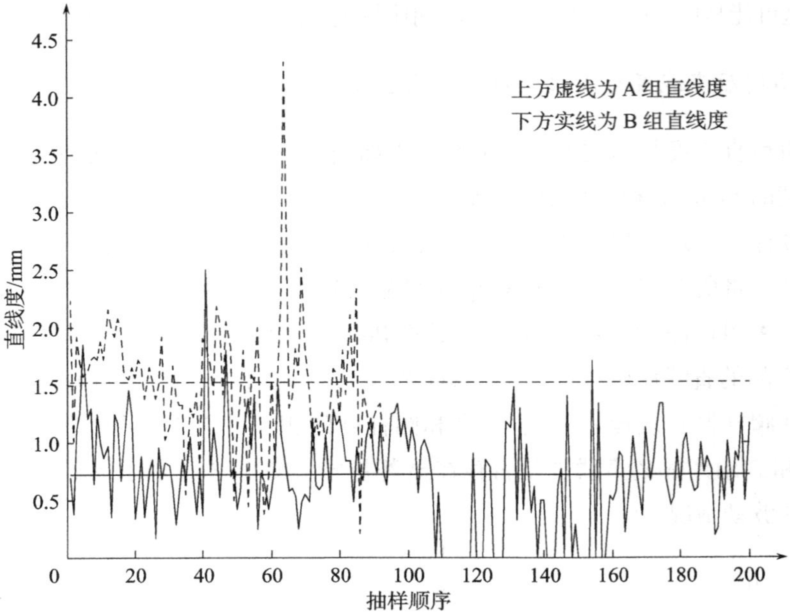

图 9-3　A 组和 B 组产品直线度的比较

表 9-2　合格品直线度与不合格品直线度的双样本 t 检验

类型	N	平均值	平均值标准差	标准误
合格品直线度	170	0. 866	0. 572	0. 044
不合格品直线度	93	1. 520	0. 534	0. 055

差值=合格品直线度平均值-不合格品直线度平均值

差值估计：-0. 654 4

差值的 95% 置信区间：(-0. 793 7，-0. 515 1)

差值=0（与≠）的 t 检验：t=-9. 26，P=0. 000，自由度=200

从统计结果来看，合格品的直线度要显著小于不合格品的直线度，从而可以发现直线度对最终产品合格与否有显著影响，未来可以考虑对直线度进行有效控制。

3. 精线操作人员的影响分析

珩研工序前的精线加工也可能会对直线度和圆柱度产生影响，但是这一关系并未得到统计学分析的严格支持。5 名精线操作人员的加工数据及简单统计结果见表 9-3。精线操作人员对最终产品合格率有一定的影响，但具体的影响机理有待进一步深入分析。

表 9-3　精线操作人员的影响分析

操作人员	样本量	直线度/(均值/标准差)	圆柱度/(均值/标准差)	最终产品合格率/%
OP1	82	0.999 5/0.539 6	2.600 2/1.028 1	68.29
OP2	99	1.092 1/0.792 2	2.602 4/0.791 8	72.73
OP3	8	0.982 5/2.566 3	0.327 5/0.526 8	75.00
OP4	25	1.169 2/0.468 5	3.000 4/0.782 1	48.00
OP5	46	1.233 0/0.540 4	2.881 7/0.878 7	52.17

4. 不同图号的产品合格率

表 9-4 给出了不同产品图号的合格率数据，从简单的分析来看，尽管图号为 5-1 的产品合格率要低一些，但由于样本量较小，代表性差，结合工程经验，可以认为不同图号的产品合格率之间没有显著差异。

表 9-4　不同图号的产品合格率

图号	产品数量	合格率/%
23	156	68.59
8-1	82	60.98
5-1	25	52.00

虽然从直观经验来看，珩研工序前的精线加工可能对套阀的直线度和圆柱度产生影响，但是精线加工后的直线度、圆柱度与珩研后的直线度、圆柱度不存在显著的统计相关性。

9.2　基于过程参数的试验设计与稳健优化

通过 9.1 节对转换阀套历史数据的描述性统计分析，项目组对珩研工序过程参数进行试验设计，以立珩转换阀套内孔直线度和圆柱度为响应变量，通过稳健参数设计进行优化。

1. 试验设计

1） 试验因子的确定

试验对象是精线加工后的珩研工序。珩研是磨削加工的特殊形式，是一种低速、高效率的光整加工方法。它利用安装在珩磨头圆周上的油石，由展开设备将油石径向展开，使油石压向工件孔壁，产生一定的压力和接触棉结，在珩磨头的旋转和往复运动中实现对孔的低速磨削。它不仅能去除较大的加工余量，而且是一种提高工件尺寸精度、几何形状精度，降低表面粗糙度的有效方法。珩磨加工过程复杂，在珩磨过程中油石状态、工件加工表面状态始终在变化，影响因素很多，但其加工过程主要分为粗珩、精珩两部分，主要加工参数包括油石的工作行程和越程量、径向进给量、油石的工作压力、主轴转速、冲程速度等。通过对立珩加工过程的人、机、料、法、环、测等因素进行分析，发现该设备的自动化水平较高，不需太多的人工干预，因此人的因素可以忽略。对于设备而言，立珩设备的主轴转速和冲程速度是可以调节的参数，而且厂商给出的范围很大，其中主轴转速为 100~4 000 转/min，冲程速度为 10~93 次/min。

2）影响因素分析

根据试验因子确定试验方案，影响内孔圆柱度的关键因素是立珩的加工参数（主轴转速和冲程速度），现需要依据参数的加工范围对参数进行优化，并找出最佳匹配参数值，为立珩机建立加工专家数据库提供数据积累。立珩机参数的主轴转速范围为 100~4 000 次/分钟，冲程速度范围为 10~93 次/分钟，设备厂家建议的转速为 980 次/分钟，冲程速度在 40~60 次/分钟，原设定值是 42 次/分钟。

为了选择可行的参数区间和试验重复次数，收集了 20 个阀套制造数据。所选择的参数为冲程速度 42 次/分钟，转速 980 次/分钟。20 个产品中，有 2 个不合格。所有 20 个产品的圆柱度均值为 2. 781，方差为 0. 607 5，直线度均值为 0. 961 5，方差为 0. 160 0。正态性检验表明，可以认为数据服从正态分布，如图 9-4 和图 9-5 所示。

从圆柱度与直线度的统计分析可以得出，圆柱度均值为 2. 781 0，标准差为 0. 779 4，直线度的均值为 0. 961 5，标准差为 0. 400 0。这说明圆柱度和直线度的波动较大，其中有 3 个套阀的圆柱度超差，9 个套阀的圆柱度大于或等于 1. 0。因此，非常有必要针对立珩工序的参数进行优化，提高立珩的加工质量。

3）探索性试验

由于主轴转速和冲程速度的范围非常大，缺乏在整个参数变化范围的加工数据，结合现有的参数及工程分析，初步制定探索性试验方案如下。

（1）x_1 和 x_2 分别表示本次试验中的两个参数——主轴转速和冲程速度。

（2）-1 和 1 分别表示试验参数范围的最低值和最高值，0 表示中间值。基于目前选择的工艺参数，考虑到当前的主轴转速为 980，我们将主轴转速设定为高水平 1 500、低水平 500、中心点为 1 000，将冲程速度设定为低水平 40、高水平60、中心点为50。设计一个两因子的全因子试验，为了观察和分析随机性误差，增加了6个中心点，共计10次试验，试验结果如表9-5所示。

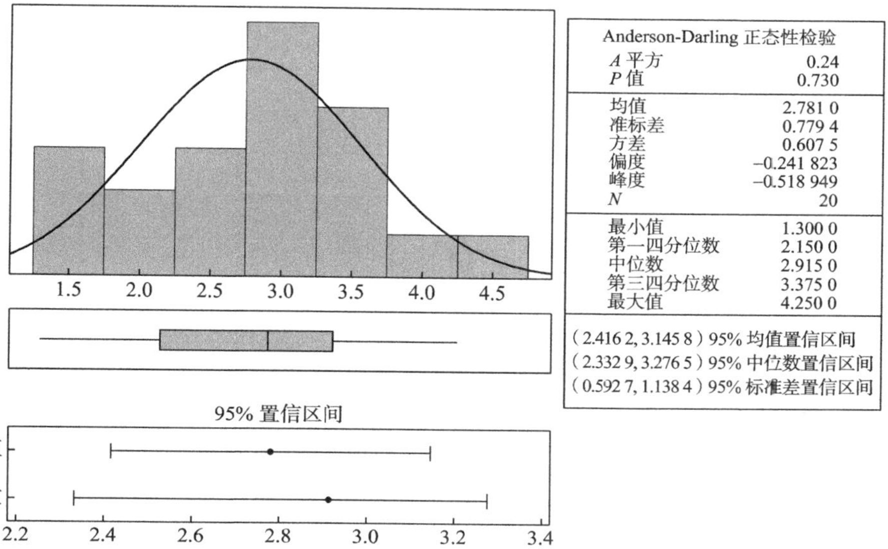

图9-4　试验前圆柱度的统计分析

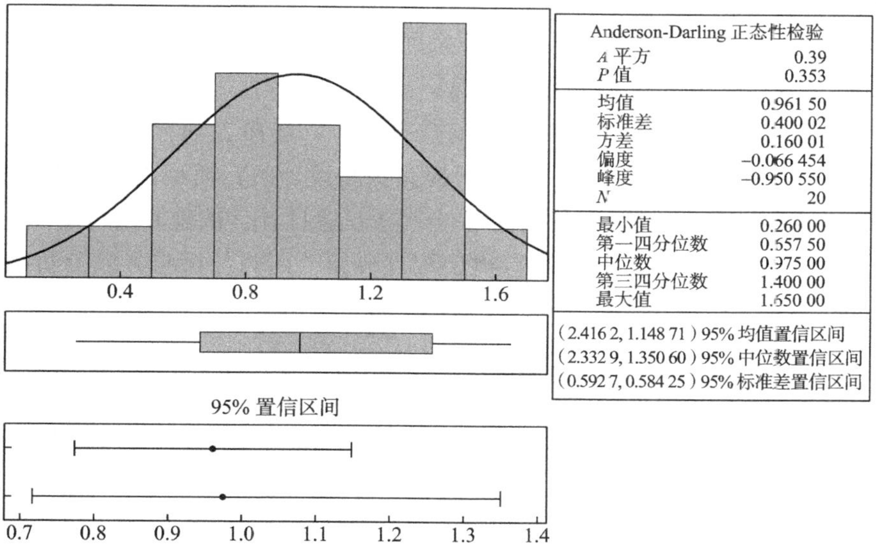

图9-5　试验前直线度的统计分析

表 9-5 探索性试验方案及结果

序号	零件号	珩研前直线度	立珩用数据		立珩后数据	
			主轴转速	冲程速度	圆度	直线度
1	36	**	0	0	**	**
2	27	**	0	0	**	**
3	24	**	-1	+1	**	**
4	32	**	+1	1	**	**
5	18	**	0	0	**	**
6	20	**	1	-1	**	**
7	31	**	-1	-1	**	**
8	29	**	0	0	**	**
9	23	**	0	0	**	**
10	21	**	0	0	**	**

** 考虑数据非公开性，试验结果数据省略

4）全因子试验及其统计分析

探索性试验结果显示，第 4 号和第 6 号试验出现了超乎寻常的结果（圆柱度和直线度非常差）。这两次试验恰恰是主轴转速为 1 500 的两次试验。这说明主轴转速的因子选择水平过大。因此，后面的试验需要缩小主轴转速的范围。在此基础上，考虑当前的参数（主轴转速 $x_1=980$，冲程速度 $x_2=42$）和设备厂家的建议，经过与工程人员沟通和前期的数据分析，选择主轴转速的范围为（900，1 100)，冲程速度为（45,55)。为了提高试验设计回归模型预测方差的稳健性，增加 3 个中心点，构建二因子二水平全因子试验设计，试验方法与结果见表 9-6 所示。根据试验方案和结果进行模型统计分析，回归分析与方差分析结果如表 9-7 和表 9-8 所示。

表 9-6 全因子试验结果

运行顺序	标准顺序	立珩参数		试验结果	
		主轴转速（编码数据）(x_1)	冲程速度（编码数据）(x_2)	圆柱度（y_1）	直线度（y_2）
1	3	900（-1）	55（+1）	4. 05	1. 72
2	5	1 000（0）	50（0）	4. 35	1. 18
3	4	1 100（+1）	55（+1）	6. 18	1. 82
4	1	900（-1）	45（-1）	1. 64	1. 26
5	7	1 000（0）	50（0）	4. 33	1. 15

续表

运行顺序	标准顺序	立珩参数		试验结果	
		主轴转速（编码数据）（x_1）	冲程速度（编码数据）（x_2）	圆柱度（y_1）	直线度（y_2）
6	2	1 100（+1）	45（−1）	3.59	1.65
7	6	1 000（0）	50（0）	4.12	1.17

表 9-7 圆柱度的回归系数分析结果

项	效应	系数	系数标准误	T 值	P 值	方差膨胀因子
常量	—	4.037	0.121	33.28	0.000	—
x_1	2.040	1.020	0.160	6.36	0.008	1.00
x_1	2.500	1.250	0.160	7.79	0.004	1.00
x_1x_2	0.090	0.045	0.160	0.28	0.797	1.0

表 9-8 圆柱度的方差分析结果

来源	自由度	Adj SS	Adj MS	F 值	P 值
模型	3	10.419 7	3.473 23	33.72	0.008
线性	2	10.411 6	5.205 80	50.53	0.005
x_1	1	4.161 6	4.161 60	40.40	0.008
x_2	1	6.250 0	6.250 00	60.67	0.004
二因子交互作用	1	0.008 1	0.008 10	0.08	0.797
x_1x_2	1	0.008 1	0.008 10	0.08	0.797
误差	3	0.309 0	0.103 01	—	—
弯曲	1	0.276 6	0.276 58	17.04	0.054
纯误差	2	0.032 5	0.016 23	—	—
合计	6	10.728 7	—	—	—

由表 9-9 可以看出，两因子的交互作用项（x_1x_2）不显著，应从模型剔除。剔除交互作用项，模型拟合结果见表 9-9。

表 9-9 剔除交互项后圆柱度的回归分析结果

项	效应	系数	系数标准误	T 值	P 值	方差膨胀因子
常量	—	4.037	0.106	37.93	0.000	—
x_1	2.040	1.020	0.141	7.24	0.002	1.00

续表

项	效应	系数	系数标准误	T 值	P 值	方差膨胀因子
x_2	2.500	1.250	0.141	8.88	0.001	1.00

R-sq = 97.04%；R-sq（调整）= 95.57%；R-sq（预测）= 88.33%

圆柱度的拟合模型为 $y_1(x)=4.037+1.02x_1+1.25x_2$。

同理，类似于圆柱度的模型拟合分析，可以得到直线度（y_2）的拟合结果，如表 9-10 和表 9-11 所示。

表 9-10　直线度的回归系数分析结果

项	效应	系数	系数标准误	T 值	P 值	方差膨胀因子
常量	—	1.421	0.127	11.15	0.002	—
x_1	0.245	0.122	0.169	0.73	0.520	1.00
x_2	0.315	0.158	0.169	0.93	0.419	1.00
x_1x_2	-0.145	-0.072	0.169	-0.43	0.696	1.00

R-sq = 34.57%；R-sq（调整）= 0.00%；R-sq（预测）= 0.00%

表 9-11　直线度的方差分析结果

来源	自由度	Adj SS	Adj MS	F 值	P 值
模型	3	0.180 275	0.060 092	0.53	0.693
线性	2	0.159 250	0.079 625	0.70	0.563
x_1	1	0.060 025	0.060 025	0.53	0.520
x_2	1	0.099 225	0.099 225	0.87	0.419
交互作用	1	0.021 025	0.021 025	0.18	0.696
x_1x_2	1	0.021 025	0.021 025	0.18	0.696
误差	3	0.341 211	0.113 737	—	—
弯曲	1	0.340 744	0.340 744	1 460.33	0.001
纯误差	2	0.000 467	0.000 233	—	—
合计	6	0.521 486	—	—	—

由表 9-10 中回归模型的判定系数 R^2 可以得出，y_2 的模型拟合质量很差，从表 9-11 方差分析结果可以看出，弯曲项非常显著，表明模型的线性假设不成立，说明模型存在曲性。如果将弯曲部分放入模型，则发现两个主因子项和交互作用项均显著，见表 9-12 所示。

表 9-12 包含曲性的直线度的回归分析结果

项	效应	系数	系数标准误	T 值	P 值	方差膨胀因子
常量	—	1.612 50	0.007 64	211.13	0.000	—
x_1	0.245 00	0.122 50	0.007 64	16.04	0.004	1.00
x_2	0.315 00	0.157 50	0.007 64	20.62	0.002	1.00
x_1x_2	-0.145 00	-0.072 50	0.007 64	-9.49	0.011	1.00

R-sq=99.91%；R-sq（调整）=99.73%

为了进一步分析 x_1 和 x_2 对 y_2 的影响，绘制了因子效应图，如图 9-6 所示。

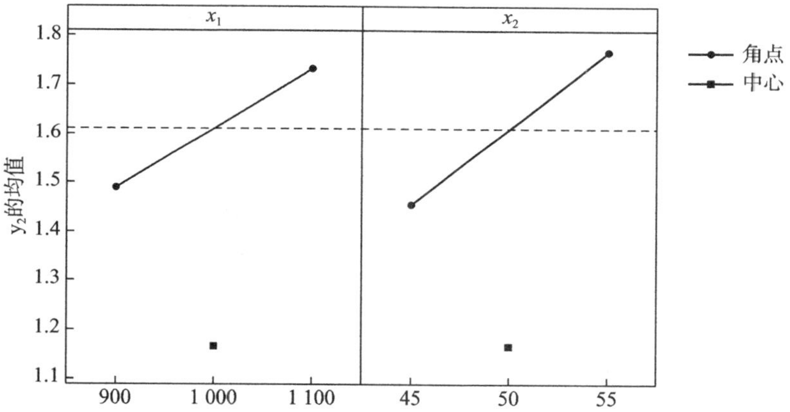

图 9-6 y_2 直线度的因子效应图

通过上述模型拟合可以看出，y_1 的拟合是一个纯线性模型，而且系数为正，考虑到 y_1 为望小型的质量特性，因此，x_1 和 x_2 取-1 时结果最小，此时 y_1 的预测值为 4.037，超出了规格要求，这说明可以考虑在 x_1 和 x_2 的低水平方向继续试验。响应 y_2 的拟合结果表明存在曲性，通过 y_2 的主效应图可以看出，在目前选择的因子范围，y_2 与 x_1 和 x_2 的函数关系可能是二次曲线，最低点可能在中心点附近。为了寻求最优的试验区域，需要根据由 y_1 的线性模型确定最优下降方向。

5）最优下降方向确定

如前所述，y_1 的拟合结果（编码数据）为 $y_1(x)=4.037+1.02x_1+1.25x_2$。根据上述函数关系，绘制圆柱度的等值线图，如图 9-7 所示。

根据拟合结果，x_1 和 x_2 的系数向量为（1.02，1.25），令 $B=\max$（1.02，1.25），最速下降方向向量为（1.02/1.25，1），即近似为（0.8，1）。如果在 x_1 方向上减少 0.8 个单位，则在 x_2 方向上需减少 1 个单位。以上次试验的中心为出发点，沿最速下降方向运行 11 次试验，圆柱度达到最低点。在这里需要注意的是，在选择下降试验点的过程中，不能超过变量的下界。

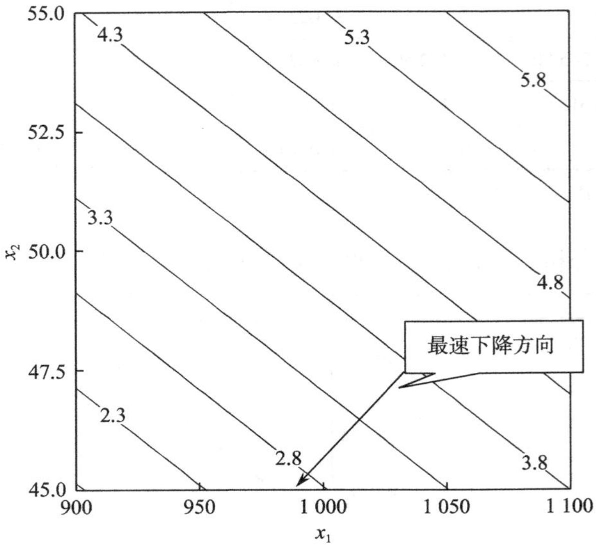

图 9-7　y_1 直线度在 x_1，x_2 的最速下降方向

根据最速下降方向的试验结果可知，主轴转速在 600 时可能存在令圆柱度最低的点。考虑前面探索性试验，主轴转速在 1 000 附近可能存在较低的直线度，较低的直线度也有利于降低圆柱度。另外，基于上次试验，冲程速度为 50 时的直线度较低，而且在（45，55）范围可以拟合出较好的响应曲面，为此，下一步的响应曲面设计将主轴转速的水平设为（500，900），冲程速度设为（45，55）。

6）响应曲面设计及试验分析

响应曲面试验设计的选择需要考虑很多因素，如因子的变化范围、试验的可旋转性、等精度性等。根据前面的分析，主轴转速的高低水平分别为 900 和 500，而主轴转速的可变范围为 100～4 000，可变范围远大于试验设定的水平范围。同样，冲程速度的高低水平分别为 45 和 55，可变范围为 40～60。因此，为了得到试验的可旋转性和等精度性，我们选择了中心复合设计（Central Composite Design）。考虑试验误差大，为了较为准确地估计纯误差项，同时也可以保证试验的等精度性，设置 7 个中心点试验，试验方案如表 9-13 所示。

表 9-13　响应曲面试验方案

运行顺序	标准顺序	立珩参数		试验结果	
		主轴转速（编码数据）—x_1	冲程速度（编码数据）—x_2	圆柱度（y_1）	直线度（y_2）
1	2	+1	-1	**	**
2	11	0)	0	**	**
3	6	+1.414	0	**	**
4	12	0	0	**	**
5	7	0	-1.414	**	**
6	8	0	+1.414	**	**
7	9	0	0	**	**
8	4	+1	+1	**	**
9	3	-1	+1	**	**
10	1	-1	-1	**	**
11	13	0	0	**	**
12	5	-1.414	0	**	**
13	10	0	0	**	**
14	15	0	0	**	**
15	14	0	0	**	**
16	16	0	0	**	**

** 考虑数据非公开性，试验结果数据省略

首先，对圆柱度 y_1 与 x_1、x_2 进行模型拟合，回归分析结果见表 9-14，方差分析结果见表 9-15。

表 9-14　圆柱度的回归系数分析结果

项	效应	系数	系数标准误	T 值	P 值	方差膨胀因子
常量	—	2.148 8	0.020 9	102.66	0.000	—
x_1	1.115 3	0.557 6	0.020 9	26.64	0.000	1.00
x_2	0.540 1	0.270 0	0.020 9	12.90	0.000	1.00
x_1x_1	0.803 8	0.401 9	0.020 9	19.20	0.000	1.00
x_2x_2	0.408 7	0.204 4	0.020 9	9.76	0.000	1.00
x_1x_2	0.015 0	0.007 5	0.029 6	0.25	0.805	1.00

R-sq = 99.26%，R-sq（调整）= 98.89%，R-sq（预测）= 97.37%

表 9-15　圆柱度的方差分析结果

来源	自由度	Adj SS	Adj MS	F 值	P 值
模型	5	4.697 40	0.939 48	268.07	0.000
线性	2	3.070 99	1.535 50	438.14	0.000
x_1	1	2.487 59	2.487 59	709.81	0.000
x_2	1	0.583 40	0.583 40	166.47	0.000
平方	2	1.626 18	0.813 09	232.01	0.000
x_1x_1	1	1.292 03	1.292 03	368.67	0.000
x_2x_2	1	0.334 15	0.334 15	95.35	0.000
双因子交互作用	1	0.000 22	0.000 22	0.06	0.805
x_1x_2	1	0.000 22	0.000 22	0.06	0.805
误差	10	0.035 05	0.003 50	—	—
失拟	3	0.013 56	0.004 52	1.47	0.302
纯误差	7	0.021 49	0.003 07	—	—
合计	15	4.732 44	—	—	—

对直线度 y_2 与 x_1、x_2 进行模型拟合，回归分析结果见表 9-16，方差分析结果见表 9-17。

表 9-16　直线度的方差分析结果

方差分析来源	自由度	Adj SS	Adj MS	F 值	P 值
模型	5	1.608 80	0.321 761	536.65	0.000
线性	2	0.396 15	0.198 077	330.36	0.000
x_1	1	0.291 51	0.291 507	486.19	0.000
x_2	1	0.104 65	0.104 647	174.54	0.000
平方	2	1.198 25	0.599 125	999.25	0.000
x_1x_1	1	0.441 80	0.441 800	736.85	0.000
x_2x_2	1	0.756 45	0.756 450	1 261.64	0.000
双因子交互作用	1	0.014 40	0.014 400	24.02	0.001
x_1x_2	1	0.014 40	0.014 400	24.02	0.001
误差	10	0.006 00	0.000 600	—	—
失拟	3	0.002 31	0.000 769	1.46	0.305
纯误差	7	0.003 69	0.000 527	—	—
合计	15	1.614 80	—	—	—

表 9-17 直线度的回归系数分析结果

已编码系数项	效应	系数标准误	T 值	P 值	方差膨胀因子
常量	—	0.008 66	78.40	0.000	—
x_1	0.381 78	0.008 66	22.05	0.000	1.00
x_2	0.228 74	0.008 66	13.21	0.000	1.00
x_1x_1	0.470 00	0.008 66	27.15	0.000	1.00
x_2x_2	0.615 00	0.008 66	35.52	0.000	1.00
x_1x_2	0.120 00	0.012 20	4.90	0.001	1.00

从上述拟合结果可以看出，x_1x_2 的交互作用对 y_1 不显著，但是对 y_2 显著。因为需要同时优化 y_1 和 y_2，所以将 x_1x_2 保留在模型中。拟合得到的圆柱度与直线度响应曲面模型（编码数据）为

$$y_1(x) = 23.12 - 0.011\,65x_1 - 0.768\,7x_2 + 0.000\,010x_1^2 + 0.008\,175x_2^2 + 0.000\,008x_1x_2 \quad (9-1)$$

$$y_2(x) = 34.596 - 0.010\,271x_1 - 1.249\,1x_2 + 0.000\,006x_1^2 + 0.012\,300x_2^2 + 0.000\,060x_1x_2 \quad (9-2)$$

为了检验模型拟合状况，分别对圆柱度与直线度响应曲面进行残差分析，圆柱度的残差分析如图 9-8 所示，直线度的残差分析结果如图 9-9 所示。

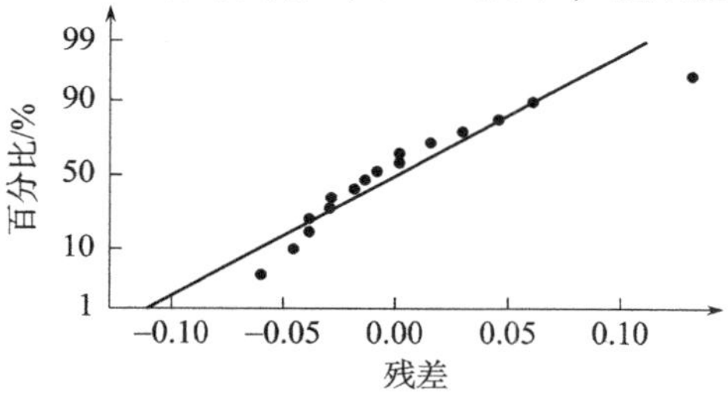

（a）正态概率图

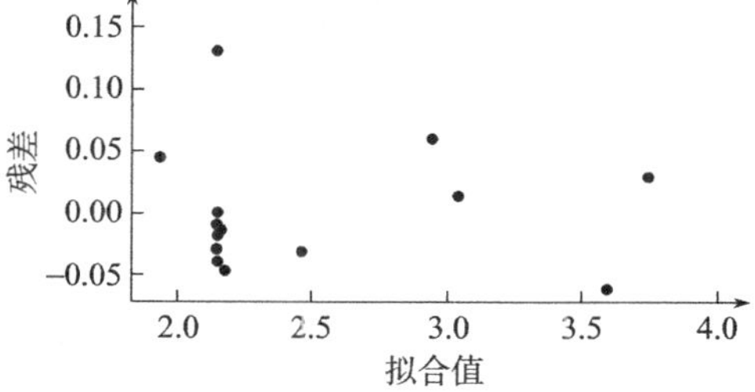

（b）残差与拟合值

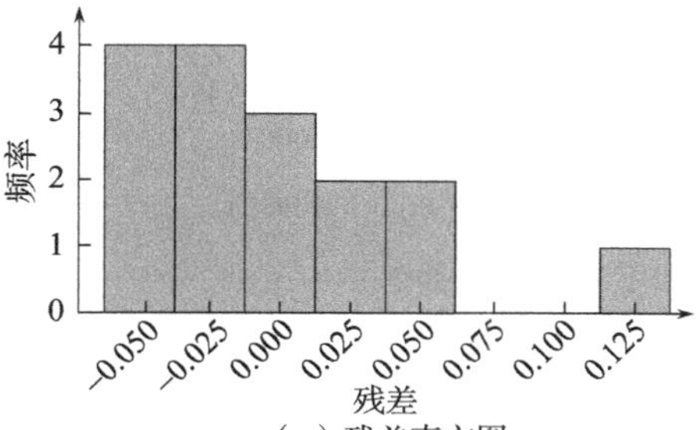

（c）残差直方图

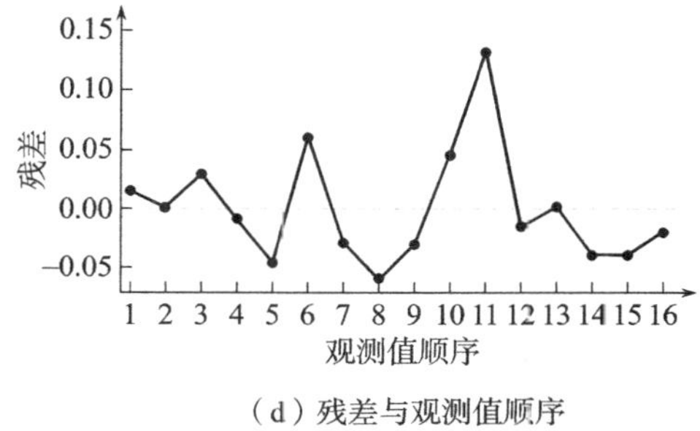

（d）残差与观测值顺序

图 9-8 圆柱度 y_1 模型的残差分析

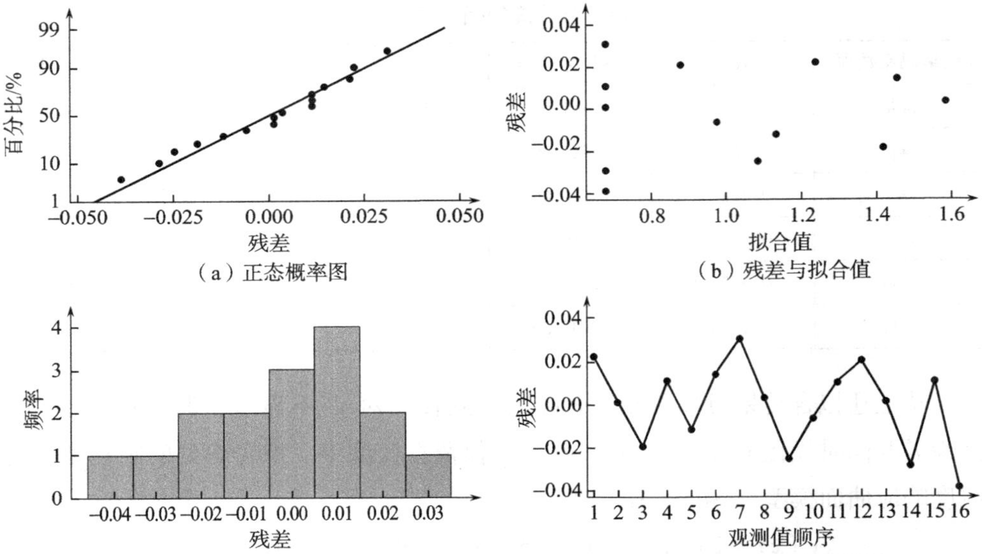

（a）正态概率图
（b）残差与拟合值
（c）残差直方图
（d）残差与观测值顺序

图 9-9　直线度 y_2 模型的残差分析

通过残差图可以看出，虽然响应 y_1 的拟合残差直方图有一些偏态迹象（样本量少，不足以做出判定），但是从正态分位图可以看出，残差点基本形成一条直线。响应 y_2 的残差图正常，说明两个模型通过了残差检验，拟合效果较好。

为了揭示主轴转速（x_1）、冲程速度（x_2）与响应输出的关系，基于模型，得出了两个模型的响应曲面，如图 9-10 所示。

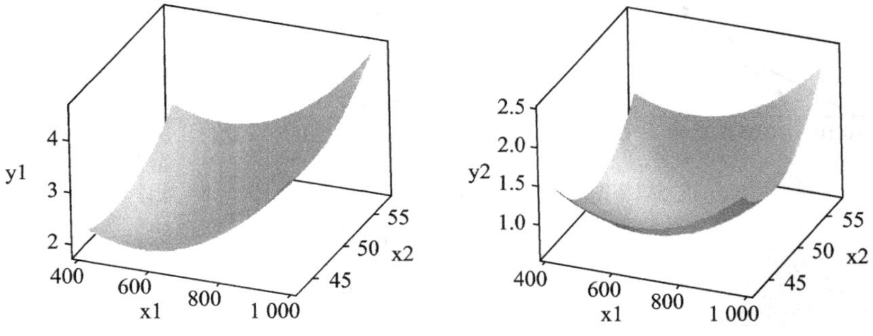

y_1与x_2, x_1的曲面图
y_2与x_2, x_1的曲面图

图 9-10　圆柱度 y_1 和直线度 y_2 的响应曲面

考虑工程要求，圆柱度小于 3.5μm，直线度小于 1.0μm。同时优化圆柱度与直线度等值线图，得到两个响应的重叠等值线图，如图 9-11 所示，图中白色的

区域为 y_1 和 y_2 均可行的区域。

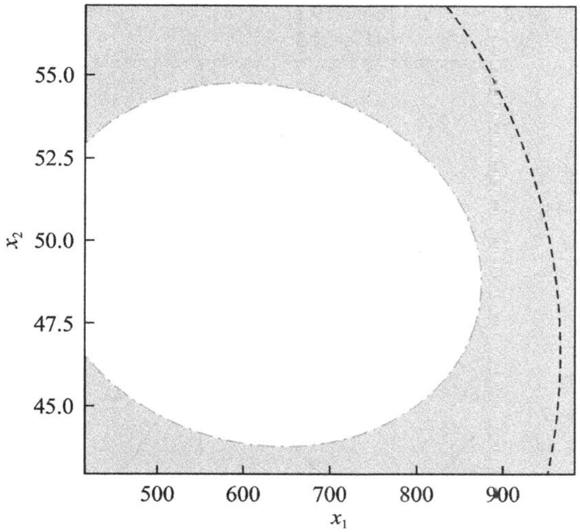

图 9-11 多响应曲面的等值线图

2. 参数优化

1）基于满意度的参数优化

由于圆柱度和直线度均为望小的质量特性（理想的最小值为 0），基于满意度函数方法，将目标均设为 0，圆柱度的上限设为 3.5μm，直线度的上限设为 1.0μm，满意度函数的权重和重要度均设为 1，得到参数优化结果如图 9-12 所示。最优参数为 $x_1=605.7$，$x_2=48.9$，考虑工程实际，$x_1=606$，$x_2=49$。

2）置信区间及稳健性分析

根据上述模型，将 $x_1=606$，$x_2=49$，可以得到如下预测值和置信区间见表 9-18。

表 9-18 圆柱度与直线度预测值及其预测区间

响应	拟合值	拟合值标准误	95% 置信区间	95% 预测区间
y_2	0.636 01	0.008 95	(0.616 07，0.655 94)	(0.577 92，0.694 10)
y_1	1.930 3	0.021 6	(1.882 1，1.978 5)	(1.789 9，2.070 7)

前一阶段，在试验设计的基础上，根据满意度函数方法，我们得到了最优参数。为了使产品的质量对可能的波动不敏感，本节进行参数的稳健性分析。

步骤 1：构建参数组合的响应置信区域。

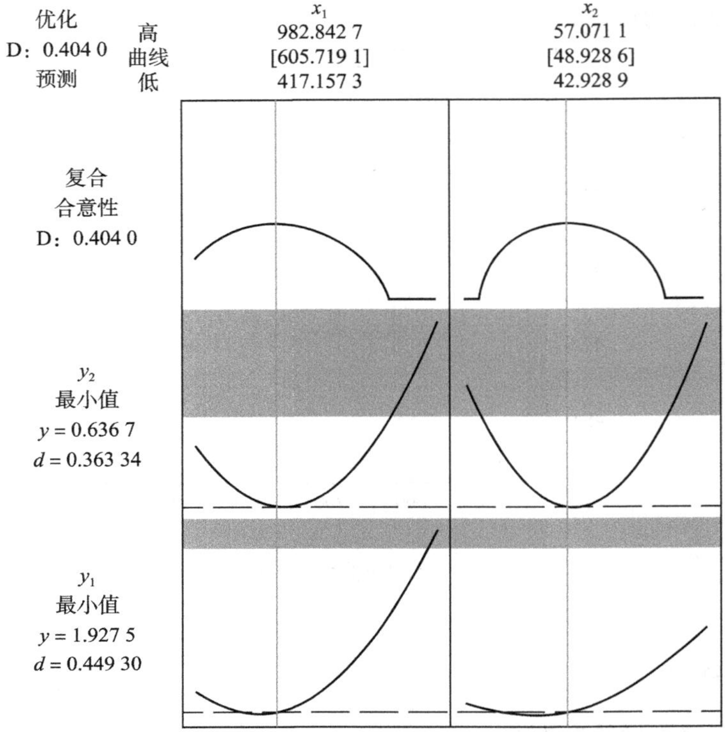

图 9-12 满意度响应优化结果

根据响应曲面设计可获得 y_1 和 y_2 的编码模型如下：

$$y_1(x) = 2.149 + 0.558x_1 + 0.27x_2 + 0.4019x_1^2 + 0.204x_2^2 + 0.0075x_1x_2 \tag{9-3}$$

$$y_2(x) = 0.679 + 0.191x_1 + 0.114x_2 + 0.235x_1^2 + 0.308x_2^2 + 0.06x_1x_2 \tag{9-4}$$

在试验误差独立同分布的假设下，响应 y_1 和 y_2 的 95% 的置信区间如下：

$$[y_{1L}(x),\ y_{1U}(x)] = \begin{bmatrix} y_1(x) - t_{0.975,\ 10}\sqrt{\hat{\boldsymbol{\sigma}}^2 z(x)'(\boldsymbol{X}^{\mathrm{T}}\boldsymbol{X})^{-1}z(x)} \\ y_1(x) + t_{0.975,\ 10}\sqrt{\hat{\boldsymbol{\sigma}}^2 z(x)'(\boldsymbol{X}^{\mathrm{T}}\boldsymbol{X})^{-1}z(x)} \end{bmatrix} \tag{9-5}$$

$$[y_{2L}(x),\ y_{2U}(x)] = \begin{bmatrix} y_2(x) - t_{0.975,\ 10}\sqrt{\hat{\boldsymbol{\sigma}}^2 z(x)'(\boldsymbol{X}^{\mathrm{T}}\boldsymbol{X})^{-1}z(x)} \\ y_2(x) + t_{0.975,\ 10}\sqrt{\hat{\boldsymbol{\sigma}}^2 z(x)'(\boldsymbol{X}^{\mathrm{T}}\boldsymbol{X})^{-1}z(x)} \end{bmatrix} \tag{9-6}$$

其中，$t_{0.975,10}$ 为 t 分布的 0.975 分位数，具有 10 个自由度。$z(x)$ 为需要考虑的主要因子向量，$\boldsymbol{X}$ 为数据矩阵。

步骤 2：构建多响应稳健优化模型

根据步骤 1 中的响应曲面方程和置信区间，构建响应 y_1 和 y_2 的线性稳健满意度函数如下：

$$d_R(y_1(X)) = \begin{cases} 0 & \eta_1(x) \geq 3.5 \\ \min\left\{\left(\dfrac{3.5 - \eta_1(x)}{3.5}\right)\right\} & 0 \leq \eta_1(x) \leq 3.5 \end{cases} \tag{9-7}$$

$$d_R(y_1(X)) = \begin{cases} 0 & \eta_2(x) \geq 1 \\ \min\left\{\left(\dfrac{1 - \eta_2(x)}{1}\right)\right\} & 0 \leq \eta_1(x) \leq 1 \end{cases} \tag{9-8}$$

于是，多响应稳健优化模型构建如下：

$$\max_x \left\{ \prod_{i=1}^{2} (d_R(y_1(x)) \cdot d_R(y_2(x)))^{0.5} \right\}$$

$$s.\ t. \begin{cases} \eta_1(x) \in [y_{1L}(x),\ y_{1U}(x)] \\ \eta_2(x) \in [y_{2L}(x),\ y_{2U}(x)] \\ x \in \Omega \end{cases} \tag{9-9}$$

其中，Ω 为可行域。

步骤 3：基于混合遗传算法的多响应寻优

结合模式搜索算法和遗传算法，我们用图 9-13 所示的基于混合遗传算法的多响应寻优算法来搜寻全局满意稳健解，最优稳健参数为 $x_1=608.98$，$x_2=48.9$。

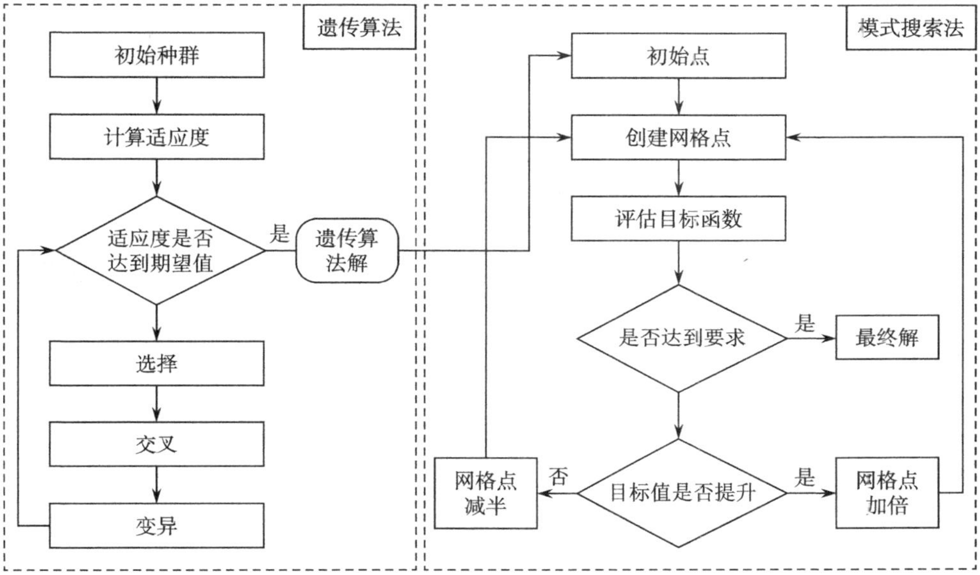

图 9-13　基于混合遗传算法的多响应寻优算法

步骤 4：最优解与稳健解的比较分析

根据步骤 1～步骤 3 的响应模型优化稳健解，响应 y_1 和 y_2 的置信区间分别为[1.875 7,1.989 3]和[0.612 1,0.659 1]；根据获得的最优解，响应 y_1 和 y_2 的置信区间分别为[1.870 4,1.984 5]和[0.613 1,0.660 3]。4 个区间上的满意度函数如图 9-14 所示。图 9-14 中 a_1 为稳健解圆柱度置信区间范围内的满意度函数，图 9-14 中 a_2 为稳健解直线度置信区间范围内的满意度函数，图 9-14 中 a_3 为稳健解圆柱度和直线度置信区间范围内的满意度曲面，图 9-14 中 b_1 为最优解圆柱度置信区间范围内的满意度函数，图 9-14 中 b_2 为最优解直线度置信区间范围内的满意度函数，图 9-14 中 b_3 为最优解圆柱度和直线度置信区间范围内的满意度曲面。

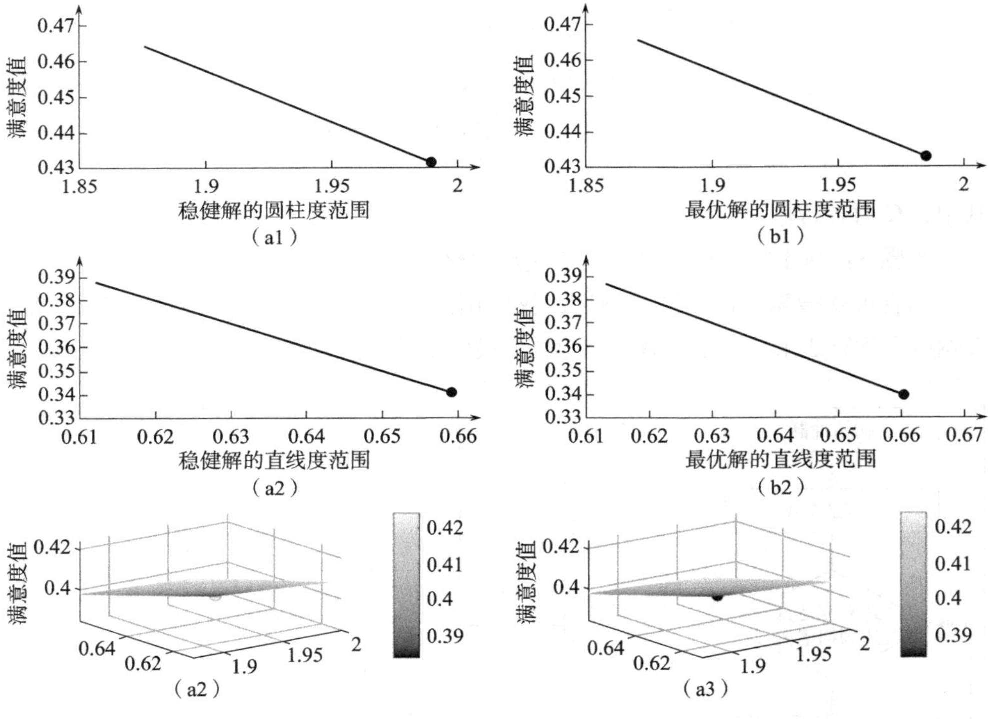

图 9-14　最优解与稳健解的满意度比较

由图 9-14 可得，稳健解圆柱度和直线度置信区间范围内的满意度与最优解圆柱度和直线度置信区间范围内的满意度差距不大。稳健解的最差综合满意度函数值为 0.383 6，略大于最优解的最差综合满意度函数值 0.383 5。

3） 试验验证

选取稳健参数值主轴转速 606，冲程速度 49，生产 20 个零件进行验证。

图 9-15 和图 9-16 为 20 个零件的圆柱度与直线度的数据汇总分析结果。由分析结果可以看出圆柱度的均值为 1.958 5，直线度的均值为 0.645，与预测结果基本吻合。

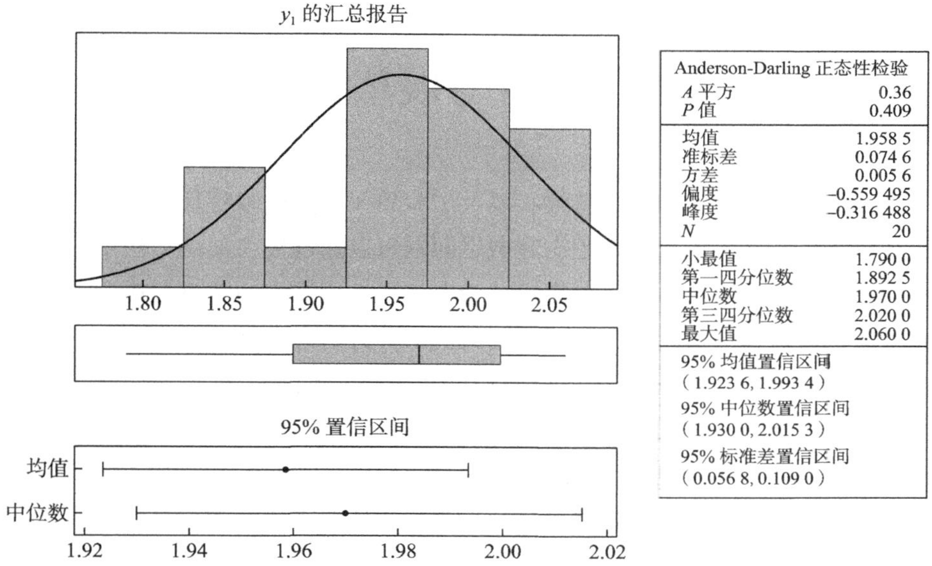

图 9-15　圆柱度分布

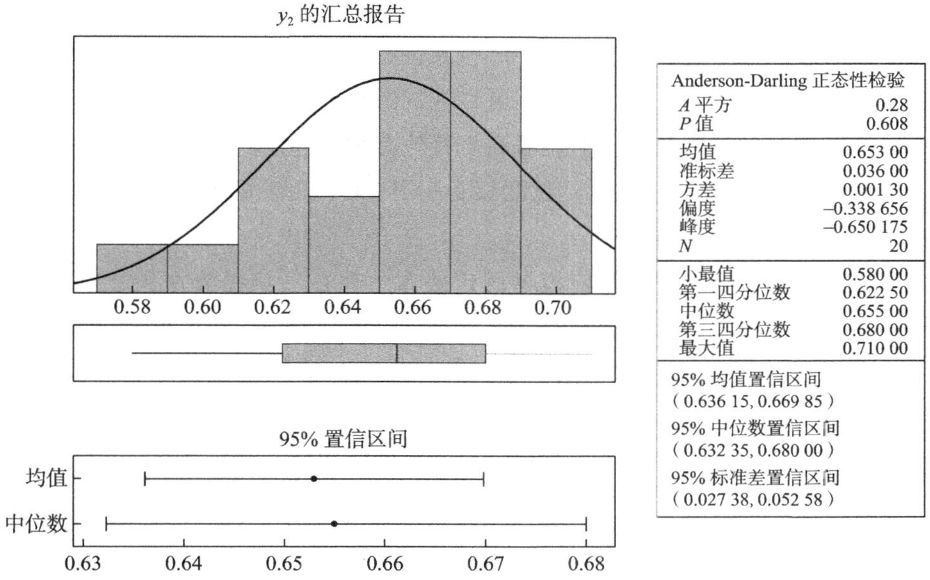

图 9-16　直线度分布

总结与展望

寿命数据的非正态和截尾特性，以及试验单元的多样本特征，给可靠性试验设计分析带来了诸多挑战。非正态和截尾问题可以通过极大似然方法解决，而多样本问题通常被忽略。本书将可靠性试验中多样本所带来的随机效应通过威布尔分布参数引入可靠性模型中，然后利用数值积分方法建立似然函数，进行可靠性分析。在对恒温器试验设计非随机效应的可靠性分析中，0.05 显著性水平下，因子 E、H 及其交互项 EH 是显著的。在随机效应可靠性分析中，因子 E、H、EH、K 都非常显著，因子 C 在 0.1 的显著性水平下也是显著的。由此可见，通过随机效应将试验单元与观测单元分开，单独估计两类单元的标准差，提高了参数估计的精度。尽管随机误差方差的估计并不显著，但随机误差项不能忽略，这是由试验设计数据结构的特点决定的。

工业恒温器可靠性分析检验了随机效应可靠性模型，给出了基于随机效应的威布尔分布参数估计方法。采用基于试验误差的参数统计量可筛选对可靠性影响显著的试验因子，可寻找到稳健的高可靠性的试验因子组合。在所选定的参数组合中，恒温器的预测寿命分位值显著高于其他参数组合预测寿命值。本书的研究方法为其他产品可靠性（寿命）试验设计分析和因子筛选提供参考，为稳健可靠性参数设计提供可行方案。

本书采用的可靠性随机效应模型假定威布尔分布形状参数 β 是常数。然而，当形状参数同样受试验因子影响时，如何建立可靠性模型，求解似然函数，有待进一步研究。可靠性试验更关注低分位值（如 $t_{0.01}$），如何找到低分位值较高并且波动较低的试验因子组合，也是基于随机效应可靠性模型分析中值得研究的问题。

参考文献

[1] Wu C J, Hamada M S. Experiments: planning, analysis, and optimization[M]. New Jersey:John Wiley & Sons, 2009.

[2] Si S, Liu M, Jiang Z, et al. System reliability allocation and optimization based on generalized Birnbaum importance measure[J]. IEEE Transactions on Reliability, 2019, 68(3): 831-843.

[3] Zelen M. Factorial experiments in life testing[J]. Technometrics, 1959, 1(3): 269-288.

[4] Myers V, Response surface methodology, Technometrics, 2002, 44(3): 298-299.

[5] Anderson-Cook C M, Borror C M, Montgomery D C, Response surface design evaluation and comparison. Journal of Statistical Planning and Inference, 2009, 139(2): 629-641.

[6] Abramowitz M, Stegun I A. Handbook of Mathematical Functions: with Formulas, Graphs, and Mathematical Tables. Courier Dover Publications, 2012.

[7] Raudenbush S, Yang M, Yosef M. Maximum Likelihood for Generalized Linear Models with Nested Random Effects via High-Order Multivariate Laplace Approximation[J]. Journal of Computational and Graphical Statistics, 2000, 9(1): 141-157.

[8] McCulloch C E, Searle S R. Generalized, linear, and mixed models[M]. John Wiley and Sons,2001.

[9] Li Z, Wang F M, Wang C J, et al. Reliability modeling and evaluation of lifetime delayed degradation process with nondestructive testing. Reliability Engineering & System Safety, 2021,208:107358.

[10] Ma Z H, Liao H T, Ji H, et al. Optimal Design of Hybrid Accelerated Test Based on the Inverse Gaussian Process Model[J]. Reliability Engineering & System Safety, 202, 210:107509.

[11] Vining G, Kulahci M, Pedersen S. Recent advances and future directions for quality engineering[J]. Quality and Reliability of Engineering International, 2016, 32(3): 863-75.

[12] Lawless J F. Statistical models and methods for lifetime data[M]. New Jersey: John Wiley and Sons, 2003.

[13] Meeker W Q, Escobar L A. Statistical methods for reliability data[M]. New York: Wiley and Sons, 1998.

[14] Hong Y, King C, Zhang Y, et al. Bayesian life test planning for log-location-scale family of distributions[J]. Journal of Quality Technology, 2015, 47(4): 336-350.

[15] Bullington R G, Lovin S, Miller D M, et al. Improvement of an industrial thermostat using designed experiments[J]. Journal of Quality Technology, 1993, 25(4): 262-270.

[16] Genschel U, Meeker W Q. A comparison of maximum likelihood and median rank regression for Weibull estimation. Quality Engineering, 2010, 22(4): 236-255.

[17] Medlin R M, Freeman L J, Kensler J L K, et al. Analysis of split - plot reliability experiments with subsampling[J]. Quality and Reliability Engineering International, 2019, 35(3): 738-749.

[18] Lv S S, Wang Z, He Z, Vining G G. Impact of censoring types on the two-stage method for analyzing reliability experiments with random effects[J]. Quality Engineering, 2019, 31(2):302-313.

[19] Xiao L, Tang L C. Analysis of reliability experiments with blocking[J]. Quality Technology & Quantitative Management, 2013, 10 (2): 14-60.

[20] Seo K, Pan R. Data analysis of step-stress accelerated life tests with heterogeneous group effects[J]. IISE Transactions, 2017, 49(9): 885-98.

[21] Freeman L J, Vining G G. Reliability data analysis for life test designed experiments with sub-sampling[J]. Quality and Reliability Engineering International, 2013, 29(4): 509-519.

[22] Fang J T, He Z, Zhang Z. Reliability improvement of diamond drill bits using design of experiments[J]. Quality Engineering, 2017, 30(2): 339-350.

[23] 李岸达,何桢,等,Key quality characteristics selection for imbalanced production data using a two-phase bi-objective feature selection method[J]. European Journal of Operational Research,2019,274(3): 978-989.